博 观 丛 书

U0610765

Land
Urbanization

城市化的土地资源效应和
利用风险评估

王永超 ——

著

The Effect of Land Resources and
Land Use Risk Assessment in
The Course of Urbanization

经济管理出版社
ECONOMY & MANAGEMENT PUBLISHING HOUSE

图书在版编目（CIP）数据

城市化的土地资源效应和利用风险评估/王永超著．—北京：经济管理出版社，2020.4
ISBN 978 - 7 - 5096 - 7072 - 9

Ⅰ.①城…　Ⅱ.①王…　Ⅲ.①城市土地—土地资源—资源利用—风险评价—中国
Ⅳ.①F393.22

中国版本图书馆 CIP 数据核字（2020）第 055480 号

组稿编辑：宋　佳
责任编辑：宋　佳　梁植睿
责任印制：黄章平
责任校对：董杉珊

出版发行：经济管理出版社
　　　　　（北京市海淀区北蜂窝 8 号中雅大厦 A 座 11 层　100038）
网　　　址：www. E - mp. com. cn
电　　　话：（010）51915602
印　　　刷：北京晨旭印刷厂
经　　　销：新华书店
开　　　本：720mm×1000mm/16
印　　　张：15.25
字　　　数：273 千字
版　　　次：2020 年 4 月第 1 版　　2020 年 4 月第 1 次印刷
书　　　号：ISBN 978 - 7 - 5096 - 7072 - 9
定　　　价：68.00 元

序

　　本书是国家自然科学基金项目"新型城镇化背景下城市低效用地识别与再开发模式研究——以沈阳市中心城区为例"（项目编号：41601154）的部分研究成果。

　　城市是人类生存和发展的综合体，是人类参与地理空间和历史进程的物质载体。21世纪是一个急速转变的时代，是中国的城市时代，我们面临着比以往任何时刻都更为复杂的局面，因此我们比以往任何时刻都需要进行独立思考并采取相应的应对策略。最为显著的问题是，在我国高速的城市化进程中，城市发展、资源约束、环境压力相互交织，形成许多错综复杂且亟待解决的问题。平稳解决城市化快速发展阶段我国面临的主要资源短缺与环境保护压力，是决定我国城市化未来发展水平和城市安全的主要因素。

　　长期以来，由于资源依赖型的发展方式及城市化发展阶段所决定的发展特征，我国的城市化发展往往是依靠大量的资源投入和环境破坏来换取发展的速度。而这种发展模式在资源相对丰富的发展初期能够保障城市化发展，但是随着资源消耗也将进入问题多发的时期，资源对城市化发展的限制作用开始逐步超出对发展的促进作用，尤其是主要资源逐渐短缺，粗放式的城市化发展方式将无法继续进行。按照我国制定的城市化发展目标，未来将会有大约3亿人口进入城市地区，大量人口的涌入势必对现有城市体系构成较大冲击，如何预防城市发展风险的产生、制定循序和稳妥的发展进程是我们必须解决的问题。因此，研究城市化发展中的资源效应，尤其是土地等主要资源的效应问题，进而衡量现有和未来一定时期内城市化的土地资源利用风险，对于我国未来城市化制定资源集约型的发展道路具有重要的意义。

　　近十年来，我国城市化进入发展更为快速的阶段，城市化现象开始复杂多样。城市化发展的理论开始由国外经典理论研究向具有我国自身发展实际特点的理论探讨转变。新型城镇化、健康城镇化、生态城市、"两型社会"等对我国城市化发展实际研究的理论方兴未艾。本书主要讨论快速城市化过程中的土地资源效应及土地利用风险的防控，探讨我国在目前快速城市化的发展背景下，城市土地资源效应的产生、评估及变化状况，进而通过研究城市化过程中土地资源利用风险的防控，实现城市化发展中的土地资源优化配置。

本书紧紧围绕目前我国经济和社会发展中的两大关注热点——城市化和土地资源，从人文地理学、城市地理学、资源环境学和风险学等以往传统理论总结和发展中，对城市化与整个资源环境的关系进行详细梳理和研究，总结出城市化与资源环境所构成的促动型、依赖型和冲突型等一般关系类型。根据城市化与土地资源的相互变化情况，从要素构成和概念内涵两个方面创建城市化的土地资源效应概念体系，并提出城市化的土地资源正负效应的表现形式、表现特征和转化规律，提出城市化的土地资源效应评估的方法体系和土地资源利用风险防控机制。本书理论和方法相互紧密结合，是对传统城市化理论和资源学理论良好的补充，起到了拓展研究视角的作用。

本书基于我国最早一批进入国家发展战略的辽宁沿海经济带和沈阳经济区的实证研究，在目前我国丰富的城市化理论研究基础之上，准确地刻画辽宁沿海经济带和沈阳经济区城市化发展中的土地资源效应和土地资源利用风险，从效应发挥和风险防控两个方面入手，寻找城市化发展中土地资源利用的合理阈值，从而得出城市化发展与土地资源利用的合理配置模式。之后，通过规律的总结与理论的凝练，对我国未来城市化健康发展提出对策建议。

由于城市化的土地资源效应，特别是正负效应的具体研究理论和方法相对匮乏，可借鉴的前人研究成果较少，而受自身研究能力所限且理论创新的难度较大，所以本书在撰写过程中困难较多，部分研究结论可能出现偏差，敬请各位读者和专家批评指正。我们可以预见到，在不远的未来，随着我国新型城镇化理论的完善及实践的不断丰富，我国以城市群为载体、以人的城镇化为实质的新型城镇化发展战略的实施，城市化中的问题也将更加突出，城市化与资源环境之间的矛盾也会更加尖锐，这方面的研究将会受到越来越多的关注。

王永超

2019 年 10 月于沈阳

前　言

　　本书的研究视角定位于快速城市化过程中的土地资源效应及土地资源利用风险的防控，探讨我国在目前快速城市化的发展背景下，城市土地资源效应的产生、评估及变化状况，通过研究城市化过程中的土地资源利用风险防控，实现城市化发展中的土地资源优化配置。首先，本书从城市化与资源环境的一般关系研究入手，根据资源环境这一总体理论框架下形成的城市化的土地资源效应概念和理论体系，构建城市化的土地资源效应的评估方法体系。然后，从风险学的角度，利用风险评估原理构建风险评估体系，探讨城市化过程中土地资源利用的风险防控机制。最后，以辽宁沿海经济带和沈阳经济区为研究案例，对所提出的城市化的土地资源效应评估方法和风险评估方法进行实证研究，从而有效检验理论和方法，并且以最终的研究结果为参考，提出辽宁沿海经济带和沈阳经济区城市化与土地资源优化配置的模式，进而指导辽宁沿海经济带和沈阳经济区各城市空间发展。本书以目前我国的两大关注热点——城市化和土地资源利用为研究内容，根据以往传统理论成果并作进一步发展，形成对城市化的土地资源效应评估的方法体系，从而对城市化发展理论和资源学理论进行深化。具体而言，本书的主要研究内容如下：

　　第一章论述问题的起源、研究的背景，寻找研究的价值与意义，重点从目前的相关研究中寻找该问题研究的理论依据。通过基础理论和最新研究热点的总结，提出本书的理论价值和实践意义。根据前人研究的理论并结合本书中的研究，设计研究的技术路线，提出本书的基本框架、研究方法、研究目标。

　　第二章以基础理论和相关研究的梳理为主，详尽地梳理土地资源与城市化的相关理论，总结相关研究中的理论贡献，为本书的研究提供理论支撑。

　　第三章以城市化发展与整体资源环境的关系研究为主体，探讨城市化与资源环境所具有的一般关系类型，对城市化与资源环境的关系进行总体定位。其中，重点关注城市化与资源环境两者之间的相互作用机制的构成内容，包括相互作用的方式、规律，从中发掘出城市化对资源环境在总量、质量和系统结构三个方面的巨大影响，从而提出城市化对资源环境效应的影响机理。城市化作为一种时间变量，本章结合此考虑城市化进程中的资源环境问题，探寻在城市化进程中资源环境问题的发生和演变过程及问题成因。从资源环境保护的角度出发，探讨环境规制对城市化发展的反向影响，梳理城市化与资源环境正反两方面完整关系。总体来讲，通过这一章节的研究，总体把握城市化与整体资源环境的关系，构成下一步具体研究城市化与土地资源的理论基础。

第四章进入研究的核心理论，并将内容具体到城市化的土地资源效应的研究中。本章详细研究城市化与土地资源的相互作用情况，从要素构成和概念内涵两个方面创建城市化的土地资源效应概念体系，并提出城市化的土地资源正负效应的表现形式、表现特征和转化规律的理论。研究结论认为，城市化的土地资源效应的相对性、模糊性和变动性的特征是导致正负效应之间转化和正负效应内部高低效转化的基础原因。城市产业升级和空间再造、城市空间扩张和政府土地财政是造成城市化的土地资源效应形成和转变的机理，并对机理的各类具体影响进行了深入研究。通过对城市化的土地资源效应的概念内涵、正负效应转化原理和效应形成机理的研究，本章构建出整个城市化的土地资源效应理论体系。

第五章具体到城市化过程中的土地资源利用风险及防控机制研究。本章从风险学的视角出发，构建城市化的土地资源利用风险理论体系、方法体系和防控机制。首先，研究城市化的土地资源利用风险产生的原因即风险源的构成，从土地资源利用风险对城市化发展的影响和城市化进程中土地资源利用风险的演变两个方面建立起整个城市化的土地资源利用风险研究理论体系。然后，借鉴管理学和生态学中关于风险评估的常用方法，从评估原则、评估要素和评估方法三个方面建立起城市化的土地资源利用风险评估方法体系。最后，通过风险预警机制、风险规避机制和城市化与土地资源协调机制三个方面建立整个城市化的土地资源利用风险防控机制，并为辽宁沿海经济带和沈阳经济区的案例研究的风险评估及预警防控奠定基础。

第六章主要描述指标体系的构建和方法。本章在城市化的土地资源效应内涵的基础上，提出城市化的土地资源效应评估的指标体系和评估模型；在土地利用风险理论的基础上，提出城市化的土地利用风险评估原则、评估要素，构建基于危险度、易损性和损失度三个维度的城市化的土地资源利用风险评估方法体系；在城市化与土地利用协调关系研究的基础上，以系统论中的协调发展理论为支撑，构建城市化与土地资源利用协调评估方法。通过改造协调度模型，求解模型中的一元三次方程在第一象限的最大值，从而得出适应于城市化发展现有水平的土地资源效应最优值和协调度最大值；以土地资源效应最优值为标准，在外部条件假设与方法简化原则之下，得出与自身权重相适应的土地资源效应最优值所体现的土地资源利用状态；以城市化与土地利用协调发展为目标，构建协调一致的城市土地利用最优状态值的计算模型。最终，形成关于城市化进程中城市化发展、土地资源效应和协调状态判定和状态值的完整方法体系。

第七章以辽宁沿海经济带为研究案例，根据城市化的土地资源效应评估方法，构建城市化发展指数和城市化的土地资源效应评估指标体系。首先，通过2006～2015年面板数据的计算，本章得出辽宁沿海经济带城市化的土地资源效应值，利用 ArcGIS 自然断裂法得出辽宁沿海经济带城市化的土地资源效应空间分布图，从总量数值和空间分布两方面分析辽宁沿海经济带城市化的土地资源效应特征。之后，采用土地利用风险评估方法，以辽宁沿海经济带 2006～2015 年数据为基础数据，采用灰色预测 GM（1，1）模型，对未来 10 年（2016～2025年）的数据进行预测，利用风险评估方法计算出辽宁沿海经济带六个城市土地资源利用风险的历史变化与趋势预测结果，并基于风险的现状特征与趋势预测，提出辽宁沿海经济带风险预警与管控对策。最后，以改造后的协调度模型为计算方法，得出辽宁沿海经济带土地利用最优状态值。通过四类土地的最优状态值与现状值的对比，辽宁沿海经济带城市化与土地资源最优配置模式提炼出高能模式、高效模式和提升模式。结合辽宁沿海经济带的发展实际，本章提出整个区域空间和各城市未来土地资源利用结构调整的策略，从而形成更为高效的土地利用形式。

第八章以沈阳经济区为研究案例，首先，在全面系统总结沈阳经济区发展变化的宏观视角下，通过利用土地资源效应评估方法和土地利用风险评估方法，深入研究沈阳经济区 2006～2015 年的土地资源效应及其时空变化特征。在正效应主导之下，沈阳经济区土地资源效应的高低值分化也正在凸显。其次，利用灰色预测 GM（1，1）模型方法，对沈阳经济区经济发展和土地利用相关数据进行预测，得出整个沈阳经济区土地资源利用风险的时空演变特征，并根据风险的特征，有针对性地提出沈阳经济区的风险管控策略。最后，利用协调度改造模型，对沈阳经济区土地资源和城市化发展协调性和土地利用状态最优值进行计算，提出调整各城市土地利用主要指标的策略，形成沈阳经济区的土地资源最优配置模式。根据最优土地利用模式，本章还提出了沈阳经济区整合发展和空间一体化发展的策略，并根据各城市的发展实际，提出相应的城市土地合理配置的空间导引。

目　录

第一章 城市化的土地资源效应的研究背景与实践意义

第一节 研究背景

一、产生背景

20世纪以来，科学技术获得突破性进展。核技术的和平利用为人类提供了一个既安全又清洁、取之不尽而用之不竭的能源宝库。生物技术的发展让人类掌握了更多关于DNA的奥秘，实现了人类改造生物的遗传特征、产生人类所需要的生物类型的意愿，转基因药物或许能为人类健康带来新的福音。航空航天技术让人类实现了对地外空间的探索，也提供了人类认识宇宙的新手段。信息技术让人类之间的"距离"变得更近，逐步改变了人类的生产生活方式，使人们的生活变得更加便利。可是，人类取得的科技成就似乎为人类的生存带来了新的问题。1950~1989年，世界人口增长了1倍（1950年为25亿人，1989年为52亿人）。按照这样的发展速度，那么到2100年世界人口将再增长1倍，达到104亿人，甚至可能突破140亿人。这将给已经不堪重负的地球更大的压力——人口的增长势必带来对资源需求的增长。人类对资源消耗过快致使森林、草地和湿地以越来越快的速度在逐年消失；沙漠面积以越来越快的速度在逐年增加；地下水被过量开采；石油被大量用于交通、取暖、生产食物和产品，有可能在我们这一代或下一代被耗尽；工厂和家庭排出的废弃物积累于土壤中，危害着土壤和水体；农药严重地污染地下水和食物；大量温室气体被排入大气圈，使低层大气圈逐渐变暖，从而使两极冰川融化、海平面上升，淹没沿海低地的城市和农田。

科学家警告，上述趋势不可逆转。所以，人类唯有利用自己的智慧和已经取得的科技成就解决已经发生的问题、防止将要发生的问题才是正确的处理方式。目前，影响我国国民经济和社会发展的一个重大问题就是快速城市化进程中的资源环境问题。我国的城市化已经进入受主要资源约束的阶段，其中土地资源问题层出不穷、矛盾重重。我国主要城市在不久的将来有可能面临受土地资源约束而发展停滞的局面。对此，理智处理方式是制定资源环境与城市化发展的协调机制。根据近30年来资源环境科学所取得的成果我们应从自然科学的视角解决社会发展问题，计量手段成为研究的利器，通过空间数据的调查和分析，为城市化科学定量的设计探索一条未来发展之路。未来20～30年将是解决资源环境制约城市化发展的关键时期，但是机制运作和调控作用的发挥需要一定时间，所以，解决问题的时间相对不足。

长期以来，城市化、生态环境保护、资源利用和保护、经济发展与资源环境的关系等研究都是研究的重点和热点，它们已经形成完善和成熟的理论，具有丰富的研究成果，为本书的研究提供了必要的理论支持。城市化进程中土地资源利用、内部结构变化、空间模式演变等方面成为城市与区域科学研究领域目前的热点问题。研究城市化的土地资源效应，以城市化与土地资源的关系为切入点，既整合了已有城市化与土地资源利用研究的理论，同时通过系统地将两者结合研究，也弥补了以往单独研究某一方面而忽略相互作用关系的不足。提出基于两者关系的城市化进程中土地资源效应的相关界定、评估和配置的理论，在充实和完善城市化与资源环境关系研究上具有一定的理论意义，从城市化进程中可能发生的土地资源破坏与短缺风险角度，提出城市化与土地资源利用协调配置的方案，防范和控制土地资源利用风险的形成具有一定的实践指导意义。

目前，我国正处于城市化快速发展的阶段，大城市控制和引导区域发展的模式已成为近年来区域发展的主要特征，城市区域化和区域城市化的发展趋势明显。我国的区域发展形成或正在形成若干城市化发达地域，包括长三角（华东）、珠三角（华南）、京津冀（华北）、辽中南（辽宁）、成渝（四川和重庆）、厦泉漳（福建）、青济（山东）、长吉（吉林）、哈大齐（黑龙江）等众多城市群。可以说，城市化已经成为我国区域发展的主旋律，并且仍将继续承担沉重的区域发展任务。但在城市化的发展过程之中，城市化对资源环境各方面沉重的作用力导致诸多资源环境问题频繁发生，其中，土地问题首当其冲。破解城市化发展同土地资源的关系问题已经成为影响未来城市化能否顺利推进的关键，因此评估城市化进程中土地资源效应，建立合理的土地资源配置机制，指导和制定合理的城市化发展路径，能够为各级政府针对特定区域制定开发和发展战略提供政策建议，具有较强的实践应用价值。党的十八大提出新型城镇化发展战略，全面推进我国城镇化同农业现代化、信息化的协调发展，并指出改革和城镇化是未来我国经济发展的最大"红利"。习近平总书记在党的十九大报告中指出，"以城市群为主体构建大中小城市和小城镇协调发展的城镇格局，加快农业转移人口市民化。以疏解北京非首都功能为"牛鼻子"推动京津冀协同发展，高起点规划、高标准建设雄安新区"，明确了在新时代以城市群为主体引领城镇化发展是必然选择，城市群应该成为未来城镇化主体形态。城镇化发展道路的合理制定，健康城镇化的实施，城市群建设的推进等都需要相关的理论支撑，所以本书的研究将会在城市化发展路径方面进行必要的探讨，使之能够为我国城镇化安全和健康的推进提供理论依据。

二、理论背景

由于人类社会发展的方向是城市社会，因此国内外学者长期以来十分关注城市化、资源环境的研究，从不同侧重点对城市化问题、资源环境利用与保护等进行深入研究，主要集中在城市化过程中的生态环境风险、保护，资源最大化利用，城市化引起的城市环境问题，城市社会经济与环境协调发展的评价、预测及调控，以及城市生态环境可持续发展研究上，城市化中的土地资源研究主要集中在城市土地资源的利用方面。人类生态学理论通过人类社会的仿生态系统研究，采用描述性的历史形态方法，直观辨认城市土地利用类型的空间结构特征及演变机制，提出了同心圆模式、扇形发展模式、多核心发展模式三大经典城市发展模式。他们的研究通过将人类社会系统看作生态系统的一部分，力图达到人与环境相互协调的目的，为其他城市的科学发展奠定了理论基础。生态学家则主要研究人类的社会经济活动对于生物种群的影响，揭示生态圈随着人类活动加剧的主要变化。

20 世纪 70 年代以后，臭氧空洞、酸雨、气候变暖等一系列全球气候问题引起了各界学者的广泛关注，从而各类研究机构开启了对人口、资源、环境关系的研究，以环境保护为主的研究和国际合作越来越活跃。1971 年，联合国教科文组织提出人和环境关系的大型综合性生态学研究计划——人与生物圈计划（Man and the Biosphere Programme，MAB），其目的是呼吁类合理利用和保护生物圈的资源，保存遗传基因的多样性，改善人类同环境的关系，提供科学依据和理论基础，以寻找解决人口、资源、环境等问题的有效途径。经济学家以资源环境和经济增长的关系为主，从经济学角度提出了含有资源环境因素的经济增长模型、包含环境因素的新古典增长模型、环境作为生产要素的新古典增长模型、环境恶化与经济增长的内生增长模型以及其他关于经济增长与环境关系的宏观理论模型。在城市土地利用方面形成的经济区位学派主要以市场平衡理论为基础，注重运用空间经济学理论和系统的数理分析方法，演绎和构建城市土地利用理论模型。据此推导出了竞标地租随距城市中心的距离增加而减少、不同土地利用类型在空间上趋向于自然分离、城市土地利用强度由中心向外缘逐渐降低的城市土地利用三大特点。该学派认为，一个完全竞争性的土地市场不会形成一个高效的土地利用模式。随着工业化对环境破坏的程度加深及环境问题的不断爆发，环境风险的管理与控制逐步受到环境保护学者的重视，风险理论普遍应用于地理学、资源与环境科学、生态学、全球变化科学、区域可持续发展科学，在水环境和自然灾害生态风险评价、重金属沉积物的生态风险评价、区域生态风险评价、农田系统与转基因作物、生物安全以及项目工程等领域的生态风险评价基础理论和技术方法等方面取得较大进展。2004 年成立的国际风险管理理事会（IRGC）和国际风险分析协会（IRA）在近 20 年中举行了多次区域性风险管理会议，特别是 2003 年在比利时首都布鲁塞尔召开的首届世界风险大会，高度关注了人地相互作用的风险、形成机制与演变过程。人地相互作用的风险性是一个普遍性的重大科学问题，已经达成普遍共识。关于风险评价的研究主要经历了由人体健康风险评价到生态风险评价和综合风险评价，再到从单因子到多因子的生态风险评价，评价的工具也逐步地复杂化和模型化，评价方式由定性评价向定性和定量相结合方向发展。地理学中的风险研究开始向着弹性、脆弱性等方面演变，包含了人类社会发展的各个方面，成为一个涵盖内容更为广泛的理论。

20 世纪 90 年代至今，城市可持续发展和城市化与生态环境相互关系问题成为学者研究的主要内容，对于城市化过程与资源环境相互关系的研究主要包括对于城市化引起的生态环境问题（刘耀彬和陈斐，2008）、城市化发展中的资源环境约束问题、城市社会经济与环境协调发展的评价研究、城市生态环境可持续发展等方面。前人主要从定量的角度对城市化与资源环境作用的关系类型、强度关系等进行研究，提出了基于关系和强度的城市化发展对策等，体现出定量研究的优势。

根据目前的理论研究背景可以认为，人类已经认识到保护资源环境在城市化过程中的重要性，并且这一点在国际社会已经达成普遍共识，但值得注意的是，对环境问题的关注远甚于对资源问题的关注。相关研究中关于城市化过程中出现的环境问题的定性研究和定量研究都比较多，而较少以资源为核心提出城市化对资源影响完整的理论、方法和技术，更缺乏城市化与资源合理配置及资源风险预警机制的系统研究。

城市化与资源关系研究成果通常较为笼统地把资源环境作为一个整体纳入要素研究，很少单纯以某一资源尤其是土地资源为主进行具体分析。虽然国内外曾单纯从某一角度来研究过资源环境效应，但是目前还没有提出城市化的土地资源效应系统的理论、方法和技术，更没有提出城市化的土地资源合理配置机制与风险预警机制。城市化的已有研究中关于城市土地利用的研究较多，单纯研究城市化中的土地资源效应的较少。在方法论方面，经济学派基于内生经济模型构建新的模型来进行测度环境经济效应的比较多，而从资源学角度、地理学角度提出涵盖空间关系来测度资源环境效应的很少。

在实践层面，随着我国城市化进程的深入，城市化中的资源浪费问题层出不穷，急需建立效应评估、风险预警和规避措施。从更长远的角度来看，城市化发展需要有资源集约利用的长效机制，城市化与主要资源的合理配置研究就显得更加必要。另外，我国面临的城市化与资源环境问题，与世界任何发达国家、任何时期都不同，我国需要探索出适于本土城市化的土地资源效应评价体系、城市化与土地资源合理配置机制，提出城市化发展与土地资源消耗的合理阈值，进而建立城市化发展中的土地资源风险预警机制与风险规避措施，这样才能够应对城市化快速发展与资源保护的矛盾，以及未来可能出现的主要资源约束城市化发展的问题。

我国广域的空间和特色城市化发展进程，为城市化的资源效应研究提供了丰富的题材，也为相关领域研究提供了历史机遇。

第二节　研究意义

一、理论价值

通过研究提出城市化的土地资源合理配置模式，将有助于建立城市化的资源预警机制并规避风险。合理的城市化发展速度同土地资源的供给水平应该呈现协调状态，而城市化过程中的土地资源效应对土地资源供给能力具有直接的影响作用，只有处于合理阈值范围之内，才对城市化不具有负面影响，因此通过城市化发展速度与土地资源消耗关系和城市化的土地资源效应评估，找到城市化的土地资源合理阈值将至关重要。它一方面关系到城市化合理发展速度的设定，另一方面也成为判断城市化发展速度是否过快的标准，当城市化的土地资源环境效应超过这一阈值时，将会对城市化的发展提出预警，避免产生更严重的问题，同时将城市化带来的更大的资源环境风险及时规避。

在理论上探索城市化和土地资源协调发展的长效机制，为我国城市化可持续发展提供学术支持。从城市化的一般规律来测度，我国城市化进入快速发展阶段，并且根据世界发达国家的城市化经验，我国大部分地区的城市化进程还将持续一段快速发展的时期才能够进入稳定阶段。我国各地区的发展实践也证明，我国的城市化相对于其他国家，在经济和社会方面的促动作用十分巨大，仍然有必要继续保持一定的发展速度。但是前期城市化粗放发展模式导致目前城市化发展所需的主要资源短缺，并导致了外部环境恶化问题，城市化受到资源环境的约束作用越来越大。破解这一"瓶颈"，使城市化继续快速发展，城市化必须有在一定资源环境保护压力之下的长效发展机制，转变城市化发展方式，由粗放型向集约型转变，实现资源和环境的长效利用。

从资源环境学角度对城市化进行研究，促进学科间的融合发展。城市化历来属于人文地理学研究的重要领域，一直注重对人文社会现象的研究，内容以人类为中心，包括在人类作用之下形成的空间聚落、聚落的成因、演变过程等。随着人类改造自然环境能力的不断提高和作用结果的日益深刻，自然环境对人类活动的反作用也越来越大，这就迫使人类从自我防卫的角度反过来研究自然环境，研究的主要内容集中在如何能够将有限的资源得到最大化和永续利用且不出现问题，但是以人类为中心的研究最终结果仍然逃离不出资源短缺、环境破坏的怪圈。那么，能不能转变研究思路，将以人为研究中心转向以资源环境为研究中心，是不是这样能够取得更加显著的效果？自然科学的研究注重从众多样本中提取出有效信息，形成规律，并对规律性现象进行数量化表达。借用自然科学的研究范式，从资源环境学的角度切入，研究城市化对主要资源环境（如土地资源）效应的影响，弥补长期以来以人类为中心而导致的对资源环境本身研究的不足，融合不同学科的研究专长，形成新的研究范式。

二、实践意义

快速城市化发展成为引发恶性资源环境问题的重要因素，解决问题刻不容缓。目前，快速城市化作用于资源环境并引发系列问题，其中土地资源首当其冲，这是不争的事实。城市化发展对资源环境造成的主要问题包括资源过快消耗造成的供给不足，以及环境污染对城市化的阻碍作用。两类问题对城市化发展的影响作用都会随着问题的愈发严重而增大强度，解决难度也增大，并且问题发生之后产生的作用结果往往是不可逆的。因此，虽然目前这类问题只是处于局部发生或偶尔发生的初级阶段，但仍急需提出解决问题的有效方法和预警机制，以避免问题的普遍发生或短时间内集中爆发。而解决问题的核心就是建立起城市化的主要资源（如土地）效应的评估体系，准确地判断城市化的资源环境效应及资源消耗的合理阈值，从而为解决城市化过程中的资源环境问题提供理论和方法依据。

城市化发展水平、速度应该与土地资源进行合理配置，两者形成良性互动。改革开放以后，我国城市进入快速发展阶段，城市规模和城市数量大幅度增加，城市化速度明显加快。在城市化快速扩张的过程中，各大城市以扩大自身规模为目标，不断向外围地区扩展，城市区域化逐步成为城市发展的新趋势，而在这一过程中，城市的发展速度和规模脱离自身所在区域资源环境的实际承载能力，如过度开采地下水资源导致城市漏斗出现，城市"摊大饼"式往外围扩展导致大量耕地被占用。这些问题主要是因为城市化发展没有同自身所在区域的土地资源进行合理配置，城市化的发展速度超过土地资源最大可支撑能力。因此，应该详细地研究城市化发展速度与土地资源消耗之间的耦合关系。一般来看，某一城市化发展速度应该对应该城市土地资源损耗速度，而土地资源的损耗速度应该以不发生资源环境问题为前提，为了避免城市化中资源环境问题的出现，应该对城市化发展速度和土地资源进行合理配置，配置中应该让两者处于良性互动状态而非现在的对立状态。

第三节　研究基本框架与技术路线

一、研究的基本框架

（一）城市化与土地资源正负效应界定

由于城市化与土地资源耦合系统存在复杂性和交错性，我们有必要系统认识城市化与土地资源相互作用规律和机制的理论，在此基础上，对城市化的土地资源正负效应进行界定。在界定过程中，首先，根据辽宁沿海经济带面板数据分析，得到城市化发展具体影响土地资源效应的各个方面（总量指标、质量指标）；其次，从历史分析中寻找城市化影响土地资源效应的规律，并依据历史的规律，设定城市化影响土地资源效应的标准值；最后，通过原始值与标准值的判定，从正负两方面对城市化的土地资源效应的各个方面进行评估，最终得出综合评估结果。

（二）城市化的土地资源效应评估方法研究

城市化发展对土地资源效应的影响是多方面的，既具有对土地资源总量的消耗，又具有对土地资源质量的影响，同时在不同时间和不同空间上又具有不同的影响强度。因此，城市化的土地资源效应评估方法的建立需要从总量和质量两方面进行综合评估，并且需从时间和空间两个维度进行考虑。本书以改进的"压力—状态—响应"（PSR）评估模型作为城市化的土地资源效应的主模型，结合城市化过程中土地资源合理利用值域的综合设定和原始值的判定，利用层次分析法和线性加权法，形成对城市化的土地资源效应的多方面评估体系。

（三）城市化与土地资源合理配置研究

城市化与土地资源的合理配置研究是在准确评估城市化的土地资源效应的基础之上，对城市化与土地资源利用做出的合理优化。首先需要根据城市化的土地资源正负效应评价，得出城市化发展对土地资源正负效应的具体数值，在实现城市化发展与土地资源效应最大协调度的目标控制下，通过构建城市化发展水平与土地资源效应的协调度模型调整和提高土地资源效应，优化城市主要类型土地资源利用和投入比例，从而完成城市化发展与土地资源的合理配置。

（四）城市化的土地资源风险防控机制研究

从我国目前城市化与土地资源消耗的相互关系来看，城市化与土地资源的相互作用强度仍将不断提高，土地资源将会长期处于高利用强度，具有随时产生问题的风险。因此，研究城市化的土地资源风险预警显得尤为重要。风险防控机制的建立需要结合城市化的土地资源效应评估，借鉴风险学中关于风险评估的方法，从危险度、易损性和损失度三个方面建立城市化的土地资源利用风险评估体系，并结合一系列的土地资源使用强度指标，建立起城市化的土地资源风险防控机制，目的是有效防止城市化对土地资源负效应进一步加深，防止城市化的过度发展。

（五）实证检验

城市化的土地资源效应理论、评估方法和技术体系研究是本书的重点，但是研究的最终目的是使理论、方法和技术能够在城市化发展和资源环境保护方面具有实用性，具备一定的科研价值。因此，在理论、方法和技术体系建立起来之后，整个体系还需要实践的检验——通过辽宁沿海经济带的实证研究，检验理论的科学性和方法、技术的可靠性。如果存在理论上的不足或方法、技术上的不合理，后续研究将进行弥补和完善，从而使城市化的土地资源正负效应的研究更加具有理论价值和实践价值。

二、研究方法的选择

（一）主要研究措施

城市化的土地资源效应产生的根源是城市化这种人类综合开发活动造成了土地资源的性质变化，变化主要体现在土地资源的总量和质量两个方面。而影响城市化的土地资源效应的主要因素集中在城市化对土地资源的作用强度大小、土地资源总量和质量变化大小以及人类治理土地资源问题的力度大小。因此，方法论的建立应该从这三个方面出发，从而形成全面的评估体系，这三个方面可以用"压力—状态—响应"来进行抽象概括，于是城市化的土地资源效应可以借鉴以往的"压力—状态—响应"（PSR）模型进行分析；但城市化的资源效应具有正负之分，因此应该选取能够涵盖正负两方面的指标予以表征。城市化的土地资源合理配置、城市化发展与土地资源消耗或保有量的合理阈值研究都需要通过大量实证区域的数据调研，从长时间和广域空间中搜集到大量数据，然后在改进的PSR模型、协调度模型分析的基础之上进行数据的运算。

（二）主要研究方法

1. 空间计量和数理统计法

利用地理科学近年来快速发展的遥感与GIS技术，完成城市化和土地资源的空间数据可视化表达，以DPS等数理统计和分析软件作为基础数据处理的工具，这是本书研究内容的技术体系。本书以传统研究土地资源效应的方法为基础，结合城市化对土地资源效应影响的特点，构建具有评估正负效应的数理模型，形成基于过程与格局的城市化的土地资源效应评估方法体系。另外，本书利用协调度模型测度城市化水平与土地资源的协调度水平，通过改造后的协调度函数得出最大协调之下的土地资源效应，从而完成土地资源的优化配置。

2. 典型区域调研和区域分析法

传统的地理学方法强调对所研究区域的实地调研，调研资料的收集包括统计资料、图件资料、社会经济资料等相关基础资料。继承地理学研究的良好传统，对国内典型城市化地域辽中南城市群、长江三角洲城市群进行详细调研。依据区域分析的方法，对典型城市化地域进行详细分析，结合城市化与资源环境相关理论，完成对城市化发展进程、城市化方式、资源环境基础、城市化与资源环境消耗等问题的深层次分析，对城市化与资源环境消耗的关系进行类型总结。

3. 环境效应评估技术借鉴法

以往单纯研究环境效应评估方法的内容比较多，并且资源与环境相对于经济发展或城市化进程具有诸多共性，因此本书可以借鉴以往关于环境效应评估的方法，然后加入表征土地资源自身特点以及城市化对土地资源耦合作用特点的指标，从而形成城市化的土地资源正负效应评估方法。通过整理以往多种环境效应评估方法，本书的研究将会借鉴"压力—状态—响应"（PSR）框架模型［联合国经济合作开发署（DECD），1979］，提出区分正负效应的标准值域，从而构建土地资源正负效应评估的总体模型。

4. 区域实证检验法

虽然人文类问题不能像自然科学类问题那样在实验室进行严格的实验研究，但是大量的样本区域为进行实证研究提供了丰富素材。因此，本书选取辽宁沿海经济带这一典型区域进行整套理论、方法和技术的实证检验，通过实证研究的反馈，进一步完善理论、方法和技术，经过多次的"理论—实证"的反馈过程，使整套理论、方法和技术趋于完善。

三、研究目标

从理论层面来说，城市化问题的研究属于城市地理学研究的传统领域，但是本书从资源环境学的角度切入，以自然科学的研究手段研究城市发展的外部资源环境问题及其对城市化的胁迫性，力图实现自然科学与人文社会科学研究的相互结合，弥补综合性学科过分注重于某一方面而产生的不足，利用自然科学与人文社会科学各自研究的优势，以人文社会科学问题为根本，以自然科学为手段，完成传统城市化问题研究的转变。

从方法论层面而言，自然科学的研究注重从众多样本中提取出有效信息、形成规律，并对规律性现象进行数量化表达。借用这类研究手法，本书将做大量的实地调查并搜集空间信息，利用各类空间数据处理软件（GIS 等）做空间统计分析，完成城市化进程的资源环境定量化研究。同时，城市化问题作为传统的研究内容，具有大量可以参考的前人研究成果，研究范式也相对成熟，所以本书也继承城市化传统研究的优点，研究过程中注重对于前人研究成果的借鉴、总结和创新。总而言之，研究方法是在传统研究基础上的改造和创新。

在应用层面上目前我国大多数城市都存在资源环境对城市化发展的约束力越来越大的问题，急需建立合理的评估方法，对城市化进程中土地资源效应进行准确的评估，为指导城市化发展和解决城市化发展与资源环境矛盾提供数理工具的保障。通过评估方法的建立，分阶段、分格局揭示城市化与资源环境相互作用规律，并且通过辽宁沿海经济带的典型案例地区的实证研究，验证评估方法的合理性、科学性和准确性，进行必要的修正和改进之后，进而再形成评估全国城市化进程中土地资源效应的方法体系，为我国合理进行城市化调控、协调城市土地利用提供理论支持。

四、研究的技术路线设计

总体思路上，本书将从关系界定、风险预警、优化协调和合理配置四个维度完成城市化的土地资源效应评估理论体系的构建。而在实证区域的定量研究过程中，如果发现理论和方法的缺陷，则会进行反馈修正研究，从而使理论和方法论体系趋于完善，即"理论—实证—修正"的研究流程。

研究的具体技术路线是：

第一，在搜集和总结国内外相关研究成果的基础上，形成本书的基本研究思路，提出本书的基本研究内容和关键问题。

第二，借鉴以往相关研究的主要成果，将加入正负表征指标后的综合土地正负效应评估框架模型作为本书的土地资源效应评估模型。同时为体现城市化与土地资源的耦合作用过程，将会在灰色关联技术支持下，通过风险评估模型预测未来城市化的土地资源利用风险，通过重构协调度模型完成城市化发展水平与土地资源效应协调度的度量，从而形成土地资源的最优配置，技术路线如图 1-1 所示。

第三，实证区域的研究。首先利用遥感技术和 GIS 技术对实证区域的空间数据进行提取，结合数理统计工具完成对空间数据与属性数据的合成；其次，在准确评估城市化的土地资源效应基础之上，以协调度最大法提出城市化与土地资源合理配置方式；再次，结合城市化的土地资源效应评估和城市化与土地资源合理配置，设定合理的城市化发展速度与土地资源消耗的阈值。结合一系列的土地资源使用强度指标和风险评估理论，建立起城市化的土地资源风险评估和预警机制。

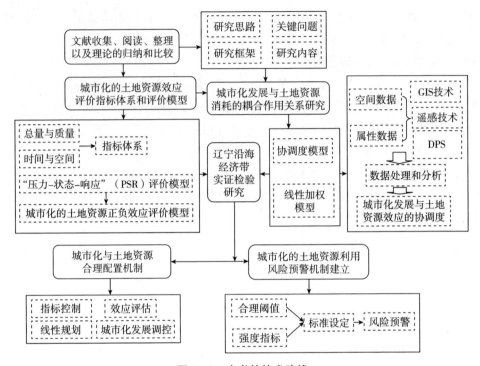

图1-1 本书的技术路线

第二章 城市化的土地资源效应的
基础理论和相关概念

第一节 相关概念界定

一、土地资源

我们通常将地球表面的陆地部分，由泥土和砂石堆成的固体场所称为土地。土地是地球上由气候、土壤、水文、地形、地质、生物及人类活动的结果所组成的综合体，具有自然、经济、社会因素，其性质随时间不断变化。经济因素强调人类活动的结果，即劳动的物化具有一定的价值。作为资源，土地具有一定的社会因素，如地籍、土地法、人口数量、宗教、社会文化等。随着人类社会的发展和科学的进步，土地资源的概念由地球表面扩大至地球表层，由平面扩展至立体，形成了土地的立体观。我国著名科学家钱学森提出建立"地球表层学"的主张，把地球表层学作为环境系统工程的理论基础（钱学森，1994）。地球表层嵌于地球外表，面向宇宙空间，既受宇宙因素、行星因素的影响，又受地球内部构造因素的制约。因此，广义的土地概念可近似于环境、资源、国土。土地资源（Land Resource）是人类赖以生存的首要资源，是在当前和可预见的未来的技术经济条件下，能够为人类所利用的土地。由于当前地球上的土地几乎都可以被人类利用，几乎不存在不是资源的土地，因此，土地与土地资源之间的界限比较模糊。

从法学来讲，法律上的土地注重土地的资产属性，与地理学上注重空间属性有较大差别。它是指人们能够利用、控制的土地，指特定主体控制的并拥有排他性权益的自然资源。从系统论观点来看，土地系统是由耕地、林地、牧地、水地、居民点用地、工矿地、旅游地和特种用地等子系统组成的大系统，这些土地子系统多是由植物、动物、微生物等生物成分和光照、土壤、空气、温度等非生物成分共同组成，借助于能量与物质流动转换而形成的不可分割的有机整体。从景观学角度看，土地即景观（Landscape），景观就是地面上生态系统的镶嵌，景观在自然等级系统中是一个比生态系统高一级的层次，景观就是自然和文化生态系统载体的土地。

综上，土地的概念可从其自然属性和社会属性角度加以界定。从自然属性角度常视土地为资源，存在着狭义土地和广义土地的概念之别，通常又与平面和立体相交织，形成土地平面观和立体观，最终归结为土地资源和土地资产（王万茂，2006），如表 2-1 所示。

表 2-1　土地概念

土地定义		狭义土地	广义土地
土地资源	土地平面观	地球陆地表面（含内陆水域 1.49 × $10^8 km^2$，占 29.2%	整个地球表面包括陆地和海洋 5.1 × $10^8 km^2$，其中海洋 3.62 × $10^8 km^2$，占 70.8%
	土地立体观	地球陆地表面上下空间组成立体垂直坡面（国土、环境一部分）	整个地球表面上下空间组成立体垂直坡面（地球表层、国土、环境）
土地资产	土地平面观	陆地资产价格 陆地所有权价格 陆地使用权价格 陆地地役权价格	陆地资产价格 海洋资产价格 陆地、海洋使用权价格 陆地、海洋所有权价格
	土地立体观	不动产（房、地）价格 陆地空间权价格 陆地地下权价格	陆地空间价格 海洋空间价格 陆地、海洋空间权价格 陆地、海洋地下权价格

二、土地利用

土地利用随着人类的出现而产生，并已成为世界性问题。由于土地利用具有生产力和生产关系两重性特征。根据土地利用方式的不同，可以分为三种类型：

土地的生态利用，即通过能量转化，利用土地的生态功能，为人类提供所需的物品，例如在农田种植农作物，该方式是最简单直接的利用方式，也从最低程度上对土地形态进行改变；土地空间利用，即将地面以下或以上的地域空间作为人类生产生活的场所，例如建设城市，在地表进行经济社会活动，该利用方式对土地的利用规模最大，是人类利用最为频繁的方式；土地的景观利用，通常以不改变土地原貌为基础，挖掘土地的景观价值，带动旅游业的发展。以上三种利用方式同时存在于城市的土地利用方式中，其中以空间利用方式为主。

土地利用既包含土地生产力的提高，又有土地关系的协调。任何社会历史发展阶段，土地利用水平的提高均依赖于生产力和生产关系因素的共同作用，需要结合土地资源条件、社会经济条件和生态环境条件综合判断。土地利用效率伴随着人类在土地利用过程中不断追求土地利用的高效率和高效益而诞生。经济学关于土地利用效率的研究主要关注土地资源的合理配置所带来的利润最大化，以土地利用所带来的利润回报来衡量土地利用的效率，主要体现为竞标地租函数曲线。而土地学、地理学对于土地利用效率的研究着眼点在于土地资源结构的合理安排所带来的土地资源利用的合理性，包括土地资源的可持续利用，土地利用能够提高人类生活水平，包括城市内部土地质量水平的提高、土地利用结构的合理对人居生活环境的改善、社会问题的降低等。从这一方面讲，地理学中关于土地利用效率的研究与本书研究的土地资源效应存在共性，都有较全面的衡量标准，包括经济、社会、生态等。

目前，从城市发展和土地利用的关系来看，土地资源作为城市化运行的空间载体，对城市化运行的作用强度日益增加，它不仅与城市化本身的发展状态问题关系密切，而且关系到国家粮食安全和社会稳定（张明斗和莫冬燕，2014）。城市土地作为土地资源的关键组成部分，城市化提升到较高水平的同时也应关注城市土地利用效率，寻求两者间的均衡健康发展，实现两者的高度耦合协调发展是在当前的城市化发展阶段重要任务。

第二节 相关理论基础

一、地租理论

马克思地租理论批判性接受了古典经济学的劳动价值论，首次提出绝对地租的概念，并以之分析资本主义农业生产剩余价值的产生及分配。他认为，因为土地所有制和土地所有权的存在，两者相互分离时才使地租存在。由于土地所有权的存在，不管租种何地都要交纳地租。马克思曾指出，亚当·斯密在经济学上的重大贡献之一，是他指出了在市场经济中，地租会参与资本的形成。地租是与土地的所有权即垄断权直接关联的，是土地使用者由于使用土地而缴给土地所有者的超过平均利润以上的那部分剩余价值。马克思按照地租产生的原因和条件的不同，将地租分为三类：级差地租、绝对地租和垄断地租。前两类地租是资本主义地租的普遍形式，后一类地租（垄断地租）仅是个别条件下产生的资本主义地租的特殊形式。简而言之，对土地所有权的垄断形成了绝对地租，对土地经营权的垄断形成了级差地租，对特殊自然条件下土地所有权的垄断形成了垄断地租。同时，马克思指出"不论地租有什么独特的形式，它的一切类型有一个共同点，地租的占有是土地借以实现的经济形式"（陈征等，2010）。

城市地租是地租范畴里比较重要的一部分，马克思没有明确提出过城市地租的概念，但是在《资本论》里，他曾详细地论述了建筑地段的地租，同时把城市地租的概念界定包括在建筑地段地租之中。城市地租主要表现为城市工业、商业和服务业的地租，它们共同的特点是在利用土地空间时必须交纳地租。马克思指出："不论什么地方，都要为使用地皮付地租。"他还充分地肯定了亚当·斯密认为的真正的农业地租调节着非农业地租，其包括城市地租在内。虽然，马克思没有对城市地租做出更多详细的阐述，但是马克思地租理论的基本原理适用于分析社会主义城市地租，尤其以级差地租为主要特点。

位置对级差地租具有决定性影响。农业土地的地租主要根据其位置对市场远近距离而衡量，受自然条件约束。城市土地位置是人为控制的产物，如对城市进行统一的规划，建立商业用地、工业用地、文化用地、绿化用地、住宅用地等，这些不同的区域都是根据其经营特点而组织建立起来的。城市地域范围划分为市中心区、次中心区、边缘地区、郊区等。例如，市中心区通常是商业区，在该区域，商品销售量大，资金流动频繁，具有较高的利润率，同时人口密度高，人口流动的规模大、速度快，往往会吸引大量的投资。根据城市不同区域和距市中心的距离，人为地制定城市规划，划分城市功能分区，吸引不同成分的投资，使资金积聚，由此而产生的城市地租，主要归因于社会条件。一般来说，离市中心距离越近，地租越高，距交通干线越近，地租越高，如图 2-1 所示。

二、城市化理论

城市化是一个国家或地区的生产和生活方式从农村型向城市型转变的一个历

史过程。随着社会生产力的发展、科学技术的进步、社会化分工的不断深化，在工业化的进程中出现产业非农化，劳动力从农业中脱离并逐渐向城市工业和服务业不断转移。城市化的发展既包括城市用地的增加也包括城市人口数量的增加。

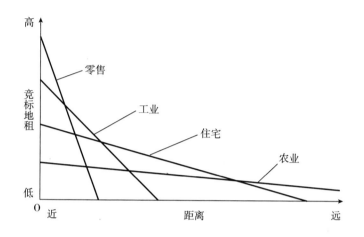

图 2-1　城市土地竞标地租曲线

在城市化发展初期，由于城市化发展速度与城市人口增长速度相对缓慢，城市用地面积的增长速度也比较缓慢。进入到城市化中期，城市化进程加速，城市人口急剧增长，导致城市用地规模迅速扩大，由于资源的稀缺性，在这个阶段城市化发展进入"瓶颈"时期。当城市化发展进入成熟阶段，即城市化的后期，城市人口基本上保持在一个稳定的水平，城市土地利用结构也基本趋于稳定，城市化发展从追求"量"的增长转变为追求"质"的提高。同时，由于城市化中期城市用地需求迅速的增加与土地资源供给刚性制约之间的矛盾凸显，人们逐渐意识到节约和保护土地资源的紧迫性和重要性，从而使人们对城市土地的利用模式从粗放型逐渐转变为集约型，这样就会使城市用地数量基本保持在一个相对稳定的水平（蒋南平和曾伟，2012）。改革开放以后，我国逐渐进入并经历了城市化中期阶段。近一段时期，城市化的发展进入了"瓶颈"期，结合中国的国情，实现了由重视"量"到重视"质"的转变。

（一）传统城市化

改革开放以后，中国逐步放开了对人口流动的限制，大量的农村劳动力流向城市，加快了城市化进程，使我国的城市化发展取得了较好的成果。截至目前城市化率已超过50%。虽然我国城市化发展较快，但是城市化的质量不高，按照户籍人口计算，实际城市化率仅为40%左右。这种传统的城市化引领投资需求、扩大内需及带动经济发展的动力逐渐显现出不足，当发展到一定的阶段就逐渐变得不适合中国国情，在城市化的进程中日益凸显出了传统城市化的弊端（石忆邵，2011）。城市的管理水平严重滞后于城市化发展水平。在我国发达地区的城市，城市管理体制不完善，管理水平较低，流动人口数量大，存在着多种社会问题，各类社会矛盾较为集中。城市基础设施的承载力和服务水平较低，无法跟上城市化的发展速度。社会保障、劳动就业、文化教育、社区服务、医疗卫生等公共服务还需要进一步的提升。

以过度消耗土地等自然资源、环境日益恶化为代价的低成本的传统城市化模式，随着经济社会的发展、经济与资源环境协调发展的要求提高而变得日益艰难。环境污染日趋严重，城市垃圾量逐渐增多，汽车尾气排放量日益增大，为了增加城市建设用地，绿地面积和耕地面积逐渐减少，大气污染严重，清洁水源和污水处理的任务日益艰巨，环境问题已经成为城市可持续发展的短板。土地资源有限、单位土地面积产出效率低下、发展空间不足、环境容量有限等问题严重阻碍了城市的可持续发展。

改革开放以来，越来越多的农村人口向城市转移，进入城市务工，但是由于户籍制度的限制，他们依旧是农民的身份，虽然在城市工作，成为城市的常住人口，但是依旧无法享受到城市居民社会保障等公共服务。因此，在这样的形势下，城市化呈现出人口不完全城市化、城市化率虚高的表象。由于我国长期以来优先发展城市的战略，城乡间在收入水平、公共服务、基础设施建设等方面差距过大，城乡之间明显的二元结构及差异使农村内需远远落后于城市，制约了农村市场的发展。在传统的城市化背景下，无法提升总体的社会福利水平。

（二）新型城镇化

在过去的40年里，由于高速发展的城市化，环境日益恶化、社会矛盾增加、土地资源短缺等问题不断涌现，我国开始意识到片面追求城市化发展速度而产生的问题，逐渐寻求适合中国国情的城市化发展方式。2013年12月11日召开的中央关于城镇化工作会议提出了推进城市化发展质量的主要任务，强调了中国城市化发展应该稳中求进，努力实现"人的城镇化"。在此之后，《国家新型城镇化规划（2014－2020年）》正式出台，标志着中国城市化从重视"量"的发展过渡到重视"质"的发展，中国城市化发展进入以提升质量为主的新阶段。

新型城镇化强调城乡互补、协调发展，其核心在于不以牺牲生态和环境为代价，特别是不以牺牲占用耕地为代价，重点关注农民和农村，实现城乡基础设施一体化和公共服务均等化,实现共同富裕。与传统城市化不同,新型城镇化强调以人的城镇化为核心,合理推动人口流动,推进农民工市民化,使义务教育、就业服务、基本养老、基本医疗卫生、保障性住房等城镇基本公共服务覆盖全部城市常住人口,完善基础设施和公共服务设施,为农村人口向城市转移提供更好的社会环境和保障。强调统筹城乡发展,完善户籍制度,逐渐消除城乡二元结构。促进城镇化和农业现代化协调发展,促进城乡要素平等交换和公共资源均衡配置,以工促农、以城带乡、工农互惠,实现城乡一体化的新型工农关系和城乡关系,实现社会的协调发展,提高社会总体经济发展水平和社会福利水平。在推进城市化进程中,更加强调环境资源的重要性。根据资源环境承载力构建科学合理的城市化宏观布局,控制城市建设用地的数量和规模,严格捍卫18亿亩耕地红线,规范土地利用,防止土地资源的不合理使用和浪费,优化城市空间布局,提高土地集约化水平。进行绿色发展、循环发展、低碳发展,高效节约利用土地等科学发展方式,减少对自然的损害,推动形成绿色低碳的生产生活方式和城市发展方式。

三、城市空间理论

城市作为人类活动的场所,其内部结构一般可以分为商业区、工业区、住宅区、行政区、文化区、绿化区等,但是由于城市性质和规模的不同,不同的城市形成了不同的向心力和离心力,导致城市内部结构具有其复杂性。随着城市化进程加快、人口规模逐渐扩大、城市用地增加,城市内部结构也日趋复杂,为了揭示城市的发展规律,各国学者开始对城市地域结构进行归纳总结,提出了城市空间理论。

城市空间理论是城市地理学理论体系的一个重要组成部分,其要义是按照属性与分布的差异,从不同的角度将城市空间划分为不同层次的空间单元,依据系统准则将其有机组合,进而谋求整体结构与功能最优。显然,该理论中的空间分异、空间置换、空间整合、空间优化是优化城市空间结构理论的精华(朱光明,2012)。城市化发展是直接影响城市空间未来发展的重要因素,而城市空间发展模式更是影响土地资源利用的主要方面。城市空间理论的研究最早可以追溯到马塔(Mata,1882)的带型城市、霍华德(Howard,1898)的田园城市、戛涅(Garnier,1901)的工业城市。但早期研究最具创造性和突破性的城市空间结构模式要追溯到城市内部空间结构的三种经典结构模式,即同心环模式、扇形模式和多中心模式,如图2-2所示(许学强等,1997)。

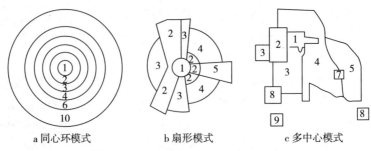

a 同心环模式   b 扇形模式   c 多中心模式

1 中央商务区   2 轻型制造业   3 低阶级住宅区   4 中等阶级住宅区   5 高阶级住宅区
6 重型制造业   7 外围商务区   8 郊外住宅区   9 郊外工业区   10 通勤区

图 2 - 2　经典城市空间结构模型

同心环模式由美国社会学家伯吉斯（Burgess）提出，该理论认为城市的中心是商务区，农民进城务工，为了方便找工作，会选择居住在中心商务区周围。中心商务区外围是早期建造的旧房子，为商品零售商、商品批发商、小型工厂以及一些货仓。随着经济的发展，以零售和服务为主的商务区向外膨胀，市民随之外迁。第三圈距离工厂比较近，是较大工厂的工人住宅区，还居住着刚进入城市工作的农民工，该区域又被称为低级住宅区，房屋较为密集。第四圈是较富有的中产阶级住宅区。最外围地区是高级住宅区，人口密度低，房屋间距大，房屋面积普遍较大。由于这个地区较市中心比较远，需要驾车进入城市工作，因此又称为通勤人员住宅区。

扇形模式是美国土地经济学家霍伊特（Hoyt）在 1934 年根据对美国 60 多个大中小城市房屋资料的研究分析提出的。他认为，城市的发展总是沿着主要的交通干线方向呈扇形向外扩展。在该模式下，中心商务区位于城市中心，轻型制造业沿交通干线从城市中心向外呈楔形延伸；住宅区受中心商务区和轻工业的影响，呈低租金向高租金的过渡，呈楔状延伸。与同心圆模式相比，扇形模式突破了同心圆的形状，将城市的扩展加入了交通因素的影响，但忽略了城市其他因素的影响，而且仅局限于分析城区结构，没有对城区以外区域的具体描述。

多中心模式认为，城市内部不只有一个中心，由于行业区位、集聚利益、扩散作用及地价房租等因素的存在，城市内部会形成多个发展中心，它们之间通过交通线路彼此连接。在多中心模式下，中央商务区是市内最繁华地区，是交通的枢纽；轻型制造业布局在中央商务区外圈，该区域周围有较方便的交通布局；住宅区分为三个级别，低级住宅区靠近中央商务区和轻工业区。中级住宅区和高级住宅区在城市的同一侧；重型制造业区、郊外工业区，由于污染物的排放会对城市造成环境污染，所以位于城市外缘。

四、可持续发展理论

在追求最大的经济效益，片面地追求经济增长的发展模式时，人们向自然界排放大量的污染物，肆意占领农林用地，过度开采资源能源，环境问题逐渐产生。这种经济发展模式对全球环境的影响体现在全球气候变暖、海洋生态环境破坏、臭氧层破坏、生态物种多样性减少、土地荒漠化等；对局部地区的影响体现在各种环境污染事件以及水土流失等环境问题。不同的区域面临的环境问题具有差异性，早期由于城市区域过度寻求经济的发展，工业发展制造了大量工业污染物，导致污染物较为集中，体现为土壤污染以及大气污染。随着城市交通的发展，人类活动较为频繁，城市化率也随之提高，城市建设用地圈地占地导致农林用地减少、城市绿化率降低，进一步导致对大气污染缓解能力的减弱，加剧了环境污染。在农村区域内，由于土地资源有限，村民为了更高的收入过度开采土地，造成土地资源再生能力减弱。环境问题逐渐成为社会的关注点，环境问题的产生制约着经济社会的发展，严重的更会危及人类的生命安全。

人们在解决环境问题时逐渐意识到，单纯依靠科学技术的提升去修复已经破坏的环境不能从根本上解决环境问题。环境问题就是发展问题，人们必须通过调整自己的行为，纠正在发展过程中的错误行为，使人地关系和谐发展，修复环境问题。可持续发展的概念伴随着人们对环境问题的逐步认识和重视而提出且不断完善。"可持续发展"从广义上讲，是指促进发展并保证其具有可持续性，它包括可持续性和发展两个概念。可持续性可理解为在对人类有意义的时间和空间尺度上，支配这一生存空间的生物、物理、化学定律所规定的限度内，资源环境对人类福利需求的可承受能力。发展可理解为人类社会物质财富的增长和生活条件的提高。持续发展的重要内容是资源环境的持续能力。

围绕资源环境的持续能力，现阶段研究的热点之一就是土地资源持续利用。土地是人类生存和社会经济持续发展的物质载体。当今人类面临的人口、粮食、能源、资源和环境五大问题均直接或间接地与土地资源及其利用有关。从某种意义上讲，研究土地资源效应进而对其进行可持续利用是资源与环境持续性和社会经济持续发展的重要内容。土地数量有限性和土地需求增长性构成土地资源持续利用的特殊矛盾。经济和社会发展给土地资源带来的压力，就需要通过全面衡量土地资源效应统筹和协调土地资源的经济、社会、生态三效益综合形成的整体效益，这也是土地利用结构优化和资源合理配置的目标（王万茂，2006）。

人们通过科学合理地开发利用土地资源，以使土地资源能够长久的维持下去。以资源效益为基础，提高资源利用效率，合理增加土地资源；以生态环境效益为前提，节约利用土地资源，保护生态环境，提高生态环境效益；以经济效益为中心，提高科学技术水平，合理地开发利用土地资源，提高土地集约化水平，提高土地利用效率和效益；以社会效益为目的，遵从资源发展规律和自然规律，增强社会抵抗风险能力和民生福利待遇，促进社会和谐可持续发展。

五、系统论

系统论是研究系统的一般模式、结构和规律的学问，它研究各种系统的共同特征，用数学方法定量描述其功能，寻求并确立适用于一切系统的原理、原则和数学模型，是具有逻辑和数学性质的一门科学（顾新华等，1987）。系统论认为，世界上任何事物都可以看成一个系统，系统是普遍存在的。系统论的基本思想方法就是把所研究和处理的对象当作一个系统，分析系统的结构和功能，研究系统、要素、环境三者的相互关系和变动的规律性，从而对系统进行优化。开放性、自组织性、复杂性、整体性、关联性、等级结构性、动态平衡性、时序性等，是所有系统的共同的基本特征（魏宏森，2013）。

系统论具有整体性、结构性、等级性、目的性和依存性等原则。系统是一个有机整体，其内部各要素之间相互关联、相互作用、相互制约，只有协调好系统内部各要素之间的关系，使系统整体的功效大于各部分要素之和，社会这个大系统才能和谐发展，达到效益最大化，此即系统的整体性原则。任何系统都有其特有的结构，内部各要素之间相互作用，共同构成了系统的结构，系统的结构具有稳定性、动态性、开放性等特点。等级性原则是指在分析系统对象时，既要注意分析各个层次系统间的联系，又要注意每个具体层次的特点，采取具体措施，使系统达到整体最优化。目的性原则是指系统环境必须通过结构决定事物的变化，而不能直接决定变化。依存性原则是指系统不能脱离于环境而存在，系统需要和环境进行信息、能量、物质的交换才能健康存在。因此，系统既不能忽视系统内部各要素之间的有序互动，也不能忽视和环境之间的互动。

城市化与土地资源利用同属于人类社会系统下的子系统，共同对人类的发展起到至关重要的作用。土地资源的利用方式与结构是人类活动的结果，随着各类经济活动的增加，逐渐在土地资源的利用方面形成城市空间结构。城市土地的利用结构是城市内部各功能分区与土地特征相互作用、相互制约的结果。随着城市化进程的加快，逐渐出现人地矛盾、土地资源污染严重、城市建设用地过度占用农林用地、土地资源利用率低下等问题。

利用系统论的观点，从城市化与土地资源两系统相互作用的视角研究这一过程中所产生的关系和变动规律，利用这些特点和规律去控制、管理、改造城市化与土地资源利用系统，从而能够优化城市化与土地资源利用的关系，建立两者协调的关系机制，促使两个系统内部各要素优化整合，形成城市化和土地资源利用的可持续发展。

六、风险管理论

风险管理的理论起源于管理学，是对管理对象进行损失控制的一门学问，涉及投资、统计、会计等相关众多学科。最早关于风险管理的认识是"风险管理是通过对风险的识别、衡量和控制，以最低的成本使风险导致的各种损失降低到最小程度的管理方法"。之后，随着全球生态环境问题的爆发，风险管理的发展和应用不断进步，又被环境学和生态学引入，成为进行生态环境影响研究的重要理论。目前，风险管理理论在地理学、资源与环境科学、生态学、全球变化科学、区域可持续发展等学科得到普遍应用。总体来讲，风险管理经历了三个重要的发展阶段：①技术风险阶段。人们对风险关注的重点是如何从技术上进行预防和救援。早期的风险通常由火灾、交通等因素引起，可以单纯地通过技术控制风险和隐患。该阶段主要运用关键风险技术，一项风险事件的发生虽然是由多种因素导致，但是只有某几个因素才是关键的成因，关键风险技术就是将关键的成因进行量化。通过分析，针对在风险事件发生或极有可能发生时，其具备的关键成因被赋予具体数值。以该具体数值为基础，以发出风险预警信息为目的，加上或减去某一数值，形成新的数值，即为关键风险指标。以此为依据进行风险预警，实行风险控制措施。在这个阶段，人们没有认识到风险的复杂性与不确定性，局限于某一具体灾害问题。②综合风险阶段。人们开始意识到风险不只是单纯的安全事件，风险具有复杂多样性，其内部各因素之间相互影响，具有并发性。在该阶段，风险应该从整体进行防范和治理。学者开始注意到除自然发生的风险之外，由人口经济发展导致的社会风险也逐步受到重视。因此，综合的管理和控制风险，成为增强风险控制和降低灾害损失的有效机制。③风险管理能力提升阶段。政府作为国家行政机关，在风险管理上承担重大责任。在城市发展到一定阶段，城市的风险大大增加，需要政府搭建沟通桥梁，加强与基层的沟通，一定程度上听取民意，加强综合风险管理体系的建设。该阶段强调以动态预防为主，同时政府、市场、社会三方密切配合，建立综合的风险防御管理系统。

　　在城市化进程不断加快的过程中，经济高速发展，同时也产生了一定的生态环境问题，城市系统与自然界的矛盾逐渐加深，在寻求经济增长的同时，不顾自然资源的限制，过度开发土地、填海造陆、开采资源能源，导致自然灾害发生的频率增加；早期以城市优先的城市化发展模式导致城乡二元结构加剧，贫富差距加大，由此诸多社会问题，引发社会矛盾。当代的城市是一个复杂的系统，涵盖自然、社会、经济、政治、生态、人口等，易产生复合性的城市问题和综合风险，因此，在城市化过程中引入风险管理理论，主要是评价城市化对资源环境造成的压力，从而利用风险管理的手段对相关资源环境问题进行风险评价，并采取相应手段进行控制。从风险学视角进行城市化过程中资源环境问题的研究，能够拓宽城市化问题的研究思路，风险管理学中成熟的风险管理手段有利于城市化问题的系统解决。

第三章　城市化与资源环境的关系

第一节　城市化与资源环境的一般关系类型

　　资源环境是人类社会赖以生存的基础，而城市化作为人类社会一种重要的聚落空间转化活动，与资源环境具有更加紧密的关系。国内外城市化发展的经验表明，城市化的发展有赖于资源环境的保障，城市化发展的整个过程实际就是城市与资源环境相互作用的过程。城市化的推进以资源环境为基础，需要消耗大量的资源，如矿产资源、水资源、土地资源、森林资源等，同时利用和改变原始的生态环境系统，如大气环境、岩石环境、土壤环境、水环境及各类生物圈层。在城市化进程中，城市化发展对资源环境的作用方式和力度不断转变和演化，两者之间的问题呈现出纷繁复杂的局面。尤其是在城市化进程的中期阶段，城市化速度明显加快，需要以消耗大量的资源环境为代价来保证城市化的快速进行，城市化对资源环境的压力不断上升，大量的资源环境问题在这一时期集中爆发，这已经成为阻碍城市化发展的主要问题（方创琳，2009；瞿金良等，2003）。同时城市化发展的不同形式也使资源环境问题更加复杂多变，解决难度加大（诸大建，2011）。由于城市化发展方式的不同及不同地区资源环境的差异性，城市化与资源环境之间具有多种组合类型，形成了复杂且类型多样的关系，但从一般层次来看，根据不同资源环境对城市化的影响以及城市化不同发展阶段对资源环境需求两个方面进行划分，两者之间存在三种基本的关系类型。

一、促动型

　　城市化的发展需要资源环境的支撑，资源环境是促进城市化发展的重要因素之一，特别是在资源丰富地区和资源丰富时期，为城市化的进行提供了优越的条件，具有促进城市化发展的作用，形成城市化与资源环境的促动关系类型。在这种关系类型中，资源环境是城市化的重要促动因子，城市可以利用大量资源环境，转化为将来城市进一步扩大规模的动力，同时资源环境对城市化的限制作用较小，城市化对资源环境的影响作用也不大，两者处于相互协调的状态之中。因此，这一关系类型一般发生在城市化进程的初期。这时城市地区资源丰富，环境良好，资源的消耗量相对于总量丰富的资源而言微乎其微，城市规模的扩大对外部环境的破坏相对于完整而良好的生态环境巨系统而言也不足以产生较大环境问题。因此，总体来讲，资源环境不会产生较大问题，不会构成对城市化的限制作用，城市化可以通过丰富的资源环境获得源源不断的发展动力，从而得到快速发展。促动型关系是城市化与资源环境协调发展的关系类型，所以也是实现城市化可持续发展的一种模式，它需要城市化发展的速度同资源环境的消耗速度能够协调和统一，将城市化引起的资源环境问题控制在低强度发生阶段。

二、依赖型

资源环境是城市化发展的必要条件，在某些地区和城市化发展的某一阶段也成为城市化所赖以为继的条件，形成城市化对资源环境的依赖关系。依赖关系与促动关系的最主要区别在于，促动型是将资源环境作为基础条件，通过两者的协调形成促动发展，而依赖型是将资源环境作为发展城市化的直接手段，将资源的开发和利用所获得的经济效益作为直接城市化的手段。后者往往存在于因开采资源而产生的资源型城市，这也是资源型城市同一般综合型城市本质不同的根源所在。但随着资源的逐步枯竭，资源型城市的发展动力则逐步减弱，城市化将面临停滞的危险。依赖型关系也体现出城市化发展方式的单一，由于城市对资源的过度依赖导致城市化发展具有较大的不稳定性，这种关系的存在也成为目前众多资源型城市转型中所面临问题的根源。依赖型属于城市化与资源环境不稳定的关系类型，是城市化进程中需要极力解决和避免的一种关系类型。城市化发展方式应多元化，降低城市对资源的依赖程度。

三、冲突型

资源环境并不能无限制地利用，其自身的承载能力和环境的容量具有一定限度。当外部压力没有超出这一限度时，资源环境可以自身进行调节，缓解和释放外部施加的压力，继续按照原有方式运行，而如果外部压力一旦超出资源环境的最大可承受限度，资源环境将会出现系统衰退，出现不可逆的资源环境问题，而这些问题的出现将会产生遏制外部压力的力量（如城市化作用力）。因此，冲突型关系的产生源于城市化的发展导致城市规模的无限扩大，产生对资源环境系统的过大压力，对资源环境系统造成不可逆的改变，严重的资源环境问题开始对城市化行为产生阻碍作用，两者之间出现对立，呈现出不可调和的状态。在城市化快速发展的地区这种冲突型关系普遍存在，特别是在人地矛盾突出、资源相对稀缺、外部环境相对恶劣的地区，两者之间的对立更为严重。但冲突型关系往往不是与生俱来，而是一个逐步积累的过程，是由于在城市化发展初期没有有效解决资源环境和发展之间的关系，采用高投入、高消耗的粗犷式城市化发展道路而逐步积累得来（刘晓琼和刘彦随，2010）。因此，冲突型关系普遍存在于城市化快速发展的时期或地区，是城市化发展进程处于某一阶段而普遍产生的一种关系，但是冲突关系具有大小的区分，不同的城市化发展模式将会直接决定这种关系类型的存在时间，科学合理的城市化发展模式是解决冲突关系的有效方法（姚志春和安琪，2011）。

第二节　城市化与资源环境的相互作用机制

一、城市化与资源环境的相互作用要素

由于城市化是人类社会一种重要的大规模改变原有资源环境的活动，城市化进程中城市系统中大量的要素同原有资源环境进行交换和传递，改变原有资源环境的形态和表现形式，造成资源环境的改变，而资源环境脱离自身原有运转机制之后，将会对城市化产生反馈作用，这种反馈作用具有正负的区别，在形成新的平衡之前，两者之间会不断地进行压力——反馈的作用，最终达到一种新的平衡状态。而两者之间的相互作用也主要是通过各种要素的交换和传递表现出来，特别是重要因素对两者相互作用最终的强度和表现形式具有决定性的影响，也构成城市化与资源环境相互作用的要素，包括人口、城市、资源环境（王宏毅，1997）。

（一）人口

人口是整个社会的主体，尤其是人类经济活动的主体，是生产力最活跃的因素，是城市化与资源环境相互作用过程中的最后主导者，对相互作用起到决定性

作用。在相互作用过程中，人口的主导性是通过其能动地改变外在世界来体现的，其对外在世界的改变力量巨大，并且随着科技水平的提高，其改变能力会不断增强，对外在世界改造的深度和广度都会不断扩大。人口的快速流动造成对资源环境影响力的扩大，使区域性资源环境问题逐步扩展为全球性问题，造成资源环境问题治理难度的增加，使城市化与资源环境的相互作用具有开放性特征。可以说，目前在世界范围之内已经很难发现没有被人类影响到的空间。

同时，人类能动地改变外在世界，既包含浪费资源、破坏环境的负作用，又包含节约资源、美化环境的正作用，但无论正负作用结果如何，人口都是城市化与资源环境相互作用结果的最终承受者。人类的生存需要基本的资源保障，人类生活水平的提高需要更多的自然资源和更大范围的社会保障。同时，人类活动也可以生产改造资源环境，提高其使用效率，然而有限的资源环境必然对人口的发展产生制约作用。但具有能动性的人类最终将做出有益于自身生存的判断，逐步从负作用转向正作用。人口和经济子系统在从资源子系统索取生活资料和生产资料、享受环境子系统提供的生活空间和生产空间的同时，也向自然子系统排放生活和生产废弃物，自然环境对人类排放的废弃物有一定的吸收和净化能力。当人口和经济子系统对资源的消耗小于或等于其再生能力、向环境排放的废弃物小于或等于其自净化能力，或者人口和经济子系统向资源、环境子系统做出有益的回馈时，系统尚可维持并保持稳定；否则，必然使整个系统熵增加，最终走向崩溃，导致不可持续发展。

我国是人口大国，人口问题是我国社会经济发展的关键问题之一。1949 年后，我国快速增长的人口为城市化发展提供了充足的劳动力，但随着城市化进程的快速发展，资源环境问题也不断产生和恶化。随着城市化的发展以及人口政策的变化，城市人口的数量、结构在未来一定时间内会有一定的提升，对资源环境的索取和占有也会随之增加。人口可以促进经济和社会的发展，使资源利用合理化和环境优化，同时人口也可以阻碍经济社会发展，造成资源过度开采和环境恶化，资源和环境的可持续发展离不开人口的可持续发展。一个地区的全面发展需要对人口结构和资源环境进行全面考量和规划，所以人口结构和资源环境的耦合时空特征分析具有重要的时代意义和现实意义。

（二）城市

城市是人类利用和改造环境而创造出来的一种高度人工化的地域，是人类经济活动集中、非农业人口大量聚居的地方。城市是人类文明的标志，是人们经济、政治和社会生活的中心。城市化的程度是衡量一个国家和地区经济、社会、文化、科技水平的重要标志，也是衡量国家和地区社会组织程度和管理水平的重要标志。城市化是人类进步必然要经过的过程，是人类社会结构变革中的一个重要线索，经过了城市化，标志着现代化目标的实现。城市是城市化的主体，是城市化变化的体现，也是城市化与资源环境相互作用的直接参与要素。从本质来看，城市化本身对资源环境不具有直接作用力，而是在城市化的进程之中，城市的发展直接对资源环境造成诸多压力，从而体现出城市化现象与资源环境具有相互作用关系。与之相似，在城市化与资源环境相互作用中，资源环境的反作用也将首先施加于城市，使城市发展受到影响，最终体现为对城市化的影响。

作为直接参与要素，城市中的生产、生活、建设及其他方面都对资源环境具有直接的影响作用。并且随着城市化的迅速发展，人口也在迅速向城市聚集，城市规模的扩大和数量的增多在一定程度上也是对资源环境的一种压力和挑战，城市对于资源环境的作用强度也将会逐渐变大。城市成为经济发展造成环境危害的重灾区，一个城市能否可持续发展下去在很大程度上取决于这个城市的水资源、土地资源和环境等要素承载力的大小，所以为了保证一个城市的可持续发展，该城市必须不断提高资源环境承载力。

随着我国城市化进程加速，大城市、特大城市的数量迅速增加，以大城市为中心的各级城市群崛起并影响区域经济，这已成为我国区域与城市发展的一个新特点，城市区域化和区域城市化的转变正在逐步加深（姜丽丽等，2009）。目前，城市在相互作用过程中的负作用超过正作用。在城市地区集聚着大量的人口、资源、资金，集聚着主要的建设活动，因此，城市正在成为资源高度集聚和环境高度紧张的地区，是资源环境问题高频发生的地区，成为对资源环境具有最大影响的人类空间聚落类型。

（三）资源环境

资源是一个国家或地区所拥有的物力、人力、财力、水资源、土地资源等各类要素的总称，包括自然资源和社会资源。环境是一个国家或地区进行空间生产的载体，生态环境的好坏决定了区域内社会、人口和经济的健康程度。资源环境是人类改造的对象，承载城市的物质和空间，在相互作用中首先会以受力方存在，提供城市化所需的一切物质和能量，并通过自身形式的变化推动城市化的发展。因此，资源环境是城市化的基础，同时是产生相互作用的必要条件，决定反作用产生的方式和强度。

资源环境自身具有一定承载力，可以转化外界对其的有限压力。人类利用资源环境的可用部分，然后资源环境通过外在形式的改变，参与全球系统的循环之中。例如，当人类将煤炭资源中可用能源利用之后，产生废气和废渣，废气参与大气循环，废渣参与土壤循环，周而复始。但如果外界对资源环境的压力过大，资源环境形式改变之后参与全球系统的循环将会受到阻碍，从而产生资源环境问题。资源环境问题产生之后，人类利用资源环境行为将会受到约束，这也是资源环境对城市化产生反作用的本质，并且往往反作用是以负作用的形式集中大规模表现。

人类的生存和发展离不开资源和环境，城市的发展和建设也离不开资源和环境。城市资源环境是一个涵盖了自然环境、资源禀赋、社会环境、人类经济社会活动等多方面的复杂系统。资源环境对人口与经济发展规模的承载能力与容量，是决定城市发展规模的主导因素，也是影响城市化质量的重要因素。资源环境直接关系到人类的发展和城市的建设。城市化在一定的资源环境下进行，城市人口的增长和空间的扩张，城市经济的发展和消费水平的提高，必然会导致资源环境状况的变化。而城市化引起的资源环境问题，反过来又会对城市化产生约束效应，影响城市化质量的提高。伴随着城市化和工业化的推进，人们对资源环境的需求越来越大，资源利用与污染排放的规模和强度不断扩大，资源环境的供给能力不断下降，需求与供给的矛盾将逐步显现并越来越尖锐。当城市化对资源环境的需求超过了资源环境的供给能力时，城市化发展就会面临资源环境阈值的限制。因此，资源环境为人类提供物质基础的同时也通过自身的承载力对人类活动起到约束的作用，降低经济发展对资源环境的消耗水平，提高资源环境对经济发展的承载力，才能实现城市化与资源环境之间关系的协调（谭文兵，2012）。

在城市化以及城市群建设取得巨大成就的同时，其发展过程也必然伴随着城镇密度的提高、产业集聚发展、大量人口涌进城市、公路铁路以及城市公共交通等运输网络形成等现象，这些现象的发展又不可避免地引起资源过度消耗、生态破坏、环境污染等问题，给资源环境带来的压力不断增大。但城市化的推进对资源环境具有不容忽视的积极作用，能够提高资源的利用效率和污染的治理效果。集聚效应和规模效应可以更加合理高效地配置资源，使资源利用效率显著提高，从而有助于缓解资源的稀缺状况；先进的管理理念和技术手段有助于实现资源的循环利用和污染的集中治理，降低污染治理的成本，提高人为净化的能力，从而缓解经济发展对生态环境的压力。城市化的这种正面效应，为经济发展与资源环境关系的协调提供了可能。在城市化过程中，可以通过政策干预、环保投入和清洁技术的推广，控制资源消耗和污染排放总量，提高资源环境的生态服务功能。污染防治和生态建设所需的大量投入和先进技术只有通过经济技术的发展才能够解决。当城市化发展到一定阶段，城市具备较强的环保综合能力，形成一定规模的环保投资，就能够获得污染集中治理的环保效益，实现城市化的经济效益、社会效益与资源环境效益的统一。

二、城市化与资源环境相互作用的方式

（一）协同式

协同式是指城市化和资源环境相互促进的作用方式。在资源环境的支持之下，城市化得到快速发展，城市化的发展使城市的组织和运转更为高效，资源的利用效率更高，环境的防护措施更加完善，从而形成城市化与资源环境协调发展的良性互动局面。协同作用的产生主要取决于城市化发展中诸多因素的影响，其中城市化的发展方式和发展速度具有直接影响效果，粗放的城市化发展方式对资源环境的压力过大，不能形成协同作用的效果。一般来看，在城市化和资源环境具有促动型的关系类型中，资源环境对城市化是促动发展而非限制发展，如果城市化过程中能够注重资源环境的保护，就能形成协同作用模式。协同作用模式一般出现在城市化发展的高级阶段，城市化在这时进入发展的稳定阶段，不会出现由于发展过快而产生对资源环境造成过大压力的问题，同时这一阶段城市发展一般也处于高级发展阶段，城市可以通过高新技术的应用、清洁能源的使用以及提高原有传统能源的利用效率，在充足财政资金和高新技术的保障之下进行污染防治和环境美化（刘耀彬等，2008）。

（二）拮抗式

城市化与资源环境两者本身就是一对矛盾体，城市化的发展势必会对原有资源环境产生破坏性影响，只是由于各种因素产生破坏性大小的不同。拮抗式相互作用是指城市化发展引发资源环境的抵制，使城市化不能够进行或进行不顺利。首先，产生这种相互作用的原因主要是城市化发展方式对资源环境压力过大，过大压力造成原有资源环境系统的崩溃，而资源环境系统一旦崩溃则城市化的基础就面临缺失，城市化停滞。其次，在资源环境系统较为脆弱的地区进行城市化，也会产生拮抗作用，限制城市化发展。拮抗作用属于一种较为特殊的相互作用模式，在一般的城市化发展模式之下，不会出现长期的拮抗作用，因为城市化的模式和速度总会根据资源环境的反馈进行调试，从而适应资源环境的承压力度。但是，短期的拮抗作用在城市化发展中往往经常发生，这主要是因为在两者相互适应过程中，矛盾不可调和时的压力释放短暂但爆发力较强（许君燕，2010）。

（三）累积式

累积式是城市化进程中城市化与资源环境相互作用最为普遍存在的方式，主

要指在城市化发展中资源环境被逐步消耗，资源环境问题缓慢出现、逐步累积，直到两者之间的矛盾达到较高的程度之后出现相互阻碍的现象。在整个过程中，城市化造成的资源环境问题不会集中爆发毁灭性破坏情况，而是不断遵循问题出现和问题治理的循环过程。但是由于资源环境问题每次都不会得到根本性治理，遗留问题不断累积，成为下一次产生问题的根源。于是，矛盾在累积中不断加深，城市化在发展中不断地出现问题，周而复始，最终达到损害城市化发展根本基础的程度时，城市化发展被遏制，人们不得不采取降低城市化发展速度，改变城市化发展方式等措施，从根本上改善城市化与资源环境相互之间的关系，从而降低资源环境被破坏的程度，使资源环境得到恢复。累积式与拮抗式具有相同之处，也具有本质的区别。两者都在城市化与资源环境相互作用中不断出现问题，而区别在于累积式是影响程度较低的资源环境问题逐步出现，矛盾可调和；拮抗式是问题大规模集中式出现，矛盾不可调和。

（四）转移式

在城市化与资源环境相互作用的过程中，由于参与城市化的要素可以流动和变动，因此城市化中所需要的资源环境可以通过空间转移来实现，这也是人地关系相对紧张的地区进行城市化发展所普遍采用的发展方式，即从其他地区调入要素完成自身的城市化发展。但是，在发展过程中，资源环境转出地往往承担着资源环境破坏带来的问题，造成本地区的资源环境急剧恶化。在这一过程中，城市化与资源环境相互作用的结果实际呈现空间分离的状态，城市化发展地区将本应该自身承担的问题转移给资源环境实际消耗地区，形成转移式的相互作用模式。这种模式往往对资源环境转出地，即资源环境问题承担地造成的危害十分巨大，因为它们既没有得到资源环境消耗前期所应该达到的城市化水平，还需要承受高危险性的资源环境问题，并且往往因为缺乏应有的能力，资源环境问题也得不到解决，最终导致资源环境问题的影响更加深重。这种相互作用模式的出现往往是由于结构性和体制性矛盾造成的空间发展不均衡所造成，因此在解决时应该注重区域补偿机制的建立。

三、城市化与资源环境的相互作用规律

（一）阶段演变规律

城市化与资源环境相互作用随着两者作用时间的延长其产生作用方式的演变和作用强度大小的改变具有明显的阶段性特征。这种随时间演变的规律主要是由于在不同的时间阶段，参与相互作用的要素不同，相互作用要素的组合类型产生变化，从而引起城市化的速度、城市的规模、资源环境的丰富度随作用时间发生改变。总体来看，主要的阶段演变分为强度大小的演变和作用方式的演变。

1. 相互作用强度的演变规律

由于城市化在不同的发展阶段对资源环境的需求量大小不同，对资源环境的压力就会随需求量的改变而改变。因为资源环境本身具有损害阈值，在这个阈值以内可以转化损害、自我修复，不会产生资源环境问题，但如果超出阈值范围，自我修复能力急剧下降，资源环境本身将会产生功能性衰退，爆发严重的资源环境问题。一般来讲，在城市化发展的初期，城市化速度较低，城市规模较小，对资源环境的消耗或损害程度较小，而这一阶段资源环境的丰度较好、环境容量大、损害阈值也较高，城市化对资源环境的压力始终在资源环境损害阈值以内，所以这一阶段的相互作用强度较弱。但在城市化发展的中期阶段，城市化速度快速提升，城市数量和规模都快速提高和扩大，对资源环境的消耗急剧上升，而资源环境经过一段时间的消耗，丰度降低、环境容量减小、损害阈值降低，较高的城市化对资源环境的压力超出资源环境损害阈值，资源环境产生功能性衰退。由于不可逆转性的存在，资源环境无法恢复到原始状态，资源环境问题频发，对城市化的阻碍作用开始显现，相互作用外在的非对称性开始由初始的城市化作用力大于资源环境作用力向资源环境作用力大于城市化作用力转变，也表现为较高的城市化与资源环境相互作用强度。到城市化发展的高级阶段，城市化的发展速度开始逐步降低，城市发展规模进入较为稳定的发展阶段，城市化与资源环境两者之间相互适应，相互协调发展。即使这一阶段资源环境的丰度仍然很小，但是城市化对资源环境的依赖程度也较低，城市化对资源环境的压力不足以产生较大的资源环境问题，相互作用强度较小。同第一阶段较小的相互作用强度相比，这一阶段较小的相互作用强度是高水平协调发展导致，两个阶段具有本质的不同。

2. 相互作用方式的演变规律

城市化与资源环境相互作用的方式也随着城市化的发展而不断演变。这主要是城市化不同发展阶段相互作用要素之间不同的关系类型所导致。在城市化发展的初级阶段，人口、城市和资源环境之间关系较为缓和，特别是在资源丰富、环境良好的地域，良好的资源环境条件将会促进城市化快速发展，资源环境对城市化的动力源源不断，体现为一种协同作用方式，但其中也会有相互适应阶段中不协调的情况产生，表现为短时间的拮抗作用方式。到城市化发展的中期，城市化与资源环境之间开始进行全方位的相互作用，两者之间的相互作用方式逐步复杂，体现为多元化的相互作用方式。但由于这一阶段城市化对资源环境的压力较大，资源环境问题不断产生，矛盾逐渐积累和转移，因此，这一阶段相互作用方式以累积式和转移式为主，同时也会出现局部的协同作用方式和拮抗作用方式。到城市化发展的高级阶段，相互作用要素都趋于稳定，不稳定的因素逐步减小，因此，两者之间的相互作用方式主要以协同式为主，并且这一阶段的协同发展是城市化与资源环境关系协调而产生，属于真正含义的协同发展，如图3-1所示。

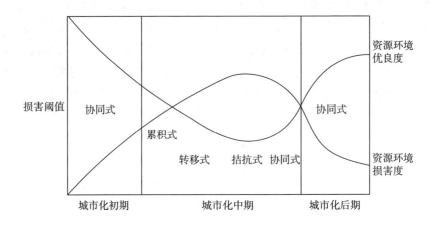

图3-1　城市化与资源环境相互作用的阶段演变规律

（二）非对称

根据物理学中的牛顿第三定律，作用力与反作用力总是大小相等、方向相反。而城市化与资源环境的相互作用却表现为作用力与反作用力的非对称性，作用力和反作用力的外在表现不一样大。特别是以人类行为为主导的城市化运动对资源环境在初始阶段具有绝对的主导性，对资源环境的作用力非常大，且可以直接表现出来，这主要体现为对资源的物质消耗和环境的改变，如将一座矿山掏空最终被夷为平地，将清澈的河流污染。但是资源环境对城市化的反作用并不是立刻显现出来，往往具有滞后效应，慢慢积累、集中爆发，其反作用力的大小往往是多次作用力大小的总和。并且随着城市化与资源环境相互作用强度的增大，城市化对资源环境的外在作用力逐步减小，资源环境对城市化的外在反作用力逐步增大，表现为城市化对资源环境的改变，难度越来越大，特别是在两者相互作用强度较大的阶段，城市化对资源环境很小的外在作用力都将会引起资源环境较大的外在反作用力，逐步迫使城市化改变传统的发展方式，减少对资源环境的扰动，从而最终达到两者协调发展的局面。非对称性产生的原因主要是由于资源环境反作用力的外在表现具有滞后的特点，是由资源环境自身具有一定的承载力决定。

（三）不可逆转

城市化与资源环境相互作用是一个不可逆的过程，相互作用的结果一旦产生将不会被改变，也无法恢复到原有的状态。这种规律的产生是由相互作用要素的本身属性所决定，特别是资源环境系统具有不可恢复的特征。资源环境系统受到影响或破坏，将会产生结构的变化，从而演变成另一资源环境系统，原有系统的属性都会进行改变。虽然一定的工程技术手段可以修补遭到破坏的资源环境系统，但是进行修补之后的资源环境系统就具有了人工系统的特征，系统的自我调节能力、自我修复能力都不会恢复到原始水平。不可逆转的规律给资源环境系统的人工恢复造成较大难度，也是目前世界各国在治理资源环境问题时面临的所有问题的根源所在，即环境问题得不到根治，具有反复性。因此，最有效的解决资源环境问题的方法就是防患未然，把握城市化与资源环境相互作用的规律，城市化发展要遵循资源环境系统自身规律，防止资源环境问题的产生。

四、城市化对资源环境效应的影响机理

资源环境具有自身的演变过程，并且在演变过程中形成自身的资源环境效应，效应产生的本身遵循自然系统的演化规律，并且受自然规律的约束。但是，由于资源环境系统本身的复杂性和外部环境的复杂性，导致资源环境效应产生多方的演变，且演变的方向不以某一作用力为唯一，是多种因素共同作用的结果。城市化是人类综合作用力改造自然生态系统的一种重要方式，其对资源环境效应的影响强度较大，影响范围较广，主要的影响机理是在城市化过程中，不同城市化发展阶段对参与城市化与资源环境相互作用的要素产生直接的影响，进而改变城市化与资源环境的相互作用方式，最终导致资源环境效应的变化（陈杰等，2002）。

（一）城市化对资源环境系统的影响

城市化对整个资源环境系统具有作用力，因此两者之间必定存在一定的因果关系，城市化的推进和发展会逐渐对城市及其周边的整体环境持续产生影响，环境系统的改变也会反作用于城市化的进程；另外，城市化往往是人类可以主导的一种综合作用力，因此城市化与资源环境系统之间产生的作用结果都表现为城市化为原因，城市化进程不断推进、城市化水平不断提高引起城市整体资源环境系统的改变为结果，城市化对资源环境系统的改变是造成资源环境效应产生变化的根本原因。

城市化的不断发展标志着城市规模的不断扩大，城市内的人口、产业和各类要素规模都在持续增大，城市经济活动的进行、城市各种职能的不断运转以及城市及周边地区居民的正常生活都导致了城市的资源消耗大幅度增加，对于空间的需求也在不断增加，城市生产、生活废弃物的排放量也在不断扩大。外在的整体环境系统也随之快速的改变，并且在初期往往表现为环境的恶化，包括大量消耗矿产、能源及水资源，挤压农用耕地和动植物生存空间以及大量排放城市生产、生活垃圾和废弃物造成了诸如耕地面积减少、水污染和大气污染等资源环境问题。另外，城市化进程的不断推进，在对城市及其周边地区的整体环境系统造成损害的同时，通过生产、生活方式的变革、环境保护和生态修复等技术的逐渐成熟以及城市空间格局的合理规划等途径，对城市及周边地区的整体资源环境系统产生正面的效用。相对于农村地区而言，城市本身就是集约化利用土地、空间和资源的方式。在同等空间和资源投入的情况下，城市拥有更高的效率，可以生产更多的产品，满足更多居民的生活需要，有效地减少了资源的整体消耗，节约了更多的土地和空间。与此同时，城市的不断发展会逐渐产生和引入更加先进和科学的管理方式和科学技术，进一步减少对资源的消耗，环境保护和生态修复技术的发展可以提高污染治理和环境保护水平，对城市环境产生正面效用（李云和谭文兵，2012）。城市化水平越高，其对环境的影响也就越强烈。由于城市化的巨大作用力，资源环境系统脱离既有的自身演化路径，资源环境效应发生变化，形成适应于不同城市化发展速度的资源环境效应。

（二）城市化对资源环境效应的量变影响

城市化对资源环境效应的量变影响主要表现为随着城市化的不断发展和推进，城市对资源环境的消耗所带来的城市及周边地区资源环境数量的变化，由于处在不同数量级的资源环境所产生的资源环境效应具有较大的差别，因此一旦资源环境的数量产生变化，资源环境效应也将产生相应的变化，即城市化的发展对资源环境效应会产生量变影响，量变的大小取决于资源环境数量变化的大小。

在城市化发展初期，由于城市发展水平相对较低，城市对资源的需求水平相对较低。许多城市在初期的发展过程中忽视了对于环境的保护、治理以及资源的节约，多采用单一追求发展速度和规模的粗犷发展模式，导致城市化对资源环境效应的负面影响不断积累，最终被迫采用"先发展后治理"的发展模式。而发展到资源快速消耗的城市化发展中期阶段，城市化对于周边资源环境的影响大幅度增强，资源环境效应大小变化则显著的表现出来，并且对城市化这一外在压力的变化也较为敏感，出现资源环境效应量的较大波动，同时对外部环境的影响也逐步增大。在对土壤的影响方面，城市化的快速发展导致城市土壤表层被封闭，土壤无法得到自然降水的补充，自然环境下的土壤大量减少，城市生产、生活垃圾在土壤表层和内部不断积累。在对大气环境的影响方面，城市化和人类活动导致大气中二氧化碳和可吸入颗粒物的含量大幅度上升。同时，城市化进程的不断推进造成城市水资源污染程度不断攀升，地下水储量下降，在水资源总量不变的情况下，城市发展带来的用水量增加导致农业可用水资源总量下降。城市规模扩张导致城市气温上升，与城市周边地区气温产生明显差异，城市建筑和基础设施的增加阻碍了气流的正常运动，造成城市地区降水量年际变化幅度扩大且整体呈下降趋势。城市化对资源环境效应的量变影响是城市化过程中受资源环境约束的基本原因（陈杰等，2002）。

（三）城市化对资源环境效应的质变影响

城市化对资源环境效应的质变影响主要是由城市化对资源环境量和质两方面影响而导致的资源环境发生本质性变化，从而带来资源环境效应质的变化。因此，资源环境效应质变的原因由两方面造成：第一，由于资源环境量变的积累导致本身质变的发生往往发生在资源环境快速消耗时期，资源枯竭或环境恶化不可修复之后，资源环境效应产生明显的不遵循原有演变规律的发展趋向，即城市化发展过程中对环境系统效应的影响不断积累逐渐形成质变的过程。城市化过程中过于追求发展速度从而对周边地区资源的过度开采最终导致资源枯竭的情况屡见不鲜。城市污染气体的长期大量排放最终造成严重的大气污染，工业革命时期的伦敦等欧美大城市及近些年我国华北地区普遍严重的雾霾现象都是典型案例。此外，还包括城市化过程中对地下水资源长期开采导致地下水资源储量不断下降引发地面沉降问题等。第二，由于城市化对资源环境质量的影响在初始阶段就对资源环境效应的产生机制产生破坏和变异，导致资源环境效应的质变。例如，拥有大型化工产业园区或核设施的城市，在建设初期对外界即有较强烈的影响，在城市化的初始阶段引发资源环境的质变。

城市化对资源环境效应的质变具有正负作用之分，城市化过程中通过制定有效的资源利用规划和环境保护对策，提高资源利用的效率，合理规划城市布局，革新生产技术，提高污染和自然灾害的防治能力，可以有效地减少城市化对资源的消耗，缓解城市用地对农业用地和生态区域的挤压，治理城市化过程中的环境污染并恢复生态环境，对资源环境具有正面积极意义，资源环境系统得到优化，则产生正的资源环境效应，并反作用于城市化的发展和推进。美化城市环境，推动城市化的可持续发展，缓解城市发展过程中的后遗症，对城市和区域经济的发展都有极为可观的作用。而城市化过程中无节制地消耗资源和破坏环境的行动，对资源环境系统产生巨大的伤害，造成资源枯竭、生态环境退化等问题，产生负的资源环境效应，对城市化的进程产生负面影响，阻碍城市的发展。从世界各国城市化发展的经验来看，城市化快速发展时期以产生负的资源环境效应为主，在快速发展阶段往往会忽视对于环境的保护和治理，单一追求城市化和经济水平的快速发展，快速的经济和城市化发展也会大幅度增加城市对于各种资源的需求和消耗，加速了资源的枯竭，这也是主要的资源环境问题爆发在快速发展中国家的主要原因。

第三节　城市化进程中的资源环境问题

一、城市化发展的一般规律

从国内外大多数学者对城市化的研究来看，城市化是一个包含有某种结果的动态发展过程，发展的结果是未来继续发展的基础。因此，城市化的整个发展都是在动态变化之中，对过程的研究主要是通过其发展结果的研究而进行的过程推导和模拟。通过长期以来对城市化问题的研究表明，城市化的发展同工业化、第三产业及整个经济社会的增长关系密切，具有相互促进的关系。同时，世界各国、各地区由于地域环境差异、政治制度、城市发展基础和历史因素的不同，城市化的类型、发展方式和发展阶段也具有很大的差异，因此在全世界范围内城市化表现为时空的差异性。但是也正是由于时空差异性的存在，我们可以更准确地发掘城市化发展的一般规律，通过不同地区和不同发展阶段城市化发展的研究得出一般的城市化发展规律（赵兴国等，2011）。

（一）城市化发展的阶段性

从发达地区的城市化发展历史来看，城市化发展具有明显的阶段性特征，即在城市发展的不同时期，城市在经济发展的动力、发展模式、空间格局、产业结构、人口数量和居民生活水平等方面呈现不同的特点和状态，具有较为明显的差异性。城市化是社会经济不断发展的结果，同时也受到科技进步带来的生产方式和产业结构变化的影响，因此阶段性的出现同经济增长的阶段较强吻合，不同的发展阶段城市化的表现形式和速度具有明显的不同，根据城市化 S 曲线演进规律，从城市化的发展形式和速度的区别，可以明显地将城市化发展的过程分为初期、中期和后期三个阶段（周毅和李京文，2009）。

初期阶段城市化率为10%～30%，在这一阶段城市化的发展普遍比较缓慢，也是城市化的起步阶段，开始从农业社会向工业化社会转变，农业社会色彩浓重，国民经济中农业比重较大，乡村人口占绝对优势，城市人口占总人口比例极低。这一阶段受限于社会整体技术水平较低，农业生产力和生产水平比较低下，所创造的整体价值和人均创造的价值不高，农业生产过程中需要投入更多的劳动力，将大量的人口束缚在农业生产过程中和乡村地区，同时农产品商品率不高，自给自足的自然经济特征较为明显。由于生产力水平和医疗技术水平的低下，人口增长速度缓慢，受限于技术水平和社会整体需求结构，工业比较单调，缺乏工业发展所需的劳动力，主要是一些简单的资源型或加工型工业，第三产业主要是以农产品及其他日用品销售为主。

中期阶段是城市化快速发展阶段，城市化率为30%～60%，通过初期城市化的积累，工业化基础增强，农业生产率和产品商品率大大提高，农业人口大量转化为非农人口，同时农业的发展也为人口数量的增长提供保障，为非农产业的发展提供了原料和劳动力条件。非农产业获得快速发展，反过来又促动城市规模的增大，城市化的空间地域范围扩大，人口数量和城市人口占社会总人口比例增加。工业以资源和劳动力密集型产业为主。

后期阶段是城市化发展的稳定阶段，城市化率达到70%～90%，城市人口占社会总人口比例较高，城市化率增长不断趋于缓慢，全社会的人口再生产进入低出生率、低死亡率阶段，人口增长缓慢。科学技术日益发达和成熟，推动了传统工业和高新技术产业的快速发展，为第三产业的发展和成熟节省了大量的劳动力和社会需求。三次产业的发展也进入稳定阶段，经济发展水平较高，人口的产业转移趋于稳定，农村人口数量较少，人口向城市转移过程放慢，甚至可能停滞，并出现逆城市化现象，城市化发展进入稳定的高级发展阶段（刘春泉，2004）。

（二）城市化发展的空间不均衡

由于影响城市化发展因素比较复杂多变，不同区域的城市化发展表现出不平衡的规律。各个国家和地区之间在经济发展水平、历史文化背景以及人口、资源、空间格局和地理位置等城市化影响因素方面有着极大差异，因此不同国家和同一国家内不同地区的城市化发展水平、发展模式和阶段都有很大的区别。从全世界范围来看，城市化发展的最大不平衡为发达国家与发展中国家之间的差异，现有的发达国家多在殖民战争中通过掠夺和贸易手段获得了本国城市化和工业化发展的原始资本积累，并且建立了相对完善和成熟的教育体系，为城市化和工业化的发展提供了人才和技术基础，对外战争和贸易也推动发达国家摆脱了早期的农业社会生产模式，更多的人口迁入城市，提供了城市化和工业化所需要的居民、劳动力和市场。在政治领域，较早步入资本主义民主政治社会的西方国家，在城市化道路的早期就成功摆脱了依赖农业经济下封建统治阶级的束缚，城市化的发展得到了政治上的支持和认可。发达国家从工业革命之后，城市化发展开始加速，并一直维持着比较稳定的城市化发展速度。而发展中国家的城市化则起步较晚，主要是从"二战"结束之后才开始有序发展，发展时间比发达国家短，基础比较薄弱，往往缺乏城市化推进所需要的技术和市场，但其利用后发优势取得了比发达国家在早期阶段更快的发展速度。目前，发达国家的城市化率已经达到80%左右，并且仍在缓慢上升；发展中国家的城市化水平仍处于40%以下，但发展速度在逐步加快。

同时，在某一国家内部，由于地区差异性较大，城市化的发展也存在空间不均衡问题，特别是我国这种地域类型多样的发展中国家，空间范围极大，不同地区的自然条件、地理位置和历史文化背景有很大的差异，不同区域及区域内不同城市的城市化水平参差不齐，城市化发展的地区差异十分明显。在城市化发展速度方面，东部地区由于地理位置的优势和国家资源和政策的倾斜，城市化发展速度和发展水平均高于国内其他地区，但目前的城市化速度已经逐渐降低。东北地区在中华人民共和国成立初期作为国家重点建设的重工业基地，在起步阶段城市化速度和城市化水平较高，但随着产业结构和区域经济水平的变化，目前东北地区的城市化速度较低；中西部地区城市化基础比较薄弱，但随着国家振兴中西部战略的逐步实施，城市化速度不断加快。从城市人口的增长速度来看，东部地区的城市化人口增长的数量仍然保持全国最高；东北地区的城市人口增长速度则逐渐降低，但城市人口总量仍然可观；中西部地区的城市人口的数量和占总人口比例均有较大幅度的提高。

（三）城市化与工业化互动

城市化是工业化的产物。在农业社会时期，生产力水平较低，农业生产需要投入大量的劳动力，大量的人口被束缚在乡村地区。另外，农业生产占据了大量的土地，挤占了城市发展所需要的空间。这一时期受限于生产力水平，农民所生产的农作物多用来满足自己生存所需，只有少数能够进入市场作为商品流通。城市化的推进缺乏经济基础和动力，城市居民多为手工业者。农业生产力和生产水平的不断提高为社会提供了更多的商品和闲置的人口、劳动力，并不断流入城市地区。商品经济的逐渐繁荣，城市劳动力和居民的不断增加带动了城市手工工场的兴起，但整体而言此时世界各地的城市化水平普遍偏低。

随着工业革命结束了城市工场手工业的生产形式，代之以机器大工业的生产方式，城市中经济活动的社会化、生产的专业化向着更广的范围发展。随着大工业生产体系的形成，原有分散和落后的手工业生产和以农业为主体的乡村经济发生了性质上和地域上的变化，以第二产业为主的工业成为了社会经济结构的主体部分，在产业结构方面逐渐实现城市化，同时吸引了大量的农村人口进入城市，生产资料和资源也开始向城市地区倾斜，人类的生产和生活开始不断向城市集中，城市化的速度在工业化的推动下不断加快。城市化反过来又推动工业化发展，城市拥有更多的居民、良好的居住条件和教育系统，满足工业化发展所需的劳动力、科学技术、高学历人才以及工业产品的消费市场，城市拥有相对完善的基础设施和行政管理部门，有助于工业化节约各项成本并对工业化进行有效的行政监管。总而言之，城市化可以为工业化提供必要的物质条件和智力、技术等方面的支持，推动工业化的快速发展。城市化与工业化相互影响、相互促进，这一规律在城市化进程的第二阶段作用较为明显。

城市化和工业化的进程不一定是完全协同发展的，城市化率和工业化率不是完全同步增加或减少的，在城市化的不同时期和阶段，以及不同城市的城市化道路中，两者的关系呈一种动态变化的特征。在工业化和城市化的初期，工业化是城市化发展的重要动力，城市的作用主要在于为工业生产提供人口、生产资料和空间上的聚集场所，工业化的程度基本上决定了城市化的水平，工业化率和工业化水平基本上要高于城市化率和城市化水平。在城市化的中期阶段，城市化和工业化协同推进，互相施加影响，工业化的发展提高城市化水平，城市化的发展为工业提供更多的高素质劳动力和良好的基础设施条件，这一时期工业化和城市化水平基本保持一致。在城市化发展的成熟阶段，第三产业、高新技术产业的比重和创造的价值不断提高，城市自身的经济实力和经济地位显著增强，工业化的发展更加依赖城市化带来的资源和科技，在这一阶段城市化的水平要超过工业化，第三产业在城市和经济的发展中承担更为重要的角色（张为杰和郑尚植，2015）。

二、城市化进程中的资源环境问题类型

尽管在整个城市化发展的进程中城市对资源环境具有依赖性，资源环境快速被消耗，但是由于城市化不同阶段，城市发展所面临的时代背景以及不同城市化发展阶段对资源环境作用强度和方式都不尽相同，导致在城市化发展的各个阶段资源环境问题的诱因和表现形式也不同。从而伴随着城市化的阶段性特征，资源环境问题的外在影响不同，其发生的类型也逐步演变，两者之间形成明显的对应关系，具有较强的关联性（黄金川和方创琳，2003）。从整个城市化进程来看，根据资源环境问题不同的特征可以将其划分为六种类型，即原始型、全面开发型、无效破坏型、市场主导型、资源约束型（谷树忠等，2011）和协调共生型，六种资源环境问题随着城市化的不断发展而逐步进行演变，同时也对城市化的发展产生不同的反作用（王永超等，2012）。

（一）原始型

准确而言，城市是滋生于地表的一种渐变的人文地理现象，现代城市是古代城市的继承和变革，因此，从城市产生之日起就开始了城市化进程。但是，一般将城市化进程的起点设为欧美工业化革命（许学强等，1997）。在城市产生至工业化革命开始的这一阶段，城市化一直缓慢发展，城市是在人与自然相互和谐的近乎原始自然环境之中进行发展。城市发展虽然比较缓慢，但在建设新城镇过程中却造成初始的资源环境问题，它是人类扰动自然环境产生的最为直接的问题，扰动作用十分明显。特别是许多封建时期较长的国家和地区，与发达国家城市化发展阶段不同步，往往有一段被发达国家殖民的时期，发达国家早期移民和外国侵略势力对殖民地国家进行了不计后果的大规模资源掠夺式开采，破坏原始环境。这类资源环境问题的产生标志着原始自然环境向人工自然环境的转变，同时它是对自然环境本身影响力度最大的一类问题，包括原始物种的灭绝，湿地、河湖消失等生态问题。但是，这类问题对城市化的影响强度却十分有限，因为在资源环境破坏的初始时期，资源环境破坏量还没有超过资源环境本身的承载力，问题的影响程度只处在对资源环境本身的影响阶段，不足以构成对人类社会的威胁，但却具有潜在的破坏性，也成为日后众多资源环境问题爆发的根源。

（二）全面开发型

工业化的大规模发展促使城市化快速发展，城市化进入快速发展阶段。这一时期，大规模的区域开发成为主旋律，城市化对资源环境产生全方位的影响。全面开发型问题就是大规模工业项目建设与资源大规模开采，以获得工业化和城镇化的快速发展为目的，最大限度利用资源环境时所产生的资源环境破坏问题。在这一时期，为快速获取最大的经济回报，快速提升工业化和城镇化水平，是以资源环境的最大限度利用为准则，进行矿山开采、煤炭开采、石油开采、森林砍伐，不对资源进行分类和集约处理。这样一方面造成资源本身的巨大浪费，另一方面对资源产区的环境造成极大破坏，开采强度大的地区出现滑坡、地面塌陷、水土流失等灾害问题，开采强度小的区域虽然暂时没有出现重大资源环境问题，但是问题却日益积累，逐步出现，并成为当今问题的根源。而城市发展地区由于不能及时应对城市快速发展和人口急剧膨胀的问题，居民的生存环境也急剧恶化，出现区域性环境污染事件。

（三）无效破坏型

城市化的快速发展带来资源环境的快速变化，并且出现诸多不适应的相互作用过程，在这一阶段中，城市化发展方式的选择不可避免地出现错误或偏差，在曲折式的城市化发展道路中，出现违背经济发展一般规律的发展现象，造成资源本身的巨大浪费和环境无端恶化，但是却没有获得经济和城镇化的实际发展，因此这时的资源环境问题是一种无效破坏。虽然资源环境属于无效破坏，但是这种付出却成为探索正确城市化发展方式的必要成本。在这个阶段出现的资源环境问题，尤其是许多违反基本科学常识问题的出现造成的危害却比一般问题更大，如草场退化、河流断流等生态环境问题彻底改变了原有的生态环境系统，并造成永远不可恢复的结果。

（四）市场主导型

城市化经过曲折发展之后，开始走向经济、制度和法制三方相互制衡的发展道路，市场机制成为城市化发展中遵循的主要机制。在市场经济制度下，供需原则成为资源环境开发的主要准则，资源环境问题的产生开始以市场为主导。市场上需求量大的资源，投入就会更大，开发强度也会增大。总体来讲，市场经济是一种更加高效化的经济组织形式，它极大地促进了资源的高效利用，有效组织经济发展要素的合理配置，从而促进经济的整体快速发展。但因为经济发展效率的提升造成整个资源环境损耗速度加快，在市场机制的主导下，大量资源环境问题集中爆发，尤其是工业废气、废水和废弃物等造成的环境污染事件频繁发生，许多城市进入重度污染状态，产生对城市化的遏制作用，并迫使城市发展关注资源环境问题的治理，迫使市场机制对经济发展和城市化发展进行调节，淘汰落后产能并升级产业，再次寻找经济发展与资源环境制约的平衡点。

（五）资源约束型

在城市化发展进程中，一般模式下的城市化发展都会对资源环境产生快慢不一的损害。因此，随着城市化的不断发展，在无外部力量调节下，其对资源环境的损害程度会逐步累积加深，资源日渐枯竭和环境恶化的累积效应反过来会对城市化发展的影响越来越大，妨碍城市化发展的约束力逐步增强。而积累的问题在得不到解决时，长期积累的资源环境问题可能集中爆发，破坏城市发展，迫使城市不得不对其进行治理和改造，这时资源环境约束问题成为城市化发展中所面临的首要问题。尤其是在城市化发展中所需要的主要资源逐步短缺和被污染，比如水资源、土地资源、石油资源成为阻碍城市化发展最为直接的资源。特别是资源型城市由于长期以来的资源输出，在资源枯竭之后，历史欠账问题导致资源型城市的快速衰退，城市发展不得不面临沉重的转型发展任务。于是，在各类因素的综合作用之下，受制于资源约束力的增强，在城市化本应该更加快速发展的时刻，由于资源的相对短缺却面临城市化发展所受约束的困境，造成城市化速度减慢，这也成为目前我国城市化发展面临的主要问题之一。

（六）协调共生型

随着城市化发展到高水平的稳定阶段，城市规模进入稳定阶段，由数量规模增长向质量内涵增长转变。尤其是随着科学技术的发展，城市管理的能力得到了极大提高，真正实现城市精细化管理和智慧化运行，利用各类监控手段和及时的大数据处理运算能够快速解决城市发展中出现的资源环境问题，并提出相应的防治对策，真正做到最小化的损害，人类造成的实质资源环境问题已经不会产生如以往那样较大的负面影响。在这一阶段，整个经济社会发展方式的转变已经基本完成，数字经济取代传统经济成为一种新型经济发展方式。人工智能（AI）的普遍应用极大提高了各类产业发展中对于资源的利用效率，高效的自动化发展方式真正实现资源的循环利用，低污染、零损害的废物处理方式成为全产业发展的标准模式，对环境的影响微乎其微。最终，在城市化发展稳定阶段，由于技术进步和发展理论转变，城市化造成的资源环境问题能够在经济发展中自我化解，不造成任何负面影响，城市化与资源环境能够协调共生，互不干扰。

三、城市化进程中的资源环境问题发生机理

（一）资源丰富时期的高强度开发利用

某一地区的生态环境系统在发展初期往往都比较完整和良好，具有一定的自然资源基础。利用充足的资源和良好的生态环境获取城市化发展的初始动力成为发展城市化最为便捷的发展方式。资源的高强度开发利用成为这一时期区域发展的典型策略。特别是原有资源基础良好、资源优势明显的地区，不仅通过高强度的资源开发满足自身发展的需求，还将大量的资源进行对外输出，取得额外的发展条件。例如，我国东北地区拥有良好的生态环境条件和自然资源基础，东北的许多城市都深深印有"资源"的烙印，国家确定的资源型城市共有118个，东北三省就有30个，超过了总数的1/3。在开发的初期，面对丰富的自然资源和优越

的外部环境，东北地区开始对资源环境的无约束开发利用，如中华人民共和国成立前日俄的资源掠夺、中华人民共和国成立初期东北工业基地发展对资源环境的消耗和无偿向国内其他地区的资源支持。这段时期过后，东北地区的草原、森林和湿地面积锐减，河流断流等生态环境问题给未来发展造成了极大的生态损失，其结果至今仍然起到破坏性作用（钱正英，2007；张为杰和郑尚植，2015）。

高强度的资源开发利用直接造成了原有良好环境的严重破坏，许多不可逆的资源环境问题相继产生，成为一直困扰城市发展的资源环境问题。在资源充足的前提之下，大量资源的外运对地区本身发展的影响被忽视，但是城市经济发展所依赖的各种具有较高经济价值的资源包括矿产、木材等多为非可再生或生长周期较长的资源。随着日后资源的逐步枯竭，许多前期被忽略的问题逐步暴露出来，由于资源丰富时期盲目依赖资源的使用和出售拉动经济增长，忽视资源的有限储量，没有实现城市的可持续发展和产业结构的平衡与多样化，产业结构过于单一，资源缺乏理性开发和利用的长效机制，资源消耗过快，并且对资源的需求越来越大，形成恶性循环，导致资源越丰富地区反而资源环境问题越严重，对未来的城市发展和城市化的阻碍也越大。由于不可持续的资源开发利用模式，资源型城市资源枯竭之后出现了城市发展困难的问题，丧失城市发展的区位优势和支柱产业，失业率和失业人数大幅增加，遗留下较为严重的环境破坏问题，经济发展困难，迫使资源型城市进行发展的转型。但是资源丧失优势的城市在转型过程中同样困难重重，缺乏转型所需的资金、技术，也难以找到合适的转型道路。因此，资源丰富时期的高强度开发利用是产生资源环境问题的初始和根本原因，对于城市化的发展影响深远。

（二）城市化快速发展时期的严重环境污染

在城市化快速发展阶段，城市已经初步建立起完整的工业体系，工业产能大幅度提高，工业化发展迅速，并反过来推动城市化的快速提高。快速的城市化主要表现在原有城市规模的扩大和大量新兴城镇的崛起，并且小城镇成为这一阶段城市化发展的主要方面，城镇人口增长的大部分是小城镇人口。大城市和小城镇同时进入发展的快速轨道之后，对于资源环境的压力也达到更高的程度。土地资源、矿产资源、林地资源和水资源都进入了快速消耗期（黄群慧，2006），生态环境压力快速提升。由于城市规模的扩大，城市对资源环境的影响空间和深度都变大，资源环境本身无法承受与自我消化，区域性环境污染事件频繁爆发，城市生态环境进入重度恶化时期。

目前，我国城市化中出现的环境问题较为严重，大气污染、水污染、土地污染问题都比较严峻。世界大气污染最严重的城市中中国城市时常榜上有名，煤炭等化石燃料的燃烧排放了大量的二氧化硫，城市持续施工和因植被的破坏导致大气中悬浮颗粒物污染情况不断恶化。另外，城市中机动车数量的持续增长和城市规模的不断扩大导致越来越多的城市居民选择驾驶机动车出行，机动车尾气排放不断增加，对城市空气造成严重污染。随着城市化和工业化的快速发展，工业产量的提高和第二产业规模的不断扩大，工业废水的排放量也会随之增加，水污染问题越来越严重。城市化的提高意味着城市居民的大幅度增加，城市生活污水的排放量增加且普遍缺乏处理，对水资源造成严重污染，国内主要大江河流的水质普遍下降。此外，城市固体废弃物的排放不断增加，我国目前对城市生活垃圾和工业废渣等城市固体废弃物的主要处理手段为填埋，不仅占用了土地资源数量和空间，也对城市周边地区的土壤及生态环境造成了较为严重的破坏（郭晓柯和史利涛，2014）。

城市环境污染严重的主要原因是城市发展目标单一。城市发展只关注经济增长，不注重生态环境的保护与资源的合理利用，缺乏环境保护和可持续发展的意识和理念，同时限于工业生产工艺和科学技术水平，缺乏对工业"三废"的处理能力。城市行政管理部门在城市空间格局和发展战略的规划过程中过度强调经济效益，对环境保护和可持续发展缺乏重视，相关监管部门在环境保护领域并未发挥应有的作用，城市居民环境保护和可持续发展观念较为淡薄，国家对环境污染赔偿的相关法律法规不够明确，对环境污染缺乏限制。城市原有自然生态系统和落后的资源环境保护措施不能够适应城市规模扩大而引起的污染加深，以资源环境换取城市化增长的代价已经显现。城市发展中淡化的生态环境保护意识是这一时期资源环境问题产生的根本原因。

（三）市场经济时期的资源相对约束

20世纪90年代以后，世界各国都实施市场经济，社会主义国家的市场经济也逐步走向成熟。市场机制开始主导资源的分配和利用，各地区无论原有资源的基础如何，都必须遵循市场机制调控和配置资源的利用。在计划经济时期，中央政府会有意识地推动全国不同地区发展水平的协调统一，各地区城市居民的生活水平和城市化水平相对平衡。同时在国家统一规划和调配的情况下，资源产地的区位优势更加明显，城市化和工业化的发展极为迅速，由于国家统一配给物资，经济中心的作用比较淡薄。在市场经济时期，经济中心的区位优势逐渐体现，同时运输条件的大幅度改善将资源产地和市场联系在一起，在市场机制的导向下资源中心的资源优势被弱化，而经济中心的经济优势被强化，越是经济发达的地区，市场控制力越强，资源的控制和配置能力也越强，例如我国东南沿海等经济发达地带，城市经济发达，城市化的速度更加迅速。而我国东北地区具有良好的资源基础，但是在市场经济中，传统的工业生产方式不能有效与市场经济融合，导致经济发展相对落后，城市化发展速度相对减缓。其主要的原因是传统的资源型产业是以粗放式开采和简单加工为主，而这些产业在市场经济体系中由于价格机制的作用属于低附加值产业，虽然消耗资源量大，但是所取得的经济效益却比较低，因此资源环境的消耗产生了相对被低估的产值效应。同时，市场经济的机制导致源于资源枯竭城市在发展中处于被动地位，资源型城市面临严重的生态、经济和社会问题——长期的资源开采导致资源储量下降，地表生态环境遭到破坏，城市支柱产业萎靡不振，就业率和居民生活水平下降，城市居民对于城市未来缺乏信心，人口迁出数量不断增加，资源环境问题开始由单一生态问题转向多元的经济社会综合问题，整治的难度加大。可见，在市场经济调控之下，城市化发展的不均衡性进一步扩大，在市场经济发展最为快速的时期，原有资源型地区的经济发展并没有更快速，反而出现原有生产方式与市场经济不适应的问题，并直接导致经济发展的相对落后。另外，资源的储量是有限的，资源型城市在快速发展时期忽视了可持续发展和产业机构的多样化，在市场经济时期资源开采和简单加工的经济效益不断降低，资源型城市难以获得转型所需要的启动资金，资源相对枯竭问题则会进一步导致经济发展动力减小，原先被经济快速发展所掩盖的资源环境问题逐步暴露并作用于经济发展，在治理资源环境问题时需要投入更多的人力物力，给城市的转型带来更沉重的负担，城市化发展速度减缓。

（四）区域发展方式转型中的资源环境约束

进入 21 世纪以来，区域发展方式转型成为区域经济发展主旋律，要求经济发展要从以往粗犷型向集约型转变，强调经济、社会和生态环境协调发展。在这种情况之下，资源环境保护成为经济发展的前提，再也不能以牺牲资源环境为代价换取经济发展，因此必须在有限资源环境条件下进行经济的发展。我国当前人均资源占有量较低，许多资源的人均储量远远低于世界平均水平；资源利用效率较低，对资源的需求量比较大；城市污染物排放量较大，对环境造成的损害较为严重，环境的恶化反作用于城市的发展，经济发展的成本仍在不断地提高，资源环境开始对区域经济和城市化发展产生一定的约束力。城市化发展对资源环境的消耗具有一个量度，如果大于这个量度，则将会出现资源环境的进一步破坏，无法实现城市的可持续发展；如果小于这个量度，则会协调发展。协调城市化发展道路就是在这一量度之内制定城市化发展的方式和速度，在不对资源环境造成损害的情况下尽可能提高经济发展的效率和质量，因此资源环境约束问题成为现今城市化发展首先应该解决的问题。

在资源约束不断加强的条件下实现城市化发展的目标，我们可以参考日本走过的道路。相比于我国，日本的人口密度更大，资源更为匮乏，在土地、矿产等方面的人均占有量比较低，日本在较强的资源环境约束的条件下实现了"二战"后的复苏并成功步入发达国家行列。日本从石油危机时期开始，便极为重视新能源技术的开发和应用，在 1993 年整合之前提出的相关理念提出了"新阳光计划"，希望可以通过加强新能源和清洁能源的开发来实现经济社会的发展和能源消耗以及生态环境之间的平衡。另外，日本政府极为重视可持续发展模式的实施。在 1999 年，日本内阁通过《环境白皮书》，提出"环境立国"，并在 2005年提出了"循环型社会"，并以立法的形式加以保障。在科研领域加强生态环境保护和循环生产工艺的研发，包括可降解塑料、零排放工艺等绿色环保技术得到显著发展。企业则建立了大量的零排放工厂，将科学技术应用于实际生产中。可循环社会和环境保护得到了日本城市居民的广泛认同，在日本居民的消费偏好中，环境保护占据了重要的地位。日本在资源环境约束条件下的发展模式对我国有重要的借鉴意义（李鑫，2011）。

第四节　环境规制对城市化发展的影响

一、环境规制严格下的城市发展方式转变

我国经过长期的经济和社会快速发展，在积累了大量财富的同时，对外部环境的破坏也达到了相当严重的程度。从 2011 年开始，我国经济发展出现不同于以往的经济下行态势，告别了过去年平均10%左右的高速增长速度，进入了7%以下的中高速发展的经济新常态时期。以经济新常态为表征，我国社会发展进入到主要矛盾为人民日益增长的美好生活需要和不平衡、不充分的发展之间的矛盾的社会主义新时代。在这个阶段经济结构需要不断调整以适应需求端的变化，不能再一味追求高供求的增长，需要进行供给侧结构的改革，提升资源配置效率来完成对于需求端的匹配，促进人类社会的可持续发展，实现人与自然和谐共生的现代化，既要创造更多物质财富和精神财富满足人民日益增长的美好生活需要，

也要提供更多优质生态产品满足人民日益增长的优美生态环境需要。以绿色集约型发展来代替高耗能高污染粗放型发展的环境规制政策工具成为选择的必然。环境规制对于经济和社会发展的强化和引导作用达到了以往没有的高度，环境准入的提升，环境保护力度和生态文明建设的加强，势必对城市化发展方式和进程产生深刻影响。经济发展新常态下的环境规制也将有别于以往发展时期的环境保护政策，真正成为改变经济和社会发展的重要政策力量。

二、政府、企业和公众对环境问题的不同诉求

（一）环境规制导致政府政治压力上升

环境外部性的存在和市场在这方面的失灵为政府环境规制提供了合理空间，环境规制的主体理所应当成为政府。但是，政府的环境规制同样存在着外部性问题，这主要源于政府在公共决策中的主观因素与客观因素决定了政府在环境规制执行上具有较大的自由裁量权，这个权力导致环境规制的执行被不同层级政府和不同政府利益主体所异化，导致最终的环境治理结果达不到规制设计之初的效果。目前，我国的环境规制执行力度达到前所未有的强度，环保督察和巡视成为常态，导致各级政府发展的目标产生变化，环境因素被纳入日常考核之中，导致政府在产业选择和城市发展中的主要考虑因素产生变化，城市化的方式和目标产生变化。所以，环保规制的存在和执行强度决定了政府城市化行为，而强化环保规制导致政府政治压力的提升从而必须考虑环境因素对自己政治升迁的影响，抉择的结果并不一定是对城市化发展最为有利的结果，但绝对是从政府管理和政治影响上最为稳妥的抉择（于潇，2018）。

（二）企业经济效应向综合效益转变

在完全的市场配置之下，由于市场失灵仅依靠市场的力量不能解决生态环境和经济增长之间的矛盾，环境规制的实施会部分解决这个问题。在完全的市场经济下，企业追求是资源的最大化利益和经济效益最大化，但是一旦加入环境要素，企业的行为将会受到较大限制，投入生产要素的结构发生变化，生产的产品也由污染高能耗向绿色低碳节能转变，否则将会面临市场淘汰。由于环保要素的存在，企业的投入成本提升，原有以低成本来获取市场竞争力的企业生存空间一步步减小，企业必须将更多的资金投入技术升级之中，积极进行生产技术创新和治污技术创新，来抵消环境规制所要求企业进行的污染治理成本。这一系列由环保规制所引发的企业生产行为的变化导致企业对环境问题的治理产生变化，企业由单纯追求经济效应向经济、社会和环境综合效应转变。企业的目标是用最有

效的环境投入来满足环保规制的要求，实现最大化的经济效益，所以环保规制一旦放松，仍然会诱导企业重新回到原有的低成本发展模式（张治栋和秦淑悦，2018）。

（三）公众环保与健康意识提升

公众自始至终追求的都是自身利益的最大化，或者是基本权益的不受损失。对于能够生活在优美环境中的诉求始终存在，但是只是这种诉求的强度相对于个人生活的其他方面会有所不同。近年来，随着公众参与意识、法律意识、环保意识和健康意识的提升，其对追求美好生活的意愿越来越强，对于环境事件的敏感性越来越强，强烈的维权意识都会将一次环境事件转变为一次公众社会事件，并且通过网络发酵产生更强的影响力。环境规制的实施受到公众的格外关注，任何违反环境规制的问题都会受到公众严格的监督，公众的监督作用是政府和企业都不具备的，所以公众的参与将会加强环境规制的实施，政府和企业也会因为公众的监督而加强对环境规制的遵守和完善。

三、环境规制倒逼城市化内涵提升的路径

（一）环境规制目标与城市化内涵提升的契合

城市化在发展过程中具有外延式发展和内涵式提升，外延式的发展是城市化投入要素数量上的增长，主要是资本和土地的投入，在要素累积的作用下推动城市化的发生。如果城市化只是外延式的发展，势必是通过大量资本和资源的持续投入才可以持续，势必造成资源和资本的短缺，经济泡沫的产生，是不可持续的发展方式。内涵式的城市化发展是通过城市化发展结构的优化产生城市化发展的持续动力，包括资源结构优化、资本结构、产业结构、人口结构、空间结构的优化，从而提升城市化的质量。因此，城市化内涵提升要求的是可持续性的产业、资源和资本的发展。环境规制在经济发展上要求的是环境准入和保护的提升，但本质上是对发展方式转型的要求，要求发展方式绿色可持续性，要求经济结构的合理性。而经济结构的调整和可持续延伸到城市化发展上就必然产生城市化产业结构、资源结构和资本结构等的优化，提升城市化发展的内涵。所以，环境规制的发展目标同城市化内涵提升从内在要求上来看相契合，两者之间任何一方的发展和提升，都会促进另一方目标的实现。

（二）政府、企业和公众利益在城市化发展中的一致性

面对环境规制的要求，政府、企业和公众利益博弈十分明显，政府行为取决于企业和公众直接利益博弈的最强者，政府在其中扮演规制制定者和裁判的角

色。企业面对经济效益最大化，常常游走在环境政策的边缘，有时甚至以身试法，用环境破坏来换取经济利益。公众是环境中的人，生活在环境中，环境的任何变化都将对公众利益产生影响，因此公众在环境规制中扮演监督者的角色，监督企业的环境守法行为和政府的环境执法行为。在公众约束机制缺失下，地方政府并没有因为公众评价或者为迎合公众偏好调整相应的环境规制。公众约束的缺失必然会导致政府环境规制目标的非公共性与过程的非公正性。政府在公众和企业两者之间的偏向性完全取决于自身目标下的抉择方向。我国属于垂直行政体制管理的国家，政府的偏好性将会起到非常重要的作用。当政府偏向于发展经济，考核政府干部以经济指标为主，则政府将采取宽松的环境规制和执行强度，当政府偏向于经济转型和环境治理，考核政府干部以环境优化为主，则政府将采取严格的环境规制和执行强度（张为杰和郑尚植，2015）。

环境规制下的城市化发展将政府、企业和公众的利益共同点集中在结构转型所带来的额外收益，三者之间的交汇点是城市化发展的合理性和内涵提升。在环境规制之下，政府、企业和公众以环境为中心，在城市化发展中受益的机制是城市化内涵式发展带来的企业自主创新和绿色转型，并因此而获得额外市场竞争力。公众参与、监督和受益于环境保护，政府因环境保护考核而受到公众和上级部门的肯定。一旦形成这种新利益机制，环境保护将成为一种自发行为，城市化内涵将提升到更高水平，如图3-2所示。

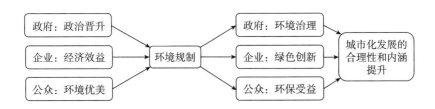

图 3－2　环境规制引导城市化发展中政府、企业和公众利益一致

第四章　城市化的土地资源效应

第一节　城市化的土地资源效应的产生

一、城市化的土地资源效应产生的逻辑解读

城市化是综合性的人类活动，与经济发展、社会进步、城市发展、工业化等人类社会发展现象类似，都是影响人类社会的重要事件。具体来讲，经济发展、社会进步和城市发展包含城市化的内容，而城市化同工业化具有诸多内涵的联系和区别，两者都属于影响近代城市发展的行为（许学强等，1997）。而正是因为城市化属于经济发展、社会进步和城市发展这种综合性活动，判定城市化的土地资源效应才较为困难。解决这一问题的关键是明确城市化同其他现象的相互联系与本质区别，才能够准确判定城市化影响土地资源的诸多方面。

从城市化的内涵来看，城市化涉及人口变迁、经济发展、社会发展以及产业升级，土地资源由于人口、经济、社会和产业的变化而产生的效应也应该被部分看作城市化作用的结果。而具体如何量化这其中的部分影响，从现实发展来看无法实现，只能将其中具有代表性的显著内容归为城市化的发展所致。而其中城市化涉及产业升级的要素又同工业化具有相互交叉之处，也不能准确地区分，因此城市化的综合性会导致影响城市化的土地资源效应的内涵具有广泛性。

同时，城市化又具有自身显著的特点，其涵盖时间和空间两个维度的转化过程，即城市化的阶段性特征和城市化的地域转化特征。特别是后者是导致城市化过程中土地资源利用变化的主要原因，是城市化的土地资源效应产生的重要方

面，因此土地资源数量、空间的变化是进行土地资源效应测度的重要方面。

综合来讲，城市化由于同其他人类发展现象相通而表现出的综合性特征必然导致城市化的土地资源效应评估过程产生与其他发展现象的相互交融。但同时城市化自身的特点却是造成土地资源利用结构和空间变化的主要因素，从而成为土地资源效应变化的本质因素。

二、城市化的土地资源效应内涵

（一）城市化的土地资源效应构成要素

1. 城市化发展要素

城市化发展要素是表征城市化进程的外在指标，是在城市化进程中产生土地资源效应的主要影响因素，是土地资源效应变化的外在动因。城市化在发展中涉及经济、社会和生态等多方面要素内容，因此能够反映城市化发展的要素也相对复杂和多样，其中能够准确并全面反映城市化发展的要素成为衡量城市化发展指标体系的组成内容，也构成影响城市化的土地资源效应的要素。一般来讲，衡量城市化发展的要素以表征城市化进程中经济、社会和生态三方面变化的要素为主，同时考虑到城市化的土地资源效应，要加强对城市化发展与土地资源具有的关系的度量，而在这一方面城市化的发展要素可以细分为城市的产业要素、人口要素、规模要素等。产业要素是衡量工业化的主要指标，表征城市化发展中的经济变化和经济合理度；人口要素是城市化发展中最为直观的表现要素，主要表征城市的社会构成与社会容纳能力；城市规模要素是直观反映城市化发展的要素，同时也是与土地资源有密切关系的要素。

2. 土地资源变化要素

土地资源具有整体性、生产性、面积有限性、位置固定性和区域差异性，总体来讲土地的"资源属性"相对特殊。而在城市化的进程中，城市化的土地资源效应最终通过土地资源的变化具体表现出来。因此，土地资源的变化要素是表征城市化的土地资源效应的主要组成要素。在城市化的进程中，影响土地资源变化的因素较多，进而造成土地资源变化的形式多样。城市化进程中影响土地资源变化的要素进行整体分类时，土地资源变化要素可分为土地资源的数量变化要素和质量变化要素两类。城市化进程中土地资源效应通过主要类型土地资源的数量变化和质量变化体现出来，主要类型的土地资源主要是指与城市化关系密切，城市化直接改造和影响的土地资源，如城市化周边的耕地、林地、城乡居民点建设用地等。从土地资源数量变化方面来看，城市化进程中城市数量的增加和规模的扩大而引起的各类城市景观用地的扩大是造成土地资源数量转变最直接的因素，也是造成城市周边耕地减少最主要的因素。从土地资源质量变化方面来看，城市化所引起的一系列社会结构和经济结构的改变造成原有土地覆被改变和土地系统瓦解，进而造成土地的性状及质量的改变。

（二）城市化的土地资源效应内涵界定

城市化是综合性的改变经济结构、社会结构和生态结构的人类社会活动，涉及人类社会发展的各个方面。从城市化与土地资源的关系来看，城市化引起的经济结构、社会结构和生态结构的变化都对土地资源发生作用，产生土地资源效应。所以，城市化的土地资源效应的内涵应该包含城市化造成的经济、社会和生态变化及由于三者的变化而导致的土地资源的变化。由于城市化对土地资源的影响既具有积极的正面影响，又具有消极的负面影响，因此城市化的土地资源效应也具有正负效应之分。在城市化的土地资源效应内涵中，城市化发展是主导因素，土地资源效应是被动变动因素，但会对主导因素产生作用。城市化的速度、方式是内在影响土地资源效应表现形式和大小的因素，同时产生的土地资源效应又是影响城市化未来发展速度的重要参考指标。衡量城市化的土地资源效应的主要目的就是能够准确研究城市化与土地资源的关系，通过土地资源效应的数量化表达，进而探究合理城市化的速度和方式。

三、城市化的土地资源正效应

（一）正效应的形成

城市化的土地资源正效应体现在城市化的发展导致土地资源利用效率提高，土地资源向着规模化和集约化方向发展，单位面积的土地资源经济产出不断增加，土地的内在价值不断增加。正效应的形成是由于城市化改变了土地资源的利用方式和利用结构，土地由一般的农业用地向非农用地转变，由低效的单一利用向高效的综合利用转变，由低强度利用向高强度利用转变。总体来讲，城市化地区同非城市化地区相比，土地资源在经济效益方面具有很大的提高。

（二）正效应的表现形式

1. 土地增值

城市化进程中，城市土地资源自然禀赋的改良、土地功能的提升，导致土地价格的上涨以及内在价值的增加，产生土地资源的增值效应。城市化导致的土地增值效应，主要体现在投资性增值、功能转变性增值以及经济集聚增值（程鸿玉等，2003）。城市化的发展需要不断提升城市建设，城市改造和建设都需要对原有土地进行大量投资，为满足城市发展的基本需求，城市土地往往达到"七通一平"的土地整理水平。因此，对土地的投资导致土地资源自然禀赋得到改良，产生增值。城市化的过程往往也是城市土地功能不断转化和重新布局的过程，在这过程中大量的土地功能置换，大量的城区工业用地和城郊的农业用地转化为商业、办公和居住用地。尤其是20世纪90年代以来，在城市边缘区规划建设住宅小区现象普遍，大量的农业用地转化为城市建设用地，土地价格大幅上涨。同时，城市化过程中产生的经济集聚效应形成土地利用的集聚，集聚产生的相同区位土地资源的稀缺而导致土地价格的升高，从而造成土地增值（王巍巍，2011）。

2. 土地高效利用

城市化过程中土地资源由原有多样的土地资源类型转换为单一的城市建设用地类型，土地资源可以得到集中利用，形成大规模连片状，土地资源得到了统筹规划和重新组织。同原有各类型用地松散的布局相比，土地规模化和集中化能够带来土地利用效率的提升。利用效率的提升主要体现在城市土地规模化整治和规模化建设所带来的规模效应。体现城市土地高效利用的另一个方面是城市土地的利用强度普遍高于其他非城市建设用地的强度，并且城市土地利用强度与城市化发展同步，城市土地类型间的转化及内部转化会不断地加快，城市规划设定的土地建设标准也将会逐步提高，因此，土地的整体利用强度逐步提高，从而利用效率不断提升。

3. 土地功能提升

城市化的过程也是原有承载人类聚落点的土地资源功能不断重新组合的过程，而在这一过程中土地资源功能组合会在市场利用机制和人为调控机制的作用下不断优化。城市是一个复合型的人类集聚系统，城市的正常运行是各类城市功能正常发挥的结果，而城市各类功能的最终载体是城市土地，因此城市土地依据城市系统的运行规律而进行相互组合，在城市运行机制的要求之下各类城市功能的土地也需要有机组合，在这个过程之中，城市土地的功能得以放大和提升。相比于非城市地区，城市地区土地组合更为优化和合理，功能也得以更好发挥，产生更大的正向效应。

四、城市化的土地资源负效应

（一）负效应的形成

城市化进程中土地资源负效应是指城市化的发展导致土地资源本身的质量和数量发生变化，进而导致土地利用率低下，土地生产能力降低，并危害人类生产和生活。城市化是一项对土地及其所形成的土地生态系统具有巨大改变作用的活动，在城市化的进程中，土地生态系统遭到全面改造和破坏，由原始的自组织系统转变为必须依靠外部能量进行运行的耗散结构。城市化进程中排放的污染物也污染土地，影响其利用价值。城市的无序蔓延，导致优质土地资源的丧失，是一种不合理的土地利用模式。而最为严重的是城市化改变原有的土地生态系统，导致城市下垫面生态系统的恶化，进而影响城市生态系统，导致城市环境恶化和城市灾害频发，制约城市化发展。

（二）负效应的表现形式

1. 土地污染

城市化进程中的城市大规模建设和工业发展，导致大量城市土地在建设和工业生产中遭到污染。建筑垃圾、生活垃圾和工业"三废"随着城市规模的扩大而不断地增长，对城市土地造成点状和面状污染，直接或间接导致土地质量下降。特别是随着城市更新的进行，原有城市中的工业用地外迁，在获得大量升值土地的同时也遗留下土地污染的生态问题，在这其中重金属含量超标和有毒物质存留问题最影响土地资源二次利用，治理难度大，且对周边居民的生活健康造成较大影响。同时土地污染治理周期长，且随着城市土地的不断扩展，污染来源会不断增加，污染物也不断扩散，例如城市垃圾填埋量的增加对城市土地的污染，导致土地污染问题在城市化进程中呈现愈来愈突出。

2. 土地浪费

我国在快速城市化过程中，各级政府为实现产业集聚，通常以土地作为城市发展的资本，选择粗放型的城市空间扩张方式，在城市周边占用大量土地资源集中建设各类产业园区导致城市用地的无序扩张和土地资源的浪费。开发区和大学城等大型项目层出不穷，其规模远超国外同类项目，而土地平均效益却远低于国际水平。由于土地出让与土地开发的脱节，集中连片的开发区内部存在大量的闲置土地，造成我国开发区空间规模偏大、空间效益低下和闲置土地过多，同时还鼓励了投机活动，催高房地产市场的价格。由于城市内部土地的改造成本远远高于城市周边土地，城市蔓延具有经济动力，形成城市蔓延和城市中心区衰落共存的城市问题，进而引发阶层分离、职住分离等社会问题。

城市蔓延对土地资源造成的另一重大问题是对城市周边原有耕地的占用，大量的优质高产农田被转变为城市建设用地，严重影响粮食生产。建设用地远远高于农业用地有益于土地产出经济效益，但是我国人口众多、人均耕地资源少，粮食安全问题不容忽视。因此，城市蔓延占用耕地具有国土安全的意义（钱越，

2009)。

3. 土地生态系统破坏

城镇化进程中对土地资源生态系统的破坏主要表现在原有土地类型的转变对土地覆被的破坏，以及土地类型转变之后对原有土地生态系统结构和功能的破坏，如土地生态系统的功能丧失，失去原有的生态、环境、经济和社会效益功能的丧失（见图4-1）。从目前城市化破坏土地生态系统的情况来看，其原因主要是城市发展单纯追求经济效益而缺乏对环境效益、生态效益和社会效益的保护。

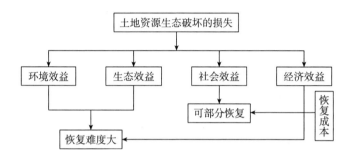

图4-1 土地资源生态破坏损失的组成

土地生态系统具有整体性特征，同城市系统具有广泛而密切的联系，任何对土地生态系统的作用都会通过城市系统产生外在表现。例如，城市周边一块林地的消亡会引起城市气流或空气质量的变化，甚至对城市小气候产生影响；地下水的过度使用，则会影响整个城市水文地质的变化，严重时造成地面沉降等地质灾害问题。

第二节 城市化的土地资源效应转化

一、城市化的土地资源正负效应的特征

（一）相对性

事物的发展具有两面性，城市化对土地资源的影响亦是如此，所以土地资源的效应形成与表现为正负效应相伴而生，相互对应，同时而生——在产生正效应的同时，也会产生负效应。正负效应的确定和衡量都是相对于自身发展中的某一标准而言，与标准的大小和正负关系最终确定效应的正负形式，并且城市化的土地资源效应最终的表现是两者中效应值大者。在城市化的发展过程中，如果只具有正负效应的表现形式，而其大小没有达到或超出正负效应的某一标准，则正负效应就产生了变化，正效应可能就转化为城市化发展中一种普遍的正常表现水平，或转化为负效应；而负效应则不会具有任何对城市化发展的负面影响，或者表现为正面影响。因此，土地资源正负效应的产生是相对于发挥强度的标准而言，标准的确定对于正负效应至关重要，正负效应发挥强度与标准的大小对比最终决定正负效应的实际影响。

（二）模糊性

由于城市化发展是一项复杂的人类综合发展活动，发展因素之间相互影响，衡量城市化影响作用的评估方法和结果都具有很大的不确定性，一般来看其影响的形式比较容易确定属性，但是具体到影响值的正负效果则难以衡量，特别是衡量城市化发展中的正负效应的标准难以确定，模糊不定。这是因为在不同的发展时期、不同技术水平之下、不同类型的城市化地区，衡量标准大小本身就不相同，从而导致相对于标准而言的正负效应的界定也具有不确定性，于是在正负效应发挥作用时，其影响就具有了模糊性。因此，正负效应的产生及界定在标准值一定的影响范围内变动和转化，寻找标准值是准确界定正负效应的关键点和难点，在确定标准值时一定要基于不同城市化发展阶段和不同的地区发展背景因地因时制宜。

（三）变动性

由于正负效应相对于标准而产生，界定标准模糊不定，处于不断变化之中，而城市化对于土地资源的作用强度也处于一定范围的变动中，所以正负效应就处于不断变动和转化过程中，其变动的形式和大小也比较多样。即便是具有正负效应的表现形式但因为发挥强度不同，正负效应的最终表现也不同，特别是正负效应发挥强度处于标准值上下范围较小时，其变动将更为频繁。根据城市化对土地资源本身影响的正负属性，以及正负效应值大小的变动性，城市化的土地资源效应变动形式包括正负效应之间的相互转化、低的正效应向高的正效应的转化、低的负效应向高的负效应的转化，这种转变形式的变化也是衡量城市化对土地资源利用的影响向优和差两方面转变的判断依据。

二、城市化的土地资源效应转化方式

由于城市化的土地资源效应具有相对性、模糊性和变动性，以相对标准值为判断依据，城市化的土地资源效应会围绕正负属性和高低值产生多个转化方向，转化的具体方式和作用力比较复杂，但是主要转化的方向则比较明确，包括正负效应之间的双向转化、正负效应内部各自高低效之间的转化所组合而成的四种转化方式。

（一）正负效应之间的转化

正负效应之间的转化方式是按照城市化对土地资源产生的作用强度大小与判断标准相对比的情况所决定，如果某种作用方式的强度处于属性决定的标准值范围之内，容易产生协调的相互关系，产生正向的促动作用，促进效应向正效应转变，但是相反则会产生负向的作用，促进效应向负效应转变。由于标准值的存在，若过度发挥正效应，则会超过正常值规定，则正效应容易转变为负效应；而对负效应进行有效控制，让其回到标准值的范围之内，则负效应会消除或转变为正效应。两者之间的相互转化规律完全由城市化与土地资源两者属性所确定的合理作用强度所决定，应防止正效应向负效应转变，并为促进负效应向正效应转变寻找到有效方法。

（二）正负效应内部高低效的转化

正负效应内部按照效应的大小也具有高低效之分，因此在转化过程中就会产生高低效应之间的相互转化方式，并且由于高低效转化的影响结果不一样，最终效应的转化效果不同。正效应中低效向高效转化和负效应中高效向低效的转化是一种正向反馈，表明正处于合理城市化发展方式主导下，是一种良好的表现形式；正效应中高效向低效转化和负效应中低效向高效转化是一种负向反馈，表明正处于不合理城市化发展方式主导下，是一种劣性的表现形式。遵循这种高低效的转化规律，正向反馈需要加强进一步促动引导，成为高效正效应或低效负效应甚至转变为正效应，负向反馈需要进一步遏制作用，防止正效应向负效应的转变或产生高效的负效应，如图4-2所示。

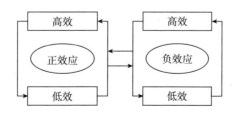

图4-2　正负效应转化方式

三、城市化的土地资源效应控制

城市化的正负效应的表现或相互对比有部分可以量化，也有一部分无法衡量，为城市化的土地资源效应的定量化表达造成困难。正负效应的自身特点在发展过程中容易被不同的表象混淆，所以要通过正负效应的表现形式发掘内在的影响本质，在城市化过程中采取不同的措施，引导和控制不同发展方向以有利于城市化的进行。由于城市化进程中土地资源正效应往往容易通过外在的经济效应充分表现出来，因此在城市化进程中具有较强经济动力推动的城市化容易获取更大的土地资源正效应，但也容易过度发挥正效应而产生效应性质的变化，所以要防范正效应过度发挥。而负效应的表现在初期是缓慢且容易被忽略的，需要积累到一定程度时才会集中爆发，往往不被重视，后期一旦爆发易造成极大损害。所以在城市化初期要重视土地资源的负效应，控制其增长量，引导其发展方向，防止后期土地资源的负效应对城市化发展产生较强的约束作用，阻碍其正常的发展。

因为城市化的土地资源效应存在正负效应的转化和转化的临界范围，所以在城市化发展中城市化对土地资源的作用应该在合理的范围之内。临界范围的存在给控制正负效应提供了标准和介入的时机。在城市化发展中要根据发展的实际情况，制定土地利用各方面的标准值或值域，以此为标准控制偏离标准的情况，根据正负效应形成和转化的特征，发挥和扩大土地正效应对城市化的促进作用，控制正效应向低效正效应或负效应的转变，同时控制负效应向高效负效应转变，引导负效应向低效负效应和正效应转变，减小土地负效应对城市化的约束作用。最重要的是在追求正效应的过程中严格把握正负效应转化的临界状态，防止过度追求正效应而产生的负效应。但是在城市化的发展中土地负效应的产生不可避免，因此需要建立负效应产生后的应对和消减机制，采取一定的措施阻止或控制负效应对城市化的影响作用，特别是防止土地生态系统破坏带来的重大生态和环境问题的产生。

第三节　城市化的土地资源效应形成机理

一、产业升级和空间再造

（一）产业发展与城市土地利用的关系

土地作为重要的生产要素和资源，其社会实体承载和生产功能不可替代。从经济发展方面来看，土地是任何经济要素的最终载体，产业发展的各种要素和产业链都以土地作为生产要素或载体。城市作为第二、第三产业集中发展的地域，土地利用的载体功能更加凸显，并且同其他地域相比，土地利用的强度和效率更高。由于土地为产业发展提供载体，城市的产业发展水平和产业结构深刻影响着城市土地利用的结构、方式和空间布局。城市产业发展是一个不断演进和升级的过程，虽然产业演进本身的过程是连续的、内在的，但是产业演进的每一个过程都会在土地利用中留下一定的印迹，并能够外在显现。产业发展对土地利用的主导作用导致城市土地利用相对于产业发展具有滞后效应。每一次产业发展和升级之后，城市土地利用都需要通过调整外在以适应新的产业发展水平，低水平土地利用方式逐步被改造，满足高水平产业发展对土地的需求（陈琳琳等，2011）。产业演进决定城市土地利用方式的空间更迭主要是通过城市内部三次产业用地结构的变化体现。在不同的产业发展阶段，不同的主导产业决定城市土地的主导利用类型。以一般产业发展阶段为划分标准，产业演进的各个时期可以分为前工业化时期、工业化初期、工业化中期、工业化后期和后工业化时期（见图4－3），以研究产业发展与城市土地利用演变的关系。

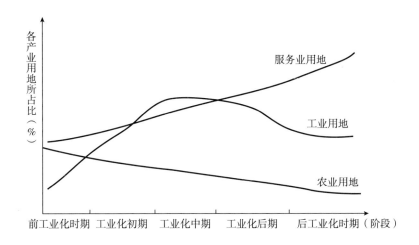

图4－3　土地利用时序动态变化

　　前工业化时期：城市用地以居住、低端服务业为主，城市内部仍有大量的农业用地保障城市居民生活需求。工业用地很少，表现为家庭手工作坊，居住和生产用地的分界比较模糊。

　　工业化初期：城市用地以居住、低端服务业为主，城市内部农业用地开始减少，集中规模生产逐步发展，以轻纺、食品等轻工业为主的产业用地增加，且轻工业用地逐渐大于农业用地。

工业化中期：城市用地以居住、低端服务业、重工业为主。大机器生产时代来临，工业化进入快速发展时期，重工业为主导的工业用地占据城市产业用地最大部分，城市内部农业用地逐渐消失，少量农业用地集中在城市边缘。

工业化后期：城市用地以居住、高端服务业、高新企业为主，城市内部技术密集型产业的发展逐步取代重化工业生产，轻重工业逐步退出市区，向郊外工业园区转移。市区内部仅仅为技术密集、资本密集的工业用地，同时，城市生活性功能要求逐步高于生产性要求，导致城市内部绿地和交通用地面积增加。

后工业化时期：城市用地以居住、服务业、知识密集的信息产业为主，科学技术的不断改进可以满足人们长距离交通通勤的需求，人们开始回归田园生活，住宅用地面积增加且郊区化现象明显。服务业内部产生分化，市中心低端服务业又逐渐让位于高端服务业，生活服务业让位于生产服务业（颜明，2011）。

（二）城市化对产业升级和产业空间发展的促动

城市化与产业发展之间存在着互动关系，产业升级能够对城市化产生大的促进作用，同时城市化的发展也会对产业升级及产业结构优化产生促进作用。总体来看，城市化对产业发展产生消费拉动、空间集聚和空间支撑的促动效应。城市本身就是区位优势良好的地域，有利于非农产业的集聚发展。城市化的发展将会进一步改进城市地区的交通条件、公共设施条件、市政设施条件，为产业发展创造更为优良的外部环境，有利于降低产业发展的成本，获取规模效益。同时，城市化进程中伴随着大量非农人口的转化，城市人口不断增长，在消费拉动之下，与居民生活相关的生活性服务业以及为企业生产服务的生产性服务业得到更快速的发展，教育、科学、卫生、金融、保险、会计、法律及房地产业等高端服务业发展迅速。由于高端第三产业的发展，产业结构得到优化，城市化对产业升级效应显现（唐晋，2008）。

由于城市化的过程也是城市空间不断发展的过程，而产业的升级过程也需要产业空间的拓展和重新选择，两种空间过程相互叠加，形成产业空间伴随城市化进展而不断扩展的空间效应。城市化过程中土地利用模式的改进和城市空间的重组和优化迫使城市原有产业空间进行重新选择，低端产业退出和高端产业进入的现象明显，形成"退二进三"的城市土地置换现象。并且根据不同产业发展的空间需求及城市化进程中的集聚规模效应的存在，产业空间呈现出功能化、片区化和规模化发展趋势，这也反过来影响城市空间发展。城市化发展水平越高，城市规模越大，对产业空间的组织和促动作用越大。

（三）产业空间对土地效应的影响

产业空间作为城市空间中重要的组成部分，长期以来是影响城市空间结构和城市土地利用的重要因素。传统产业空间由于发展历史长、功能影响深，在城市内部同其他城市功能空间相互融合、相互联系，并成为体现城市产业文化的重要象征。由于产业自身的发展演变规律，传统产业被新兴产业代替不可避免，传统产业空间的再造成为影响城市空间合理发展的因素。

目前，新兴产业成为城市产业的主要组成部分，承载新兴产业发展的新产业空间成为主导城市土地利用的主要因素，并在城市发展的各个方面对其所在城市和区域产生不同程度的影响。新产业空间的类型和规模决定了对城市影响程度的大小。单考虑新产业空间对城市土地利用的影响，工业园区、开发区和大学城是三种典型的新产业空间类型（王慧等，2006）。

1. 工业园区

典型意义上的工业园区是城市工业企业集中布局的地区，是一种工业职能突出且功能较为单一的产业空间。一般根据规模经济效应，相似企业集中共同发展，共享基础设施，产业链相互衔接。工业园区的发展衍生出众多其他类型的园区，功能逐步多样，包括高新技术产业园、软件科技园、物流园等，形成目前城市发展中的一种重要经济发展模式——"园区经济"。而一般这类产业园区集中在城市外围布局，成为城市空间拓展的先导区域，对城市外围的土地开发与利用具有较大的影响（魏广君，2009）。

2. 开发区

开发区伴随着我国经济改革而产生和发展，是城市中一种具有各类优越产业发展条件和政策的改革创新集中地区。在我国，开发区经过30多年的发展，已经逐步从远离城市的相对独立发展转到与城市相互融合发展的状态，如图4-4所示。开发区由于其优越的发展条件，吸引了城市产业中绝大部分的优势产业，产业类型多，功能性强。一直以来，由于开发区独特的经济运作方式，发展速度很快，并且由于房地产业的带动，其土地市场火热，土地运作和土地开发周期明显缩短。开发区俨然已经成为城市内部或边缘重要的空间发展组团，对城市的空间形态和土地扩展产生较强的影响。

3. 大学城

大学城是以大学为核心，其他相关服务业、新技术研发相互依托与相互促进的新经济产业空间。大学城在发展初期也是远离原先的母城，其功能主要为教育与科研，但是随着周边配套设施的完善，大学城形成了产、学、研一体的产业体系，其产业空间也进一步扩大，与母城之间形成更为广泛的关系，对母城的影响也会进一步增强，空间融合逐步产生。由于大学城功能的特殊性，生产性服务业和高新技术产业是其发展的主要产业，对外部发展环境要求较高，对未来城市土地利用类型有较大约束作用，会对未来城市土地开发与空间拓展产生一定影响。

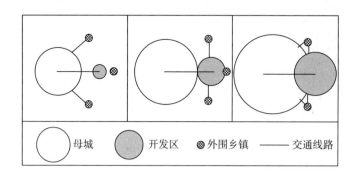

图 4-4　开发区与母城关系演进过程

资料来源：冯章献，王士君，张颖．中心城市极化背景下开发区功能转型与结构优化［J］．城市发展研究，2010，17（1）：5-8.

　　总体来看，无论是传统产业空间还是新产业空间都对城市的土地利用影响深远，特别是三种类型的新产业空间对城市未来空间发展具有较强的影响作用。其各类型产业空间自身的土地开发与运作对城市整体的土地市场都具有深远的影响。特别是新产业空间作为一种新型的产业空间模式，其自身发展存在许多土地利用问题。新产业空间规模膨胀、利用粗放是在发展初期直到发展成熟以后一直存在的问题，对土地资源造成严重浪费。功能缺失问题一直以来也是新产业空间发展不协调的主要问题。这些问题本身就是土地利用问题，同时还将进一步影响城市土地利用。

二、城市空间扩张

（一）城市空间扩张的动力

　　城市空间扩张是城市发展的标志之一，标志着城市土地利用规模的扩大和城市景观空间覆盖范围的增大。在城市化过程中，城市化的发展有两种主要的表现形式，即城市数量的增多和单个城市规模的扩大，后者往往表现更为突出，成为城市化发展的主要方式。因此，城市空间扩张伴随城市化进程不断进行。城市化发展因素成为城市空间扩张的主要动力，包括城市经济发展、人口增加和土地开发。

1. 经济发展

城市经济发展是城市空间扩张的根本动力。因为城市经济发展的各类要素必须通过城市空间载体的生产和转化才可以最终形成经济发展的成果。城市经济规模不断扩大的过程就是城市经济要素增加导致城市空间需求增加的过程。这一过程包括城市产业体系的形成与规模的增大，城市职能的增多与强化，城市经济部类的增多与细化。同时，不仅城市经济发展的过程对城市空间需求增大，城市经济发展的一部分成果最终也需要城市空间予以体现，包括城市环境的改善、城市基础设施的完善、城市规模的扩大。因此，城市经济发展的整个过程都会直接作用于城市空间，并且是循环累积不断增强的过程（徐改花，2012）。

2. 人口增加

城市人口增加是城市空间扩张的直接动力。城市人口的增加直接导致城市建设用地需求的增加，包括影响最为直接的居住用地、公共服务设施用地、商业服务设施用地和道路与交通设施用地。由于在快速城市化的阶段有大量人口向城市集中与转化，城市人口规模将会不断扩大，所以对城市空间的需求也不断增加。同时，人口需求层次的不断提升会产生对原有城市生活空间的改善性需求，包括对居住面积增大的需求、休闲娱乐设施提升的需求，而满足这些改善性需求的主要方式是改造原有城市空间的和建造较高标准的城市新空间，后者为最主要的方式，这也是目前我国城市周边房地产开发迅速、中高档居住小区林立的原因之一。

3. 土地开发

城市土地开发是城市空间扩张的引导动力。城市土地开发的方式主要有两种：城市内部原有建设用地改造式开发和城市外围非建设用地的转化式开发。城市土地开发的直接后果就是城市空间的转变，但是对城市空间扩张起主要作用的是第二种土地开发方式，它意味着城市空间的增大，并且由于城市土地开发的目的是进行城市建设，是对城市未来建设空间的首要准备，因此，城市土地开发会对城市未来的空间发展具有较强的引导作用，某一区域的土地需求高，土地开发就快，城市空间扩张也快。

（二）城市空间扩张的形式

城市空间扩张一般是指城市地域不断向城市外部空间增加的过程，通常表现为两种形式，即空间连续性的圈层扩张模式和空间跨越式的新区开发模式。虽然两种形式都表现为城市空间规模的增加，但是对城市空间结构及城市功能组织产生不同的影响效果，导致不同城市空间问题的产生，进而影响城市土地利用的效果及不同土地效应的产生。

1. 圈层扩张模式

圈层扩张的城市空间增长模式一般俗称为"摊大饼"模式，是指以城市旧核心区或某一功能区为中心，城市空间连续不断地向外围各个方位进行扩张，城市新增扩张空间表现为环状。从广义上来看，城市空间连续向外扩张都是圈层扩张的一种表现形式，因此城市蔓延也可看作圈层扩张的一种外在表现。在城市形成和发展的过程中，城市圈层扩张模式是城市空间生长不受自然阻隔的自发模式，这主要受土地的圈层地租规律影响。但总体来看，城市圈层扩张是城市空间在经济规律作用下无序发展的表现，城市功能空间不协调，城市中心承担过多职能，承载压力过大，导致诸多城市问题的产生。特别是规模较大的城市，城市空间圈层扩张是城市拥堵、城市内涝等"大城市病"的主要原因之一（李健伟，2012）。

2. 新区开发模式

新区开发模式是指城市新增空间脱离或半脱离母城，在非城市地域空间建立起自我功能运转的一整套系统的城市区域。新区在发展的初期一般以产业空间的形式出现，在我国表现为大量的开发区、工业园区。发展初期新区的功能都较为单一，与母城之间存在着密切的联系。而经过一段时期的发展，新区内部功能逐步完善，独立发展的趋势逐步显现。在我国，城市新区的发展主要受政府主导，通过城市规划的具体手段落实到发展。一般看来，城市新区开发模式是一种主动的、有计划性的对城市空间进行拓展的发展模式，避免了城市空间自发发展的无序性，也可以避免诸多因城市空间规模过大造成的问题。但也正是由于城市新区开发模式的优势，目前诸多城市政府选择首选新区开发模式为城市空间开发的模式，导致新区开发呈现盲从的现象。多数城市盲目进行新区开发，进行产业扩张、房地产开发，由此带来的产业雷同、重复建设等问题严重，而房地产业在人口规模不大的情况下盲目开发，导致"鬼城""空城"的新区频繁出现。

城市空间扩张是城市发展的重要方面，扩张形式主要受扩张动力与扩张主导方的影响，虽然可以简单地归纳为两种方式（见表4-1），但是在具体的发展过程中，其类型变化多样，呈现的具体形式也多种多样，最终对土地资源造成的影响也会出现不同。总体来看，城市空间扩张的形式需要同城市原有空间结构相适应，需要结合未来的空间需求进行选择。计划性和有序性是合理城市空间扩张方式的首要原则，并且是合理利用土地的前提，是土地资源高效利用的有效方式。

表4-1 城市空间扩张的两种方式

特征	圈层扩张	新区开发
区位	与主城相接，环城外围地带	独立于主城存在，一般有较大空间间隔
功能	功能多样复杂，受主城中心功能影响大	功能单一但相对独立
社会结构	社会关系复杂，同主城联系紧密，较为稳定	社会关系简单，有相对独立的社会结构
环境	环境同主城相似	生态环境往往较好，绿化率较高
交通	同城市原有路网衔接紧密	自成体系，通过快速交通干道或轨道交通同主城相连
设施	主城原有设施的延伸，受主城影响大	在新区内独立设置与安排设施，服务本区

资料来源：黄治. 旧城更新与新区发展互动关系研究［D］. 东南大学，2004.

（三）城市空间扩张对土地效应的影响

城市空间的载体是城市土地，因此城市空间扩张对土地资源的影响非常深刻，空间扩张的诸多方面都对城市土地利用及其利用效果具有直接影响作用。城市空间规模由小变大的过程都是每一次城市空间扩张的累积，因此城市空间扩张的形式对城市空间结构的形成具有决定作用，每一次的空间扩张都决定了城市土地资源的利用，都会产生不同的土地资源效应。不同的城市空间扩张形式和扩张速度都会对土地资源效应产生影响。结合之前对城市空间扩张形式的探讨，同时考虑扩张速度，影响土地资源效应的城市空间扩张可分为两个维度，即形式和速度。

1. 扩张形式

城市空间扩张的形式可以分为圈层扩张模式与新区开发模式，由于两种形式在不同城市发展思想主导下形成，所以不同的城市空间扩张形式对土地资源效应的影响也不相同。具体来讲，圈层扩张模式是一种空间连续性的城市发展模式，因此土地利用也具有连续性，一般受相邻已经开发且较为成熟的土地影响较大，空间扩张过程中的积累效果较为显著，即本次空间扩张产生的土地资源效应受上次空间扩张土地资源效应的影响大，所以往往容易形成这样的结果，即由于某次空间扩张形成的土地资源效应低下而影响后续土地资源效应，在城市空间中表现为某一区域整体土地资源效应的低下。圈层扩张模式单中心功能过度集聚，导致城市空间向外发展的动力源源不断，对城市周边土地会不加选择地占用，呈现无序性蔓延状态，造成土地资源效应的低下。新区开发模式是一种计划性和独立性较强的空间扩张方式，因此可以脱离原有的城市空间，重新通过新的规划引导形成新的城市空间，表现出自身的土地资源效应，因此土地开发中受原有已开发土地资源效应影响较小，并且由于新区规划思想较为先进、运用新技术、土地利用效率高且土地功能配合合理，往往表现出较高的土地资源效应。但如果新区开发过多，没有同城市自身的人口规模和产业规模相适应，则会造成严重的基础设施重复建设及土地占用问题，反而使土地利用效率更为低下，土地资源浪费严重。

2. 扩张速度

城市空间扩张的速度对城市土地利用会产生一定的影响，扩张速度的快慢是相对于城市自身的发展规模而言。因此，以城市规模发展为标度，过快的城市空间扩张是指空间发展速度相对于城市规模发展过快，反之则为过慢。城市空间扩张过快会导致城市土地形式上转为城市建设用地而实际使用状态为闲置或仍未利用地的问题，这种情况下将会大大降低土地的利用效率。圈层扩张中城市无序向外围蔓延或修建过多新区都会产生空间扩张过快的问题，都会影响土地资源的效应。城市空间扩张过慢造成城市经济发展中的空间需求得不到满足，限制城市发展；但是如果土地使用强度过高，人口过度集中，则会形成新的城市问题，土地高压力下运行也存在土地生态系统崩溃的危险，土地资源效应会降低。但在城市发展的实践中，特别是在我国快速城市化阶段中城市空间扩张过慢的问题比较少见，往往出现在一些受自然条件严重限制的地区。

三、政府土地财政

（一）土地财政的产生与依赖

土地财政是指地方政府通过各种土地经营手段，获得土地出让金、土地税费以及利用土地进行投融资的行为。从地租理论来讲，出让、出租土地获取相应的报酬是由土地资源价值所决定，符合价值规律。在我国，获取土地收益被异化为政府财政收入的现象主要是受相关土地政策和财税制度的影响。我国自改革开放以来，采用集体土地国家征收制度，即只有国家可以依照法定程序将集体土地转为国家所有，实际上形成了土地征用和土地供应的政府垄断行为，这成为政府能够大规模出让土地的前提条件。地方政府对土地财政具有强依赖性，这和我国中央与地方分税体制有关。中央政府将事权下放，而财权上收，地方政府财政收入急剧降低；土地出让金根据新的政策全部归地方政府所有，于是地方政府通过出让土地充实地方收入，继而演化为一种获取地方收入的重要手段。追寻其本质主要是地方政府在经济行为中逐利博弈的结果，因为在我国目前的财税制度之下，从土地获取收益是地方政府的最优选择。另外，国家对于地方政府的政绩考核偏向于经济内容，土地出让本身以及土地作为资本进而取得更大的经济增长成为地方政府政绩表现的一种重要方式（蒋震和邢军，2011）。

（二）土地财政对土地开发的影响

由于城市政府对土地开发具有绝对的主导作用，而土地财政本身对城市政府又具有较强的经济吸引能力，因此政府具有充足的动力不断进行土地开发及运作，以期获得更大的经济利益。由于土地财政是一种增加政府财政收入简单而直接的方式，政府在没有其他显著增加财政收入的手段前提下，不依赖土地财政容易使财政收入快速下降，从而影响城市政府及整个城市的运行。在土地开发过程中，新区土地开发与旧区改造开发产生的土地财政效果并不相同，新区土地开发中土地来自非建设用地，征用成本低但转出后价格较高，政府能够获得高额的差价。比较而言，城市内部旧区改造过程中，土地整理涉及的因素非常多，需要投入较高的成本，且有时需要处理大量的社会遗留问题，土地财政的效果不佳。因此，城市政府对新区开发的积极性大于旧区改造，进而对城市空间结构及土地资源的利用造成一系列后续影响（郭志勇和顾乃华，2012）。

同时，政府将土地作为重要的资本投入到经济发展之中，并且通过调节土地出让金及土地税费等作为重要的招商引资手段。在这过程中，土地财政并没有直接增加财政收入，而是成为政府潜在的经济发展能力。政府盲目实施各类工业园区或开发区建设项目，快速扩大，一方面可以赚取直接的土地财政，另一方面也可以增加政绩，而其代价却是土地资源供给过快带来资源浪费，以及重复建设导致产业结构雷同与产能过剩。

（三）土地财政对土地资源效应的作用

从各种地租理论来看，土地资源作为生产资料具有内在价值，利用土地取得收益需要支付给土地所有者一定的报酬，即地租。地租表现为地产所有者向市场提供一块土地所取得的经济收益。在我国，城市土地归国家所有，农村土地归集体所有，国家可依据法定程序将集体土地转为国有，形成了土地征用和供应的政府垄断。根据供求原则，政府垄断土地供应之后即可以对土地价格具有较强的操控能力。一般情况之下，政府根据市场规律决定土地的供给数量，以保证土地市场的稳定，土地价值与价格的相符。但是，因为我国目前的地方政府土地财政政策，土地市场并不完全遵从于竞争市场中供求决定价格的规律，而是由政府操控决定。于是土地市场中出现了由于不同的政府土地供给原则而导致的价格与价值的偏离问题，从而导致土地资源效应的变化。政府操控土地市场的主要手段有两个方面：一个是土地的限制供应，另一个是土地的免费供应（戴双兴，2009）。

1. 土地限制供应

从自身的经济利益角度出发，地方政府通常采用"饿地"政策限制土地供应，进而抬高土地价格，一般这种政策常常运用于城市居住用地的供给。从土地资源的角度来看，我国未来建设用地的供应绝大部分是农用地，由于严格的耕地保护政策以及土地城乡二元结构强化了建设用地的稀缺性，这一定程度上导致了当前土地供应的不足。而地方政府进一步限制土地供应，导致土地供需失衡的加剧和价格的快速上升，这种效果又通过开发商和购房者对未来土地供给仍将紧缩的心理预期被进一步放大，由此政府可以通过供应相同数量的土地来获取更多的收入，同时带动周边土地的开发。土地的限制供应造成严重的土地价值被高估、土地市场泡沫化。而且由于政府土地供给的垄断与限制供应，土地二级供应市场即土地使用权的转让市场则会异常活跃，出现土地投机行为，导致土地价格推高，从而推高房产价格。在这个过程中，土地资源效被无限放大。

2. 土地免费供应

从自身的政绩考核来考虑，地方政府为在地区间的资本竞争中赢得引资的机会，为其创造 GDP 和政绩，采取了"低地价"或"零低价"的土地出让政策，特别是在工业用地的供给过程中。而且供应的数量则会根据引资企业的需求进行无限制供应，以满足企业需求为第一原则。在这个过程之中，土地资源的价值被严重低估，土地资源效应被无限缩小。而且由于政府免费供应土地的优惠政策，引资企业并没有严格按照自身需求合理利用土地，大规模圈通常占据远高于自身需求数量的土地，一方面导致土地在一段时期内闲置，另一方面导致土地市场虚假繁荣，都对土地资源的内在价值造成损失。

总体来讲，地方政府以自身利益最大化为原则，高价格出让居住用地获取高额土地财政，低价格出让工业用地获取政绩成果，对土地市场造成了严重干扰，使土地资源的价值和价格严重过高或过低，致使土地市场存在较大的不稳定性和潜在的巨大风险，土地资源效应被虚拟化，也存在虚假的放大或缩小现象（范方志和李海海，2011）。

第四节　城市化的土地资源效应分类

由于城市化的土地资源效应构成要素不同对最终效应的产生也将产生较大的影响，所以城市化的土地资源效应不能笼统的定义为一类，应该根据不同的影响方面和构成要素有针对性地进行类别细分，更加接近城市化的土地资源效应发生的实质效果，有利于区分不同效应的变化情况，从而更加有效遏制负效应的产生，最大化发挥正效应的作用。根据城市化的土地资源效应构成要素、影响要素、发生载体的不同，城市化的土地资源效应可分为两大类、四中类、十五小类如表 4-2 所示。

表 4-2　城市化的土地资源效应分类

大类	中类	小类
效应强度分类	城市级别分类	小中型城市的城市化的土地资源效应
		大型城市的城市化的土地资源效应
		特大型城市的城市化的土地资源效应
		超特大型城市的城市化的土地资源效应
		城市群（带）的城市化的土地资源效应
	城市化速度分类	高速城市化的土地资源效应
		中速城市化的土地资源效应
		低速城市化的土地资源效应
效应形成分类	不同类型城市分类	平原城市的城市化的土地资源效应
		山地城市的城市化的土地资源效应
		滨海城市的城市化的土地资源效应
		沙漠城市的城市化的土地资源效应
	不同发展路径分类	资源型城市的城市化的土地资源效应
		外贸型城市的城市化的土地资源效应
		综合型城市的城市化的土地资源效应

一、城市化的土地资源效应强度分类

（一）不同城市级别的土地资源效应分类

城市化发展的构成要素中城市的规模要素决定了城市的规模与城市化所带来的影响强度大小，因此对于城市化的土地资源效应强度大小也具有较大的影响作用。根据我国城市规模的划分标准，共划分为Ⅰ型小城市（20万～50万人口）和Ⅱ型小城市（20万以下人口）、中等城市（50万～100万人口）、Ⅰ型大城市（300万～500万人口）和Ⅱ型大城市（100万～300万人口）、特大城市（500万～1000万人口）、超特大城市（1000万以上人口）等分级。① 不同级别的城市反映出不同城市化的土地资源效应和特征。

1. 中小型城市的城市化的土地资源效应

中小城市进行城市化，由于城市规模小，城市化进程中各发展要素的总量处于较小规模，城市化对土地资源利用的影响作用强度较小，形成较低水平的城市化作用较小的土地资源效应。在这一级别中，城市化速度可能较快，但是由于城市规模较小，总体的土地资源效应无论正负，都处于较低的水平。城市化的土地资源效应往往处于提升阶段，通过城市化进程的发展，土地利用的方式、结构和效率都得到了优化提升，正效应超过负效应，城市不断扩大自身的规模。

2. 大型城市的城市化的土地资源效应

当达到大型城市的规模之后，组成城市要素的总量规模具有了质的变化，城市化进程中的土地资源利用强度、结构和方式随着城市化的提升发生了较大变化，土地资源效应强度提升，形成一种强度适中而提升速度较快的土地资源效应级别。这种类型的城市化的土地资源效应正负值存在分化现象，由于城市规模增大，对外压力的提升，土地资源负效应开始快速提升，能够协调好城市化发展与土地资源利用关系的大型城市将会获得持续的正向效应，促进其规模继续扩大，反之则产生负效应，阻碍城市发展。

3. 特大型城市的城市化的土地资源效应

特大型城市的规模已经进入人口、资源和环境相互制约强度非常大、必须充分协调发展的阶段。由于城市规模巨大，城市化进程中的任何变化都将引起土地资源利用的强烈变化，导致城市化的土地资源正负效应的绝对值比较大。正负效应的分化现象已经比较明显，分别产生正效应或负效应主导下的发展模式。特大

---

① 《国务院关于调整城市规模划分标准的通知》（国发〔2014〕51号）。

城市由于集聚效应的存在，城市化发展在一定时期内都将保持较为稳定的动力，大量的城市发展要素都将被城市化发展所利用，资源供应相对紧张，对相关要素的敏感性增强。

4. 超特大型城市的城市化的土地资源效应

超特大型城市是利用其最有利的发展资源，通过巨大的集聚效应和长期不间断积累而发展起来的特殊类型城市。这些城市往往是在一国或一地区具有明显主导性职能的巨型城市，属于世界城市。由于这类城市巨大的规模，所在地区整体资源环境的压力巨大，城市化的发展所需的资源环境要素总量的供应需要通过跨区域的调度才能满足。超特大城市化的土地资源效应强度巨大，甚至要超出土地资源本身所具有的最大承载能力，需要疏解和引导不合理的发展要素向外部扩散，而不是进一步集聚。

5. 城市群（带）的城市化的土地资源效应

城市群（带）不属于我国城市规模分类体系中的城市类型，但却是实际存在于土地空间上对土地资源利用产生更复杂的综合性土地资源效应的一种城市区域类型。城市群呈现出多个城市密集布局、连绵存在的格局，在空间上对土地资源利用的影响是一种组合效应，城市间的相互组合关系将影响土地资源效应的变化。在城市化的进程中，土地资源效应以非线性的形式变化，受到多个城市叠加影响后而呈现的状态，城市群中主要城市的带动作用、城市群的发育水平都将影响效应值的变化。但从总体来看，城市群在城市化进程中的土地资源效应呈现正向效应为主，单个城市无法解决的土地利用问题，在城市群中可以得到有效解决，增强了土地资源效应。

（二）不同城市化速度的土地资源效应分类

1. 高速城市化的土地资源效应

城市化率的提升年均高于1个百分点就属于高速城市化发展速度，这个发展速度一般出现在城市化发展的中期阶段。在这个过程中，城市化由于发展速度快，各类城市发展要素在短时期内需求都比较大。由于城市人口增速较快，城市对外空间扩张的速度也较快，需要消耗大量的土地资源。在这个过程中，城市化的土地资源效应的强度往往较高，绝对值较大。高速城市化的土地资源效应无论正负属性，其发生的机理特征主要体现在强度，强度的大小决定了对土地资源的作用大小。

2. 中速城市化的土地资源效应

中速城市化的速度一般界定为年均提升 0.6 ~ 0.8 个百分点。在这个城市化发展速度上，城市化对于各类资源的利用强度处于适中水平。由于城市人口增长速度不快，城市空间规模也不用快速扩展，城市化对土地资源的作用强度不会太大，所以城市化的土地资源效应产生极值的情况较少，各方面发展较为均衡，即使正负效应都会产生，但是其表现出的影响能力也不是很大，所以总体来讲中速城市化表现出对土地资源合理利用的程度较高，会体现为一种正向效应。

3. 低速城市化的土地资源效应

低速城市化的速度一般界定为年均提升0.4~0.6个百分点。一般是当城市化最初期刚刚开始发展或者城市化已经到达较高水平、基本进入稳定水平之后的发展速度。无论在哪个发展时期，城市规模扩大的动力都在降低，对于城市发展资源要素的需求也会降低。城市化的土地资源效应很不明显，正负效应的水平都将会处于很低的水平。

二、城市化的土地资源效应形成分类

(一) 不同类型城市的土地资源效应

城市化的土地资源效应不仅受到城市化发展的影响，还受到城市的自然本底情况的影响，所以从城市自然本底出发，城市化的土地资源效应也可以进行分类，有助于更好理解城市化的土地资源效应的发生和应用。

1. 平原城市

由于平原地带是最适合城市空间扩张的一种自然地貌类型，所以平原地带城市化进程中的空间扩展速度和形式都对土地利用的作用非常大，效应也非常明显。平原城市连续性的圈层式对外扩张容易导致城市的规模过大，需要大量土地资源作为发展要素，同时又有大量的其他要素需要土地空间进行承载，并且平原地区是耕地资源比较集中的地带，平原城市对外空间扩张占用的耕地资源量比较大，所以平原城市在城市化中的土地资源效应往往表现明显，强度较大且对外的影响性也较大。

2. 山地城市

山地城市处于连续的低山丘陵之中，地形起伏较大，土地原有的利用条件较差，城市空间对外扩张受到自然地形的限制，连续性较差，扩张速度通常不快。由于用地条件较差，所以山地城市在发展中对土地改造的程度较大，较大影响原有的土地自然生态系统，在土地利用结构、质量上产生很大的土地资源效应。对原有的土地自然生态系统的改变是向着有利于人类生产和生活的方向变动，破坏了原有系统，所以产生的是一种负向的土地资源效应。

3. 滨海城市

海陆共同影响的滨海城市的土地利用复杂性较强，较长的海岸线和海陆交汇地带的土地利用形式与普通的城市存在较大的差异。海陆交接带具有一定范围的延伸影响力，会对陆地上较大范围的土地开发与利用产生影响，因此，滨海城市城市化的土地利用具有比较明显的自然属性，同时经济发展具有向海特征，海岸开发过程中的土地资源利用强度较大，破坏性较强，会产生明显的负向效应。海岸开发中的经济效应比普通陆地开发高，在提升土地利用价值方面具有突出的优势。

4. 沙漠城市

沙漠城市一般处于内陆深处，在沙漠内依靠某一类条件，如绿洲、矿产资源发展。由于自然条件的限制，沙漠城市的规模普遍偏小，土地开发的强度较小，但是改造土地结构的程度比较大。这类城市的城市化发展具有明显的短期效应，即在短期内利用优势条件快速发展，同时又会因这一条件的快速消耗而很快衰落。所以，沙漠城市在城市化进程中的土地资源效应变化较为剧烈。

（二）不同发展路径的土地资源效应

1. 资源型城市

资源型城市是依托某类丰富的资源开发利用而发展起来的城市。资源型城市一般包括煤炭城市、石油城市、森工城市、金属矿产城市等。虽然其资源类型多种多样，但是发展的轨迹都十分相似——城市因资源开采而兴起，城市发展服务于资源开采，城市的衰落也都因为资源枯竭。由于开采资源，城市土地利用方式比较粗放，破坏性巨大，短期内因为经济效益较高忽略了潜在问题，长期来看将会遗留深重的资源环境负担。所以，资源型城市在城市化进程中土地资源利用受资源影响大，受资源开采不同阶段特征影响，土地资源效应也具有明显的周期性，资源丰富时期的高经济效益转而成为资源枯竭时期的低经济效益和高土地损害。资源型城市为了经济效益而损害环境效益使资源型城市土地资源效益长期来看处于负效应水平。

2. 外贸型城市

外贸型城市的产业结构偏向于第三产业占主导，第三产业的发展带来城市人口的集聚、流动人口的增加、城市化进程的加快。由于产业结构的外向性较强，城市向外发展的各类条件要求比一般城市要高，需要具有发达的轻加工、商贸、物流和仓储能力。外贸城市由于其特殊的产业结构，与外贸相关的产业链对城市发展具有决定性的影响，受全球性贸易环境的影响非常大。一般外贸型城市的城市化发展对土地利用具有明显的正向作用，负向作用较小，其城市化的土地资源效应一般以正向为主导。

3. 综合型城市

这类城市中各类产业发展不具有明显偏向性，城市各类资源和要素搭配比较均衡，城市发展的方方面面都需要综合考虑，城市化的动力也是由于各种力量的综合作用而成。综合型城市对于土地资源利用的影响效果也是多方面综合性的，城市化发展的各个方面都将对土地资源产生作用，导致其土地资源效应正负值、大小等都处于不断的变动之中，不会因为某一类要素的变化而产生较大的波动，城市化的土地资源效应稳定性较强。

第五章　城市化的土地资源利用风险防控机制

第一节　城市化进程中土地资源利用风险

　　城市化的土地资源利用风险是指在城市化的快速进程中，人类活动与土地资源之间具有较强的相互作用，并对土地资源造成一定的量变和质变影响，从而超过土地资源自然演变过程中可以承受的程度，对人类和社会经济造成损失，产生未来发展的障碍。城市化进程中的土地资源利用风险着重强调城市化这一人类综合性活动对土地资源产生的影响，重点研究由不合理的土地利用方式造成的社会风险、经济风险和生态风险，并且研究土地资源风险的角度也注重风险对城市化造成的影响，与自然因素造成的土地资源利用风险具有显著的不同。强调城市化进程中的土地资源利用风险主要是因为，在城市化进程中土地资源逐步由丰富演变为稀缺，并且城市土地利用问题逐步进入多发期，造成土地资源利用风险逐步增大，成为未来城市化进程中潜在的重大问题。因此，以风险管控的理论，研究城市化进程中土地资源利用风险，可以有效管理和控制土地资源利用风险的影响范围，解决发展中存在的障碍。

一、土地资源利用风险源

　　从风险理论来看，风险源是指引发事物产生风险的起源，是导致风险产生的原因。由于城市化是一项复杂且变化多样的人类活动，对土地资源的作用形式也多种多样，所以城市化进程中产生的土地资源风险形式也会多种多样，风险源具有复杂多样性。从城市化进程中土地资源利用风险的形式来看，经济、社会和生态风险的形成都是由于土地利用过程中不合理的因素造成优质土地资源流失过快、土地资源质量下降及量变和质变过程中产生的危害人类社会的问题。因此，从这个方面来看，土地资源利用风险源来自于土地利用方式、强度及对土地环境的影响等多个方面（郭兵和刘艳，2010）。

（一）土地粗放利用

在城市化进程中，城市规模的扩大必然需要大量的土地资源，必要的土地资源投入是城市化发展的前提。但是在城市化快速发展的进程中，约束机制限制力度不强往往导致土地资源的占用速度过快，土地资源的经营和集约化利用被忽视，以高投入低产出的粗放模式占用土地资源。土地粗放利用的典型问题是土地浪费、土地闲置和城市老城区用地低效三类。土地资源浪费主要表现在偏离土地合理开发的原则，没有根据土地的自然资源属性和当地的社会经济状况选择合理的用地类型和用地结构；脱离经济和社会发展的实际需求情况，导致土地开发过快、土地盲目侵占问题。我国土地浪费的现象主要集中在盲目兴建开发区、大学城、政府大厦、拓宽马路、建大广场、高尔夫球场等项目，有的地方甚至圈上千亩土地建设花园式广场。这些土地利用和开发方式是我国城镇建设用地严重浪费的具体表现。据测算，中国建制镇单位土地面积的容积率还不到20%，全国小城镇可盘活土地在30%以上。同时，一些地方政府为满足投资商要求，明显降低地价，甚至以补贴地价的方式招商。这些问题是目前导致我国城市周边优质耕地被大量占用的重要原因。

土地利用的另一典型问题就是囤地不用而导致的土地闲置。城市化进程中粗放利用土地资源导致土地资源结构转化过快，大量非建设用地转化为建设用地之后并没有得到充分的利用，大量城市郊区土地被城市占用后仍然处于非建设的闲置状态，或是城市土地利用效率不高，单位土地的产出低。根据2010年的《有关房地产开发企业土地闲置情况表》，北京、广州、海南、江苏等地成为闲置土地"重灾区"，四地闲置土地数量占全国的近1/4，70%以上闲置土地性质为住宅用地。囤地收益大于囤地成本，靠囤地涨价赚钱比购地盖房子赚钱快，这正是囤地现象长期存在的重要原因。同时主管部门不能有效监管，处理不得力，导致违法处置成本太低而囤地倒卖利润高，这成为造成土地闲置的根本原因。大量土地囤而闲置，不仅加剧了城市土地供需矛盾，而且成为大城市房价居高不下的重要推手。总体而言，粗放式的土地利用模式对土地资源数量与结构造成一定影响，主要造成土地资源利用产生社会风险与经济风险（杨迺裕，2011）。

第三类问题是指城市老城区用地低效。从广义上来讲，土地浪费和土地闲置都是土地低效利用问题。特意将老城区用地低效单列为一类问题是因为在城市化进程中老城区的土地再更新和利用问题通常被忽略。老城区开发时间早，随着时间的推移，常住人口降低，逐步被空心化，于是土地功能衰落，土地利用效率降低。由于长期以来我国的土地开发制度的不完善，所以新增建设用地的开发成本要低于存量用地，开发商遵循市场规律追求利润最大化，偏向于开发周期短、投入成本低的新增建设用地，而老城区大量低效的土地由于土地整理涉及的因素多、经济投入高，并没有得到有效的再开发，所以导致用地效率长期低下。

　　（二）土地高强度利用

　　土地的高强度利用是指超过土地自身承载力上限，对土地的质量和状态产生不可恢复性的土地利用形式。与土地的低效利用相反，土地高强度利用过度强调土地经济效益和功能的多重性，导致土地压力超出自身可以化解的范围，并使土地随时会发生不可恢复性改变。城市化快速发展阶段往往也是经济发展与城市建设快速发展的阶段，土地作为城市发展的载体在这个阶段容易出现高负荷运转的问题。由于载荷的不断积累，土地资源会产生质的变化，并出现不可恢复的问题。

　　在城市发展中，土地高强度利用具有两种形式：一种是土地作为空间载体功能，对其进行高密度的城市建设；另一种是土地作为生产资料，进行高强度的地下资源开采。高密度的城市建设为了满足城市多功能、多目标的需求，使单位面积的土地资源承载过多的经济社会要素，也是引发社会风险的主要原因。高强度的地下资源开采表现为两种主要的类型，一种类型是具有地下矿产和能源的资源型城市，由于经济发展的需要，高强度开采地下资源严重破坏地上原有植被和构筑物，致使地表植被覆盖面积逐渐减少，水土流失面积增大造成土壤耕层被剥蚀减薄；同时也会带走土壤中的营养元素使土壤肥力下降，从而降低耕地的生产能力；在河流、水库和坑塘造成泥沙淤积，引起生态环境的破坏，引发地面塌陷等慢性的地质问题；或者是滑坡、泥石流等急性地质问题，都严重危及人类生命财产安全。而另一种类型是指以地下水为主要水源的城市由于大量开采地下水资源，导致地下水位急剧下降从而引发地面沉降与地面漏斗，同样形成地质灾害问题。因此，土地高强度利用造成土地属性方面本质的变化，进而引发经济风险与生态风险。

　　（三）土地污染

　　土地污染是工业化和城市化过程中人类经济发展利用完资源要素之后排放的

废弃物对土地生态环境造成的外在破坏，导致土地化学成分的改变，引起土地质量的下降，从而对土地利用者产生损害。土地污染产生的原因是多方面的。主要是因为人类社会土地作用方式多样化。但是从总体来看，土地污染的种类包括引发的化学性污染和破坏性污染两种主要形式。

化学性土地污染主要源自人类社会中大量含有毒化学成分的废弃物对土地造成的伤害。原本土地生态系统本身具有一定限度降解大自然中各类有机成分的能力，人类社会大量的化学废弃物的排放远远超出土地生态系统自我降解的可承受范围。由于降解作用的降低或丧失，大量有害物质在土壤中不断富集，改变了原有健康的土壤化学环境。遭到化学污染的土地又会严重影响地下水安全性和作物的生长环境，土壤中的有毒有害物质通过地下水循环、植被吸收等过程进入人类体内，久而久之影响人类健康，产生社会风险。而有毒化学物质持续在土壤中会对土地的生态系统造成毁灭性破坏，从而产生生态风险（陈桥等，2004）。

（四）土地租用制度不完善

根据马克思主义政治经济学，地租分为绝对地租和级差地租两种形式。绝对地租是指土地所有者凭借对土地所有权的垄断，占有产品价值中超过社会平均生产价格的那部分超额利润，也就是说使用土地必须支付地租。而级差地租是指由于土地等级不同而形成数量不等的地租。由于绝对地租的存在，土地使用者把土地的租用数量减少到最低限度并在已租用的土地上追加投资，以尽可能提高土地的产出率。这在客观上有利于节约城市土地资源的数量，促使土地利用效率的提升，促使城市土地合理利用，从而达到最大的经济效益。级差地租可以促使城市土地利用结构得到优化，"最高租金原则"将土地分配给出价最高者，实际是一种土地资源区位和结构的分配工具。不同的产业对土地位置的要求、敏感程度和竞租能力也不同，一般商业企业的竞租能力最高，工业企业次之，居住用地更次。在完全竞争的条件下，商业用地会向市中心集聚，工业用地和居住用地向市郊迁移，最终使城市土地利用结构得到优化。由于级差地租不仅存在于同一城市的不同区位上，也存在于不同规模的城市之间，大城市的级差地租在总体上要高于小城市。因此，大城市昂贵的地价将会形成一种市场约束力，限制那些占地过大、生产效率低的企业在大城市中进一步发展，并集聚那些效益高的第三产业，促使大城市的土地利用水平提高。由于小城市地租较低，在大城市中难以生存的企业将被吸引到小城市，这将促进小城市的发展和当地土地利用水平的提高，并在区域内形成合理的城镇体系。因此级差地租有助于促使区域内城市土地利用水平的总体提升。

但是长期以来我国的土地市场制度并不完善，在城市土地所有权归国家的大制度面前，各类土地出让的价格实际是一种土地长期租用制度，土地租用市场不正规、土地被行政划拨，或作为优惠的手段来吸引投资等破坏市场的方式长期存在于土地市场，土地的价值没有得到体现。由于大量获取渠道不正规或价格低廉的土地充斥在土地市场之中，土地使用权获得者降低了土地利用投资，土地利用效率不能提升，土地利用被引导着向不合理的方向发展。土地市场制度因素成为土地利用风险产生的根源之一。

（五）土地规划制度不合理

城市化发展中土地资源投入的数量和结构比例应该与城市的规模、城市化的速度相匹配，而这一点的实现往往通过土地规划制度，通过对经济和社会发展要素的合理预测，从而合理配置和安排土地资源的利用。而由于土地规划相关制度的不合理性和调整的不及时性，城市用地空间存在布局不合理的现象。例如，行政办公用地和工业用地占据黄金地段，级差地租被破坏，中心商务区用地往往被割裂，使土地的区位优势不能充分发挥作用。住宅用地混杂于其他用地之中，工业用地多接近城市中心文教、卫生单位布局等失调现象突出，造成土地不能尽其用，土地价值得不到充分利用。

近年来，我国大多数城市都非常注重城市基础设施建设并取得了很大的进步。但由于基础过于薄弱、投资大、效益低等特点，我国城市存在着基础设施发展滞后且不平衡的情况，工业用地比例偏大，居住用地偏低，道路、广场、绿地不足，尤其与一些发达国家的城市相比，差距还很明显。城市用地结构不合理必然造成城市住房紧缺、交通阻塞、中心城区企业缺乏发展空间、住宅生态环境恶化等问题突出。这一系列问题的根源在于土地规划制度的不合理导致城市发展中的土地空间布局不合理，而规划更新的不及时导致这种区位错配的问题影响力越来越大，最终成为阻碍土地资源高效利用的障碍因素。

（六）土地开发利用方向偏差

城市土地开发利用的方向失控，主要表现为在房地产开发中，高档宾馆、酒店、大型商场、人造景点、高尔夫球场等设施的开发过热，而城市居民迫切需要的经济适用房开发建设不足，与居民民生福利相关的绿地、体育场地、停车场等公共设施的建设更显得不足，造成土地利用结构的不平衡。为追求高额的经济利益，不少城区在超强度开发的同时，挤掉了应配套建设的绿地、文体设施、停车场等公共设施。城市建设中每个地块的利用开发程度，都应与该地及其周边地区乃至整个城市基础设施的服务能力和承受能力密切相关。如果单项地块的容积率过高并超出其基础设施的服务能力和承受能力，尽管可能会取得一时超额利润，但因其过度开发所造成的基础设施的额外负担，就会转嫁到周边地区和整个城市，势必使整个城市土地利用效率趋于下降。

另一种开发偏差情况表现为结构雷同，同质化低水平重复建设导致土地利用缺乏特点，恶性竞争导致土地开发效益的降低。比如近几年各地投入巨资建设了多个商业性人造景点，兴建了不少像西游记宫、封神演义宫、水泊梁山等游乐设施。由于急功近利、竞相模仿、缺乏创意，绝大多数景点效益不佳，甚至面临倒闭。尽管如此，一批类似的景点仍在不断兴建或筹建，其供给已经远远大于需求，未来仍将会面临效益不佳的结果，将会导致大量的土地资源和资金被浪费。

（七）土地功能结构失衡

土地功能主要服务于城市经济和社会的发展需求，城市化的进程对于土地功能的需求是多方面且多种形式的。于是，在城市发展的需求下，城市通过用地数量和结构的调整，提供各种各样的土地功能。但是在这个过程中，土地功能供求出现结构失衡，一些城市没有能够从整体区域发展的宏观角度出发配置功能，而仅从城市自身的微观用途配置用地，这就导致在实际土地利用中出现规划功能的重叠，而这些重叠的功能在实际中不能充分发挥作用，导致土地闲置和浪费。一些城市因为过快估计了城市的发展速度，从而过度供给某种土地功能，最终造成浪费；另一些城市则是对城市发展的速度估计不足，使城市的一些基本设施和相关服务性产业的用地功能供给严重不足，不能有效满足城市发展需求，导致城市发展受到限制。我国的开发区在发展的过程中往往因为发展目标的不同，使各类用地功能的供给失衡问题比较突出，多数开发区没有预计到规模扩张的速度而导致居民生活性功能的短缺，最终导致许多问题。

二、土地资源利用风险对城市化发展的影响

土地资源利用风险的风险源与风险类型的多样多方面影响城市化的发展，尤其是对城市化发展中的土地要素的影响较大，而土地要素是城市化发展中的重要支撑和重要表征，因此土地资源利用风险总体上会对城市化发展的速度、质量等具有一定的约束作用。同时，土地资源风险也会对城市化发展的间接要素产生直接作用，从而对城市化发展产生影响。所以，土地资源利用风险对城市化发展的影响主要体现在两者相互作用的结果方面，同时与土地相关的各领域的安全性也会受到一定的影响，环境和经济效应也将受到制约。具体来讲，土地资源利用风险从以下五个方面，即土地资源短缺约束城市化发展、城市安全、粮食安全、城

市经济效益和环境效益对城市化发展产生重大影响。

（一）土地资源短缺约束城市化发展

我国人多地少的基本国情决定了土地资源的相对稀缺性，尤其是能够直接供给城市化发展的用地多为优质的耕地资源。受我国严格的耕地保护制度限制，城市化用地的供给并不容易，受国家调控影响较大，从本质上讲城市化发展的土地资源具有稀缺性。基本国情与现实发展都要求我国的城市化发展需要对城市土地进行精细化利用，需要通过提高单位土地的综合效益来弥补城市土地供给不足造成的损失。而在城市化发展进程中，不合理的土地开发和利用方式以及单一经济目标导向下导致可用土地资源数量减少、土地生态系统破坏等，使城市化可利用的土地资源更加呈现出供给不足，土地资源短缺约束城市化发展的问题显现。城市化中大量被破坏了地质结构的土地资源、被污染的土地资源都对土地资源的再次利用形成障碍，迫使城市占用周边新的非建设用地，从而形成高土地投入－高损害型的城市土地利用方式。但是，耕地减少后的国家粮食安全问题将会更加严格限制耕地向建设用地的转变，城市用地的供给量会越来越小，以往传统土地利用方式将不可为继，这必将会产生限制城市化发展的问题（郑伟元，2009）。

（二）城市安全

城市安全是一个内涵广泛的概念，主要是指对城市中人员、财产、城市生命线和其他重要系统的安全需求和安全需求的满足程度（彭毅，2008），引起城市安全问题的原因包括自然、技术和社会三个方面。而土地资源利用风险引发的城市安全问题主要是在人类的作用力之下引发的土地问题，及其对城市造成的生命财产危害对城市重要系统的破坏，是一种人为主导和强烈干预自然环境下的城市安全问题，与单纯的人类内部爆发的战争、犯罪等社会安全问题具有明显的区别（金磊，2008）。

土地资源利用风险会形成诸多的城市生态安全问题。在过去重生产轻生活的城市发展政策的影响下，很多城市忽视了对自然生态环境的保护，开发并建成了大量"钢筋水泥式的城市森林"，原本的自然环境遭到破坏，具有调节生态平衡的绿地、植被、水面以及生物多样性大量丧失，城市生态环境恶化，自净能力越来越低，自我修复能力越来越差。生态系统的复杂性决定了生态安全问题一旦爆发，其影响范围将远远大于生态破坏地区，影响更宏观的层面。城市之中不合理的土地利用结构和空间开发模式造成城市成为聚集不稳定因素的集合体。在城市地区，土地开发规模过大、土地高强度利用、土地污染以及土地生态系统破坏等问题相互交织在一起，使城市内部引起灾害的因素多种多样，加剧城市生态的脆弱性，成为城市化发展的显性与隐性阻碍因素。

（三）粮食安全

粮食安全是土地资源利用风险直接产生的负面影响，会影响整个经济和社会发展。粮食安全问题的产生与城市化进程中的土地利用方式具有密切关系——城市化的发展大量占用优质耕地造成了粮食生产面积的缩小，从总量上无法保障粮食供应。粮食安全问题直接影响整个社会的经济发展，宏观上会影响一个国家和地区的战略安全，微观上，粮食短缺会造成物价快速上涨和社会的不稳定，甚至引发社会动荡，这都必将阻碍城市化发展。另外，为预防或解决粮食生产问题、保障粮食安全，政府会采取严格的耕地保护制度，在严格制度的限制之下，城市化发展所需要的土地资源面临供给短缺问题，也将直接限制城市化发展的速度。同时，土地污染也会危及耕地和粮食生产的质量。由于污染物具有扩散的作用，城市地区的污染物随着水循环和大气循环对其周边一定范围内的耕地也会造成不同程度的污染，难以被土壤降解的有毒物质会不断富集在土壤内部危害农作物，最终导致粮食卫生安全问题。因此，在无法保障粮食安全的前提下，城市化会从多个方面受到严重的制约（刘彦随等，2009）。

（四）城市经济效益

土地资源配置方式的不合理、资源配置机制的不科学、土地资源未充分利用和过度消费使用造成的损失都对土地产生浪费和损失，并且导致城市经济效益的降低。在城市化进程中，由于对土地资源的粗放利用或高强度利用，忽视土地资源的经营和集约化利用，土地资源没有得到充分的利用，存在大量土地被城市占用后仍然处于非建设的闲置状态，城市土地利用效率不高。土地利用总体规划不充分，城市用地空间布局不合理，土地不能尽其用，土地价值得不到充分利用。城市建设中每个地块的开发利用程度，都与该地、其周边地区及整个城市基础设施的服务能力和承受能力密切相关。城市土地利用方向的失控使不少城区在超强度开发过程中，城市规模无序扩张，存量土地的挖潜不够，忽视了地上和地下的空间开发。用地功能出现供给结构的失衡，城市中一些项目由于供给过剩，而另一些功能的土地则出现紧缺，严重影响了城市经济效益的发挥。

（五）城市环境效益

城市环境问题是环境污染，包括城市大气污染、城市水荒和水质污染、城市噪声污染、城市废弃物和垃圾污染等。土地利用对城市环境的影响具有两面性，正面影响有利于生态环境的改善，促进城市化的建设和发展；然而能够造成土地利用风险的土地利用方式所造成的环境影响往往是负面影响。城市化进程中，由于对土地的粗放式、高强度开发，土地出现化学性、破坏性污染、大面积土地质量退化、土地浪费、优质土地减少、水土流失严重、土地沙化扩展、土地植被覆盖面积减少，以及具有调节生态平衡的绿地、植被自净能力越来越低。土地质量的下降和土地污染会直接影响地下水资源的质量和粮食生产质量，造成水资源量降低和粮食产量降低。城市建设用地致使土地覆盖变化，例如土地表面的水泥化；土地表面构筑物的变化等都会对城市局部气候的大气产生"五岛"效应影响，产生城市小气候，甚至威胁整个地区的生态环境系统（董家华，2013）。

三、城市化进程中土地资源利用风险的演变

城市化的发展具有自身的规律，其速度和方式具有不同的变化，从而导致城市化对其所依赖的土地资源也具有不同的作用规律。因此，在不同的作用规律之下形成的土地资源利用风险也随着城市化的发展呈现出规律性的演化过程（见图5-1）。在这个过程之中，土地资源利用风险源、土地资源利用风险的主要类型以及对城市化的影响都呈现出不同的形式，并且呈现阶段性的表现特征。总体来讲，城市化进程中土地资源利用风险的演变主要分为风险低发阶段、风险高发阶段和风险自控阶段。三个阶段伴随城市化进程而不断演化，形成不同的主导风险类型，对城市化产生不同程度的影响。

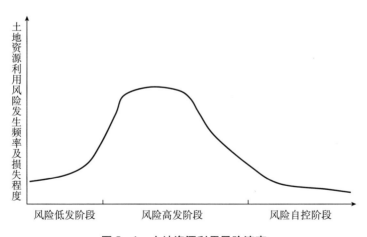

图5-1　土地资源利用风险演变

（一）风险低发阶段

城市化发展的初期阶段，城市化处于较低水平，城市数量与规模都处于发育

阶段,数量少且规模小,因此在城乡景观转化过程中,城市对外在环境的作用压力较小,城市化发展需要的外在要素的数量较小,因此作为发展要素之一的土地资源的开发强度都处于较低的水平。由于城市化整体对土地资源要素干扰作用较小,所以整个土地资源利用过程中出现的不合理问题及造成各类损失都较小,整个土地资源利用风险呈现低频率发生局面,风险产生后对城市化及人类社会的影响都较小。

在风险低发阶段中,城市化发展对土地资源的需求小于可提供土地资源量,即使在这个过程中采取粗放型的土地利用模式,由于土地资源总量水平较高,并不会出现明显的占用耕地及影响粮食安全问题,但风险值却在不断增大,属于隐性风险。同时,城市化对土地资源作用强度较低,土地资源自身具有的承载能力及生态恢复功能可以有效化解城市化对土地资源的作用力,即使存在土地污染或破坏土地资源问题,土地生态系统依然处在自身所能承受的范围之内,可自我修复。所以,土地资源利用风险低发阶段主要是低速城市化发展水平及其对土地资源的低作用强度主导下的土地资源与城市化相互协调发展阶段,但并非不会出现土地资源利用风险,只是风险发生的频率低且多是以隐性风险的形式存在,而且风险的绝对值在不断积累。

(二)风险高发阶段

城市化发展进入中期阶段以后速度会明显加快,即城市化的快速发展阶段。在这个阶段中城市数量快速增加、规模加速膨胀,城乡景观转化快速且剧烈。城市景观地域范围的扩大导致城市对其外部环境的作用力快速增强。快速的城市化发展对支撑其发展的要素需求也明显提升,土地资源作为城市化发展的重要支撑要素开始承受着高强度开发所带来的压力,并且压力的快速增强超出土地生态系统自身的承载能力,于是土地利用问题不断出现,土地资源利用风险进入高频率发生和高损失的阶段。

在风险高发阶段,城市对土地资源的作用压力过大,并且在单一经济发展或城市化率提升目标的导引下,通常采取最简单有效的土地资源高投入、高损耗方式推动城市化的发展。但是由于这一阶段城市总体基数扩大,对土地资源的需求量超过可供土地资源量,特别是耕地与建设用地之间的矛盾比较突出,粗放型土地利用的直接后果就是大量占用耕地,从而形成城市无序蔓延和粮食安全问题,造成土地资源利用的经济风险和社会风险。城市规模的增大意味着城市人口数量的增多和城市产业的增多,城市向土地生态系统内部排出更多的废弃物和污染物,超出土地生态系统自身可以承受范围,无法自我修复,从而产生土地资源利用的生态风险。总体来看，在这个发展阶段，高城市化发展速度对土地资源的高压力导致土地资源利用过程中出现大量问题，土地资源利用风险逐步积累至无法自我调控而爆发，呈现出风险高发的特征，并且大量土地资源利用风险的存在开始对城市化的发展产生约束作用，迫使城市化采取更为合理的发展方式。

（三）风险自控阶段

城市如果要达到更高的城市化发展水平，在风险高发阶段后期就必须采取相应的管控措施，防止风险的发生和扩大，解决风险爆发后产生的问题，否则城市化将会因为高发的土地资源风险而出现减速或停滞。如果城市化顺利通过快速发展阶段之后，城市化的发展速度将逐步减慢，进入低速高水平发展阶段，城市化与土地资源寻找到了发展的平衡点，进入稳定的相互作用阶段，两者出现相互协调且又相互制约的状态，相互之间的问题完全可以通过自我调控实现，因此土地资源风险产生之后也可以自我调控。

进入城市化的高水平阶段，意味着城市化的发展方式必须符合土地生态系统低压力和低损害的要求，于是两者之间就不会出现过高的相互作用力，城市化的压力重新回到土地资源可承受的范围之内，土地生态系统自我修复功能重新发挥作用，即使产生生态风险也会通过自身调控解决。城市化进入稳定阶段之后，城市数量和规模也将会趋于固定，不会因过快的城市规模扩张而产生对土地资源的过高需求，两者之间处于供需平衡状态。

第二节　城市化的土地资源利用风险预警机制

城市化的土地资源利用风险预警是指在城市化进程中对土地系统运行状况的归纳分析，以土地资源利用风险的评估为基础，对城市化进程中人类活动对土地资源的影响进行分析、预测与评价，对不利事件从时空范围和危害程度两方面提出警戒信息，对即将出现的问题给出相应级别的警戒信息，并适时地提出调控措施，解决和预防在快速的城市化过程中出现的土地资源利用问题，保证国土安全，实现健康与可持续的城市化进程（石铁矛和李绥，2012）。

一、土地资源利用风险的识别

风险识别是风险预警的基础，主要通过感知、判断或归类的方式对现实的和潜在的风险性质进行鉴别，判断的对象主要为风险源、风险类型与风险量的评估。只有在准确识别风险的基础之上，风险的监控才能够提供正确的判断依据。风险主要是沿着自身风险生成的路径从产生到最终造成对风险受体的影响。城市化进程中的土地资源利用风险的生成路径主要为城市化驱动力—风险源—胁迫因子—土地受体—生物、人体和人类发展成果。在城市化进程中，无数种风险源产生的胁迫因子对土地资源系统产生作用，因此土地资源利用风险的生成路径也具有无数条，各路径之间又相互交叉和联系，判断其中的重要节点要素是关键。总之，对土地利用风险的识别过程就是对各风险生成路径中驱动力、风险源、风险因子、评价节点的相对重要性（焦锋，2011）。

从源头规避土地资源利用风险事件的发生，是防范风险最有效的途径。因此，对可能导致土地资源利用风险的风险源（以下简称风险源）进行科学识别、分类分级、有效管理是源头防范的关键，符合当前土地资源利用风险防范的迫切需求。实现土地资源利用风险识别的科学性、有效性，应遵循客观性原则、合理性原则、系统性原则。客观性，即对于风险的识别应当符合客观标准。风险本身是一种客观存在，它并不因人的主观意志而被消除。更进一步说，风险是一种在空间、时间、损失程度方面不确定的存在，对于风险的识别应当依据不同地区土地利用和城市化发展的客观状况，要具有真实性与实际性，不能凭借主观推断臆测不存在的风险。合理性，即要求人们对风险进行识别时应当合乎事理，不违背一般规律。这表明风险识别应当具有符合常理的逻辑归纳与演绎，对风险的归类应符合人们的一般认知，对于风险的整个分析都应局限在土地资源利用风险的合理范围内，并要做到尽可能地客观真实。系统性，即指对于风险的识别应当基于系统性的角度来进行。要以宏观的视角做全局性的研究，注重对风险的层次性归纳，综合分析风险的产生机理，并系统地提出有针对性的风险控制对策。系统性原则贯穿于土地资源利用风险识别与控制的整个过程。

在风险的识别过程中，对不同等级风险的识别主要是通过对不同风险源、风险类型和风险评估相互组合的分析与量值对比，依据风险评估时危险度、风险受体易损失性和风险造成的损失的综合判断，最终得出风险的等级。不同等级风险的发生机制及对城市化影响的深度和广度都有所不同，通过风险识别将其中的不同点加以区分，从而为制定合理的风险监控和应对措施提供依据。根据前文对于土地资源利用风险源、风险演变、风险评估的研究，城市化进程中的土地资源利用风险可以划分为低度风险、中低度风险、中度风险、中高度风险、高度风险五个等级（韩亿楠等，2013）。每个等级风险的划分和不同表现形式主要体现在土

地利用中风险发生的频率高低、发生问题的大小和影响程度大小方面,具体内容
如表 5 - 1 所示。

表 5 - 1　城市化进程中的土地资源利用风险等级

风险等级	发生形式	影响程度
低度风险	潜在发生或发生数量较少,是土地利用过程中必要的改造而产生的不适应情况	能够适应城市化发展,并不产生负面影响
中低度风险	潜在发生或偶尔发生,是部分地区由于过度开发导致的土地问题	土地问题开始初露端倪,对城市化产生较小负面影响
中度风险	城市化中的土地问题呈现增长趋势,发生频率逐步增多,土地资源系统开始遭到不可恢复的破坏	对城市化产生一定程度不可轻视的负面影响,需要采取必要措施进行治理
中高度风险	土地利用问题频繁发生,主要体现为土地不能承受高强度开发而产生自身系统结构改变问题	对城市化的负面影响作用较大,两者呈现出不可调和的矛盾,城市化发展受到一定影响
高度风险	土地资源系统面临崩溃的危险,城市化对土地资源产生恶性影响,导致土地自我调节功能丧失	对城市化产生非常大的影响,城市化由于土地利用风险高而面临停滞的可能

　　由于土地资源利用风险的风险源和风险类型复杂多样,其对城市化的影响方
面也各不相同,所以在进行风险辨识的过程中需要对不同类型和不同影响程度的
风险进行详细划分,针对风险的发生形式和表现特征研究其发生和演变的规律,
形成对风险发生的识别机制。利用不同等级的风险对城市化不同的影响程度形成
对风险影响的识别机制,为风险的监控与规避提出相应的对策并提供决策信息保
障。整个风险识别机制的构成中,包含土地资源利用风险规律性的普适性机制,
以及针对不同类型风险的个性化机制,普适性机制主要通过所有风险形成的机
理,个性化机制主要是针对不同特点下的个性化问题。

二、土地资源利用风险的监控

　　土地资源利用风险监控是以城市化进程中的城市化方式、土地利用方式及土
地资源动态变化为对象的监控体系。其主要工作是对城市化进程中土地资源受到
的非常规利用、土地资源生态系统所处的不安全状态、城市化发展环境所面临的

城市化的土地资源效应和利用风险评估

威胁状况等进行评价和监控分析，以获取风险发生过程中的有效信息，实施风险管理，并在较高等级风险发生时发出预警信号，促使相关部门做出应对措施，同时在突发灾难发生时能够具有应急处理能力（陈文学，2005）。

城市化在不断地发展，土地资源被开发和利用是一个不断变化的动态过程，因此土地资源利用风险也随时存在并动态变化，所以对于风险的监控也是一个持续动态过程。但是，鉴于不同风险产生的危害程度不同，大量低级风险但不致灾的情况对于风险监控而言是低效信息，如果时时对这些低效信息进行风险认证，会给监控系统较大的负担，为避免低级风险与重大风险相互混杂，需要提出风险的监控目标值。处于目标值以下的风险进行日常风险监控，以管理和控制为主，让风险一直处于低级的发展水平，不危及城市化发展；而处于目标值以上的风险进行重大风险监控，提出有效的消减措施，降低风险的致灾能力，减小风险造成的损失，减小对城市化发展的阻碍作用；同时风险的发生具有时空不均的特征，大量低级风险的同时爆发、单一重大风险的突然爆发、风险小范围的集中爆发和空间广泛性的爆发等对于外在的影响程度十分巨大，致灾能力极强，造成的损失巨大，一旦发生应该立即转入风险应急处理系统（见图5-2）（杨洁等，2006）。

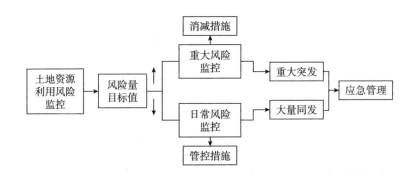

图5-2　城市化进程中的土地资源利用风险监控路线

城市化的土地资源利用风险的监控实质是对偏离合理强度的土地利用状态的一种监测，可以用偏离的量值去衡量风险的大小。决定风险监控类型的关键指标是合理强度的土地利用状态，即城市化消耗土地资源的合理阈值。运行良好的风险监控的状态是通过日常的风险监控机制得出偏离合理阈值的状态，通过不断的纠错逐步将偏离值减小，最终达到合理阈值范围，适用于土地利用中度风险以下的风险监控。而高于中度级别的风险是由长期缺乏风险监控或风险监控不全面导致的风险积累的结果，简单的纠错过程无法解决这类风险，需要通过具有针对性的手段集中治理（王万茂，2006）。

当前城市化的土地资源利用的风险种类愈发多样，程度愈发严重，强化城市化的土地资源利用风险的监控力度和改进技术是当务之急。现阶段的土地资源利用风险监控存在时间长、效率低、成本高以及缺乏标准化、规范化的监测体系等问题。而信息化的发展为风险的监控提供了问题的解决对策。信息化是当今世界经济和社会发展的大趋势，也是我国产业化升级和实现工业化、现代化的关键环节，更是城市化的重要命脉。党的十八大报告指出，要推动信息化和工业化深度融合，促进工业化、信息化、城镇化、农业现代化同步发展，从而把信息化提升到国家战略的高度。国土资源管理信息化是国民经济和社会发展信息化的重要组成部分，其基本任务是通过现代信息技术的广泛应用，以信息化带动国土资源管理工作方式的根本转变，实现国土资源管理的科学化和工作方式的现代化，从而实现对于国土利用风险的监控。为满足土地资源利用风险监控的要求，保证监控的准确性、实时性，监控亟须精准、高效。加大科技、人才等领域的投入，利用目前的大数据管理和人工智能技术是土地资源风险监控朝着综合性、智能性、生态化和全面全程化发展的关键一步，也是有效解决监控力度不足的有效方法。强化土地资源利用风险监控技术的基本思路是，以摸清底数、搞准情况、实行直观动态监控为基本目标，结合地球科学的特点，可以以 3S 技术、网络技术和移动互联网技术为主要技术手段，构建土地资源利用风险监控技术体系。

土地资源利用风险监控是一项复杂的经济社会活动，包含大量的地理空间信息，如城市化的位置和范围、地形变化、地类分布等，正确解读这些空间信息是对土地资源利用风险做出科学判断的基础。3S 技术作为一种高效的信息采集、处理、分析手段，可以辅助我们识别项目的真实面目，监测项目的"水分"，使决策更具科学性和时效性，为提升监控工作的科学化水平提供了一种新的思路。强化土地资源利用风险监控工作的当务之急，是结合新形势、新任务、新要求，按照系统一体化、数据集成化、信息综合化、成果可视化的要求，集成 RS、GIS、GPS、网络和移动互联技术，构建"天、地、网"一体化的土地资源利用风险监控体系，为实现各级各类土地资源利用风险的全程全面、集中统一监控提供全方位技术支撑，从技术手段层面上真正实现"天上看、地上查、网上管"（贾文涛等，2014）。

三、土地资源利用风险的响应

土地利用风险的响应是指在风险识别和监控的基础之上，通过对土地资源利用风险形成和演变规律的掌握，依据相关规律采取相应的降低风险发生概率和风险产生损失的一系列城市发展与土地利用管理及治理措施，目标是将风险控制在较低影响范围之内，使风险受体损失达到最低程度的合理状态。

由于土地资源利用风险具有不同的等级，并且不同等级风险的影响程度不同，因此不同风险响应措施对不同等级风险进行合理的控制。控制的整个过程和流程为风险回避—风险的损失控制—风险转移（自留）。这就需要在风险识别与监控的基础之上，首先应考虑风险能否回避，其次考虑风险的损失控制，最后再根据风险的大小选择风险转移或者风险自留。所以风险从未发生到发生，从低级别风险到高级别风险所采用的处理方式分为风险回避、损失控制、风险自留和风险转移。

风险回避主要是在风险较小或初发阶段以一定的方式中断风险源，使其不发生或不再发展，从而避免损失。在采取风险回避这一对策时，有时需要付出额外成本，但这些成本比风险本身造成的损失要小得多。损失控制则是一种积极主动的风险对策，是风险控制中主要的且最重要的措施。损失控制又可以分为损失预防和损失抑制，损失预防的主要作用在于降低或消除损失发生的概率，而损失抑制的主要作用在于降低损失的严重性或者遏制损失的进一步发展，使损失最小化。风险自留就是将风险留给自己承担，风险自留既不改变风险发生的概率，也不改变风险潜在损失的严重性。相比较其他风险控制措施而言，风险自留主要针对的是那些发生的概率比较小，风险发生后所造成的损失不算大的风险。在应用风险自留时，应该事先制订损失的支付计划，同时应考虑为该计划如何安排。风险转移就是指无法避免风险发生，必须承受风险损失时，通过转移风险或改变风险受体的一种措施。风险转移的理论基础在于风险的分担原则，即任何一种风险都应该由最适宜承担该风险或最有能力进行损失控制的一方承担。因此，合理设计风险的分担比例会取得双赢或者多赢的结果（孔可莹和马丽娜，2009）。

从风险治理的本质来讲，在不计成本投入的前提下，所有风险都可以得到有效控制，治理成本与风险发生概率或损失是需要衡量的一对矛盾体。于是，在风险管理过程中都需要考虑两方面的问题，一方面是风险最大程度降低的最优措施，另一方面则是实施最优措施的成本。如表 5－2 所示，在制定城市化的土地资源利用风险响应措施时，首先应该明确风险管理的目标为城市化土地资源利用风险最优管控，并在此基础之上建立风险发生概率降低、风险造成损失减免、风险控制措施实施成本减小三个准则层，不同准则层之下，形成由若干措施组成的方案层。不同准则与方案之间的重要程度需要通过专家意见构造判断矩阵，在此基础之上通过判断矩阵运算计算出各方案对于决策目标的相对权重大小（邓建高等，2010）。

表 5-2　层级式风险响应机制模型

目标层	准则层	方案层
城市化的土地资源利用风险最优管控	风险发生概率降低	降低土地利用强度
		降低城市化发展对土地利用的压力
		优化土地利用模式
		……
	风险造成损失减免	防止土地闲置
		人造工程设施防治
		额外资金支持
		……
	风险控制措施实施成本减小	优化风险控制运行体系
		分解风险
		早期介入控制
		……

　　总体来讲，城市化的土地资源利用风险预警机制就是由风险识别、风险监控与风险响应三者相互组合所构成的风险管理与处理机制。在识别城市化发展中的土地资源利用风险类型、风险源及发展变化规律的基础之上，对城市化影响重大的高风险需采取重大风险监控措施，而一般中低风险采取日常监控措施，隶属于不同风险监控系统的风险在进行处理过程中也具有不同的响应处理方式。日常监控类的风险需要长效监控，以制定合理的城市化发展方式为主，减小土地资源系统的压力，从而降低风险发生概率；重大风险则需要短时准确监控，重点通过城市化与土地利用相互作用规律，对重点领域进行重点监控和治理，以准确预测、减低风险损失和减小风险控制实施成本为主要管控手段。风险预警机制只有在风险识别—风险监控—风险响应三者之间良好运行，才能够防患于未然，将已发生风险控制在一定影响程度之内，将已经发生的风险所造成的损失降低在较小范围以内。

第三节 城市化的土地资源利用风险规避机制

风险规避机制是指通过有计划地变更来消除风险或风险发生的条件，保护目标免受风险的影响。风险规避并不意味着完全消除风险，而是在风险发生前后最大限度地降低风险发生的概率和风险可能造成的损失。所以，风险规避的策略具有两个方面：一是通过事先的控制措施，干扰或破坏风险的生成条件和发生路径，从而降低风险发生的概率；二是采取事先控制方式，以预防性的手段将风险损失降低。而对于不可避免的风险，发生之后采取弥补措施，最大程度挽回风险损失，从而降低风险影响。从风险管理来看，风险管理措施包括风险规避、风险控制及风险转移。根据城市化的土地资源利用风险的特点，从事先控制和事后控制两个角度，提出转变城市化发展方式、合理设定风险控制指标体系、严格执行城市化的土地资源负效应消减措施和强化土地利用监督与规范机制等方面进行风险规避，尽力使风险发生的概率降到最小，损失程度降到最低（刘新立，2006）。

一、转变城市化发展方式

根据城市化的土地资源利用风险的形成，城市化发展方式不合理是导致大量城市化的土地资源利用风险源产生的主要原因。因此，转变城市化发展方式就是从遏制风险源角度，减少城市化过程中产生的风险源。合理的城市化发展方式能够从本质上促进城市化与土地资源利用之间良好协调关系的建立，提高土地资源系统自身抵御风险的能力，从而降低土地资源利用风险发生的概率。转变城市化发展方式主要应该从城市化发展的内涵和外延进行考虑，注重以城市化发展方式转变带动土地利用方式转变。

（一）新型城镇化发展

相对于传统的以物质资本大量投入为驱动力的城镇化发展模式，新型城镇化更加注重于以人为本、创新驱动和可持续发展，注重于构建区域经济和产业空间布局紧密衔接的城市空间格局。转变以往以城市实体空间扩张为主要驱动力的空间推动发展模式，而是以区域内部城市群为工业化、城镇化的重要载体，从城市化发展空间上形成以城市群为主体形态，大、中、小城市与小城镇协调发展的布局模式（刘兴云，2013）。空间发展将主体转向发展效率较高的核心城市，从而大量减少中小城市的土地资源利用效率低下和土地资源浪费问题，而大城市土地资源利用强度过大与土地污染情况则能够通过经济和产业创新机制控制，以新型工业化和新型信息化的要求，推动产业结构的升级，减小土地资源等物质投入量。同时从城市群的空间尺度，通过城市群内部城市间的合理分工与资源配置，可以大大降低核心城市的发展密度，从而缓解城市发展对土地资源过大的压力，减少对土地资源系统结构和功能的破坏，逐步恢复系统自我调节功能，从而提高土地资源系统抵御风险发生能力。总之，新型城镇化将会使城市化的"物化"更多地转向"人化"，将会加快土地城市化向"人的城市化"转变。

（二）城市化发展转变下的产业结构升级

城市化与工业化具有相互促进的关系，城市内部产业结构升级与空间再造是产生城市化的土地资源效应的主要原因之一。土地资源效应如何在正负效应间进行转换是由城市化发展下的产业结构升级所决定，所以，城市化发展方式转变从而引发城市产业结构升级是改变土地资源效应，特别是产生土地资源正效应的有效方式。传统的工业化推动城市化发展的模式，导致城市产业形成以重工业为主的产业结构模式，而随着城市化的发展和第三产业快速增长，近年来各大城市普遍实施的"退二进三"战略效果明显，通过土地运作，获取了更多的土地效益并提高了土地利用效率，城市产业结构升级所带来的土地资源正效应显著，同时改善了城市内部的生态环境。但是，"退二进三"不是完全意义上的产业结构升级，只是进行了产业发展空间的置换，所以并没有彻底淘汰落后产业，只是转移到城市外围，是将土地资源利用风险的转移。

通过丰富城市化发展内涵的方式，以技术创新为基础，实施新型的工业化、信息化和农业产业化，从本质上提升产业结构水平，不仅能够确保未来城市第三产业的主导地位，彻底淘汰落后产业对城市环境造成的影响，提升土地利用效率，并且现代服务业与新型工业的发展能够产生创新城市空间的作用，信息化下的新型城市空间将会改变传统的城市空间发展模式，从而引导城市土地利用方式的改变。弱化传统城市化发展中的有形物质资本，强化信息、资金等虚拟资本，从实质上改变城市化发展过程中对土地资源过度开发以获取物质资本的需求，降低土地资源系统所承受的外部压力，使土地资源系统恢复和保持原有系统功能，从而使土地资源抵抗风险的能力得到加强。

（三）城市化发展方式转变下的城市空间有机更新

长期以来，传统城市化发展方式注重城市物质资本的投入，城市土地资源作为重要的物质资本被大量投入，在这一发展模式下产生了城市空间蔓延等土地资源粗放利用问题，造成了土地资源的浪费与大量优质耕地资源被占用，具有潜在社会风险和经济风险。城市化发展方式转变后，物质空间投入被弱化一方面降低了土地资源的占用量，提高土地资源利用效率；另一方面可以利用新技术对城市空间进行更为合理的空间组织，通过城市群这一更为广域的空间载体有效协调和合理分工，疏解大城市人口，避免单个大城市空间蔓延的产生。

城市化发展方式转变之下，土地城市化转变为"人的城市化"，使城市化发展从外延向内涵转变，注重外来人口的城市融合并提高城市居民的生活质量，城市空间的发展开始注重优美环境塑造与原有城市空间的更新，并且这种更新体并不是单纯的"拆旧建新"，而是体现在对原有人文历史发展脉络的尊重、对自然环境的保护、与自然环境的结合，因此是一种有机的更新过程（王国平，2012）。原有城市空间通过现代技术的改造增强了空间的承载能力，提高了土地的利用效率，内部城市空间潜力的释放也降低了城市发展对外部空间的需求，减少占用其他非建设用地。总体来讲，在城市化发展方式转变之下，城市空间的有机更新会从内外两方面缓解城市空间无序蔓延问题，将传统城市化发展主导下的粗放式土地利用模式转变为集约化土地利用模式，从而减小土地资源数量急剧降低的问题，避免土地资源短缺风险的发生。

二、合理设定风险控制指标体系

合理风险控制指标体系是在风险监控与响应措施基础之上建立的风险预警与损失控制相结合的风险控制系统，以长时期的城市化发展与土地利用监控数据为基础，从数据中得出相应的发展规律，并以城市化与土地资源利用协调发展状态为目标状态，实施协调状态下的城市化与土地资源利用的指标控制。同时，对已经出现土地资源利用风险的情况，结合风险评估要素，建立控制风险进一步扩大的指标体系，两者相互结合，从而构成能够合理控制风险的指标体系。

协调的城市化与土地资源利用状态是由城市化发展状态和土地资源属性共同决定。而城市化的土地资源利用风险影响程度是由城市化产生的诸多风险源、土地资源和最终风险造成的损失共同决定。因此，无论是协调状态的目标值，还是风险大小的影响要素，都与城市化和土地资源两者的相关指标密切关联。也可以说，设立风险指标控制体系就是调控诸多城市化与土地利用的指标。但是，由于城市化发展和土地资源利用涉及诸多指标，无一遗漏的建立控制指标体系可能性较小，所以应该选取最为典型和关键的指标进行控制，从而达到指标易得，实施简便的目的。

　　结合土地资源利用风险评估三要素，同时从城市化发展调控出发，指标体系的构成分为两级指标，一级指标即表征城市化发展的风险评估三要素（土地资源、土地资源利用状态和损失）的总体状况的指标，这三个方面对城市化的土地资源利用风险产生具有决定作用，二级指标即为详细刻画一级指标的众多分项指标。分项指标之中又分为正、负向指标和合理状态指标体系，其中正向指标以控制下限为标准，负向指标以控制上限为标准，合理状态指标以区间值为标准，在一个大小适宜的范围内控制，如人均建设用地面积、城市化增长率、城市人口增长率、建成区面积增长率等（见表5-3）。总体来讲，每一区域的发展基础与发展过程都不相同，因此指标控制体系中每一个具体指标值对于不同区域也有所差异，因此，制定相应指标值时需要根据长时期区域内城市化发展的实际运行规律进行，形成符合区域发展实际的指标控制体系。

表5-3　城市化的土地资源利用风险控制指标体系

一级指标	二级指标（指标属性）
城市化发展	城市化增长率（合理状态）
	城市人口增长率（合理状态）
	工业产业增长率（正向）
	经济总量GDP（正向）
	工业"三废"排放量（负向）
	生活垃圾量（负向）
	建成区面积增长率（正向）
城市土地资源	人均建设用地（合理状态）
	人均绿地（合理状态）
	建成区面积（正向）
土地污染防治	垃圾处理率（正向）
	污水处理率（正向）
	固体废弃物处理率（正向）
土地损失	土地闲置量（正向）
	塌陷区面积（正向）
	占用耕地量（正向）

三、严格执行城市化的土地资源负效应消减措施

在前文已经提出，城市化的土地资源负效应的表现形式主要为土地污染、城市蔓延和土地生态系统破坏。城市化的土地资源负效应与土地资源利用风险具有密切的关联性，因此通过城市化的土地资源负效应的消减与转化能够有效避免土地资源利用风险的产生，从而达到规避风险的效果。在控制城市化的土地资源负效应时主要是针对负效应的表现形式对不合理的城市化发展方式进行约束，在土地资源生态系统能够承受的范围之内进行土地的开发与利用。

（一）土地污染的治理

城市化中的土地污染主要是由人类各种生活和生产活动过程中向土地中排放的废弃物和有毒污染物造成。因此进行土地污染的治理主要分为两个方面的任务：一是控制污染土地的面积进一步扩大，另一个是对已被污染的土地进行生态恢复。控制污染土地面积的进一步扩大主要是治理城市化过程中的废弃物，严禁废弃物的直接排放。废弃物无害化处理与控制废弃物排放总量是有效减少土地污染的措施。废弃物的无害化处理需要在生产和生活中实施严格的环境保护措施，工业"三废"和城市生活垃圾都需要进行生态环保处理之后才可以进入土地生态系统，需要国家建立土壤污染立法，明确土壤污染在各方面的法律责任，通过严格的处罚措施迫使城市化中的各种污染土地行为改正。对于已被污染土地的治理就需要通过各种生物、化学和环境工程的方法，对土壤中的有害毒物进行处理以达到安全水平。但是污染土地的治理是一项复杂且成本较高的工作，所以在治理的过程中需要以政府推动为主、配合市场机制、引入私有投资进入土地污染治理和开发。

（二）城市蔓延的遏制

遏制城市蔓延的主要目的就是改变城市空间扩张过快、对城市外围土地占用过多的发展方式，解决由于城市空间规模过大导致的诸多城市问题。从城市蔓延的外在表现来看，控制城市蔓延应该让控制空间增长和合理引导空间增长两个方面同时进行。控制空间增长主要是遏制城市蔓延时过快的空间扩张与土地占用，通过政府主导下的规划手段设定城市边界，设定城市建设用地总体规模，设立严格的土地保护制度防止土地资源被占用，属于一种刚性的目标控制方式。但由于城市化的不断发展，城市空间规模必然在一定时期内扩张，因此需要弹性的空间增长引导疏解对城市空间增长的需求。在空间引导上体现为通过合理的城市发展功能分区规划来引导和限制土地使用者的行为，避免最容易带来城市蔓延的单中

心增长情况的出现。在城市发展调控中则主要利用相应的财政和税收手段对不同城市空间发展机会与成本进行分级设定，有目的地通过政策引导城市空间发展方向（孙萍等，2011）。

（三）土地生态系统的保护

单纯追求城市化的经济效益，无节制地从土地生态系统中获取发展资源并排放大量污染物是造成土地生态系统遭到破坏的主要原因。因此，保护土地生态系统最重要的是建立城市化发展的综合效益最大化的观念，将经济效益、社会效益与环境效益统筹综合考虑，而非对经济效益的单一追求。同时，在追求城市化发展的经济效益时应该注重采用可持续的经济效益获取方式，不断提高城市产业结构水平，建立循环经济发展模式，最大限度地减少对土地生态系统的干扰作用。控制对土地资源的无限制高强度利用，在土地生态系统可承受的范围之内进行开发和利用，防止在追求土地资源正效应的过程中由于超出土地生态系统可承受的范围而转变为负效应。另外，在城市化发展中城市基础设施要同土地生态系统保护工程一起建立。只有在具有约束力和保护力的控制体系之下，城市化发展才会最小限度地减小对土地生态系统的破坏，并且使土地生态系统能够通过自身的修复功能正常运转。

四、强化土地利用的监督与规范机制

土地利用混乱和不合理是土地利用风险的根源之一。土地财政的存在导致政府具有较强的征地意愿，这极易导致土地利用粗放、城市的空间规模越来越大等。房地产开发商在土地开发中以追求经济利益为目标，采取囤地倒卖的方式以获取高额利润，这是导致土地闲置、土地浪费的根源。大量土地闲置不仅加剧了城市土地供需矛盾，而且成为大城市房价居高不下的重要推手。因此，控制土地利用的混乱是防治土地利用风险的主要对策，而控制土地利用混乱的主要方式是通过严格的土地利用监督与规范机制，对土地资源的开发利用进行合理的规划，通过专家的论证、信息的反馈和土地利用规划的修编，借鉴发达国家在相应城市化发展阶段的土地利用制度，不断完善和制定我国相应的土地利用规划制度或法规，达到调控土地利用、控制土地风险、促进社会经济的可持续发展的目标。

（一）强化土地利用规划的法律效力和约束力

发达国家编制土地利用规划，一般依据相关法律，再由专业部门组织专家参与调研，提出几个不同的规划方案。这些方案会在一段时间内以不同方式交给规划区公众讨论，听取公众意见，然后根据公众意见再进行修改，确定规划方案，最后交由规划区的议会审定批准。议会一旦通过,规划就具有法律效力,具有很强的约束力,政府和民众必须执行,不能对土地利用规划进行修改。因此,发达国家编制、审定的规划权威性和约束力较强。在我国,土地利用规划总体来讲愈发严格,但是无论其编制过程、修改和立法等都缺乏应有的权威性和约束力,一些地方政府通过各种方式在公共利益、政府利益和开发商利益上随意变更和取舍,损害了土地利用的科学性和权威性。所以,发达国家编制规划经验对提高我国规划编制的法律效力和约束力起到一定的积极作用,也给规划部门和研究者研究提升我国土地利用规划的法律效力和约束力提供了参考依据(司马文妮,2011)。

(二)更加重视城市用地用途管制

重视城市用地用途管制是控制土地利用的有效方式,避免土地利用失控。美国利用分区管制来规范城市分区土地利用,通过划分用途分区控制城市土地密度和容积率,控制城市用地盲目扩张,用比较具体和细致的指标控制用途。为防止大城市发展对农用地的侵占,美国制定专门的农地用途保护,划定农业保护区,确定保护范围,利用经济手段进行调节,并通过法律加以保护。英国土地用途管制严格控制开发者发展权,通过规划部门、农业部门和环保部门三者间权力制约的土地用途管制手段来限制土地开发商,严禁土地开发活动过度占用农地。日本在农用地保护方面的制度在世界范围内都是比较严格的:一方面,日本通过对农地分类、分位置、分质量、分用途地实施用途管制,规定农业振兴区范围内优质农地不能随意转作他用等;另一方面,日本强调选择城市化发展方式要与本国人多地少的国情相适应,充分发挥城市集约用地优势,尽量减少农地占用。我国近年来在土地用地管制方面的力度越来越大,基本农田保护、主体功能区等被应用到国土空间管制之中,这些制度的核心在于不能随意改变农用地的用途,对于农用地的保护已经非常严格,但对城市建设用地的用途规范和控制较弱,控制性详细规划并没有完全覆盖到城市建设用地,土地只有在进行经济交易时,才需要从经济角度进行编制,导致了对于不同类型用地的控制不完全具有指标控制体系。对公益性用地与商业性用地、居民住宅用地与城市公共建设用地应该采取不同的用途管制,这些方面的用途管制还应该再加强。

(三)选择配套相应的土地整理制度

土地资源的利用与城市化进程息息相关。随着城市化的持续发展,人口向城市集中,城市经济迅速得到发展,政策制定者也开始认识到利用土地资源的必要性。与这种变化相对应,针对城市化制定出土地利用制度,城市化发展过快或者过慢对土地资源利用都是不利的。应该保持城市化与工业化同步发展，结合产业发展结构，匹配土地资源利用结构，及时合理调整城镇发展速度及规模，使城市化发展速度和土地资源开发与利用的合理范围相适应。这就需要建立土地整理的法律制度，从土地整理规划、资金审批、土地整理所涉及的权利保护和收益分配，特别是土地管理巨额资金的审批、使用、管理、监督以及新增土地的收益分配等方面要建立专门的土地整理法律，完善《中华人民共和国土地管理法》中对土地开发整理和土地复垦的相关规定，专设土地整理规章，尤其是对城市化发展中土地征用的相关环节，进行严格规范，从制度的更新中，提高土地整理效益和城市土地利用率。

土地整理过程中，在涉及公共利益、土地征用、补偿标准、安置办法等方面时，应充分利用第三方评估机制和监督机制，解决政府在征地中既是运动员又是裁判员的问题，以避免土地整理或司法裁定时地方法院受地方政府干扰，农民利益难以保障的问题，从根源上解决在征地领域农民和地方政府对立的矛盾。以第三方评估机制为主体，建立起更加公平、有效和科学解决征地争端的土地整理制度是现代土地整理和评估的先进方式，能够更加发挥出第三方评估和监督的作用；利用其中专业化和影响力专家，能够更好地发挥第三方的专业性和公平性；通过第三方评估机制，解决在城市化进程中大量土地整理矛盾问题，依据事实或合约，以协商调节为主要手段，按照公平、公正、透明、合理的原则，独立、公正地做出对双方当事人有约束力的裁决（司马文妮，2011）。

第四节 城市化与土地资源利用协调机制

城市化的土地资源利用风险的产生与城市化和土地资源利用之间关系的不协调有密切的关系，由于两者之间作用的复杂性，不协调的关系产生的概率比较大，也增多了城市化进程中土地资源利用的风险源，导致风险产生的基础面增大。所以协调机制的建立就是从根本上理顺城市化与土地资源利用的关系，从根源上消除因两者关系不协调而产生的风险源，降低或避免风险的产生。城市化与土地资源利用协调机制是整套风险防范机制——预警机制、规避机制和协调机制中最基础和核心的机制，能够从本质上对风险的产生起到决定性作用。同时城市化与土地资源利用关系的协调是城市化发展的核心目标之一，涉及的领域比较多，所以协调机制的建立就需要从制度安排、时空引导和新关系的利用上进行统筹安排，最终完成关系的调整和协调。

一、顶层设计机制

城市化发展与土地资源利用的顶层设计机制主要是通过自上而下的调控政策将城市化发展中涉及土地资源利用的各方面、各层次和各要素进行统筹规划，以上层相关部门的管理协调与部门整合为管理实施手段，从而集中有效地管理资源，实现土地资源整合和资源优化利用，并优化城市化发展，从而协调城市化发展与土地资源利用的关系。

（一）顶层设计的构架

协调城市化发展与土地资源利用的顶层设计总体构架包括城市化发展与土地利用两个方面，两个方面相互联系、相互影响，缺一不可。城市化是一项极其复杂的人类社会发展活动，针对城市化进行顶层设计时需要涉猎的内容非常复杂，从城市化与土地利用的关系角度来考虑，主要涉及对城市化发展方式、过程和目的中如何定位人与地关系。因此，从这三个方面出发，进行城市化顶层设计的逻辑思考首先应该明确城市化发展的目的是可持续的城市化发展，让人在城市化进程中享受到城市化发展所带来的成果，所以在城市化发展过程中应该注重以人为本，不能为片面追求物质成果而过分强调城市化发展的速度，从而能够避免因为发展速度过快带来的各种负面影响。所以，应该采取可持续的城市化发展方式，即在尊重土地资源系统自身运行规律的前提下，有节制地从其中获取发展资源的城市化发展方式。这主要是通过产业结构的升级和信息化的发展实现。目前，我国正在着力实施的新型城镇化即是一种国家主导下的对城镇化可持续发展的顶层设计，切实将这一制度贯彻实施，必将大大减少城市化发展对土地的依赖性，缓解两者矛盾。

进行土地利用的顶层设计旨在实现土地资源的整合和土地资源最优化的利用。从这个方面来讲，顶层设计的主要内容是国土空间管制和改革土地资源合理的利用和流转的制度。国土的空间管制首先确定了各类土地利用的红线，从总量和空间上确定土地资源可开发范围和不可利用范围，确保土地资源宏观利用不偏离科学合理利用的方向。改革土地资源利用和流转制度，就是在国土空间管制可开发的范围内，通过市场和政府的调控，最大限度地合理配置土地资源。在土地市场方面，实施不同土地权属和不同类型土地资源间的整合，通过合理的土地流转制度的建立，发挥市场对土地利用的调节作用，避免土地资源的浪费和价值损失。在政府调控方面，从我国的发展实际出发，做好顶层设计，对现有土地制度进行改革和完善，特别是集体土地的使用与流转方面的改革，试点集体土地通过合理的权属制度进入市场，既保证集体土地的权属性质不违背我国的基本土地所有制，同时又能够释放土地的经济效益，增加农民的收入，进一步释放潜在的农村人口进入城市，从而推动城市化的进行（潘海啸，2012）。

（二）顶层设计机制的运行

顶层设计具有顶层决定性的特征，是高端向低端展开的设计方法，核心理念与目标都源自顶层，我国的顶层设计是由政府组织的自上而下的政策组合。顶层设计机制能够正常运行的前提是政府能够制定合理的顶层设计并组织其往下层次实施（何军，2013）。

城市化发展涉及大量要素和社会层面，从要素分类来看，我国国土、人口、户籍、财政、民政等多个职能部门与城市化发展具有直接关联。所以，顶层设计过程中就需要以国家层次将这些部门有机衔接，统一协调。通过具有可操作性的部门合作措施，将限制城市化发展与土地利用协调关系的种种行政壁垒取缔，建立运行高效的行政机制（见图5-3）。在机制运行的过程中，需要各部门间、部门与地方政府间、各地方政府间形成良好的合作关系，才能够将复杂的问题分层次地逐步解决。具体来讲就是在国务院主导下，八个部委间合理分工协作，通过相应的制度改革与发展战略引导，最终通过地方政府和部门的落实，整个顶层设计才能完整实施（徐代云和季芳，2013）。

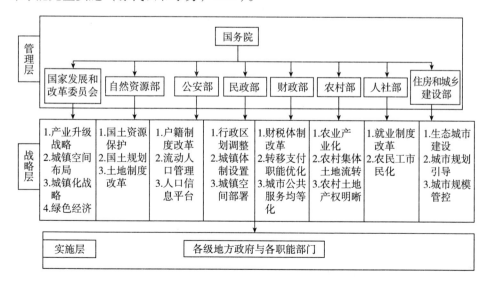

图5-3　城市化发展与土地利用协调的顶层设计运行机制

二、空间协调机制

城市化是一种地理空间现象，由于发展空间的下垫面基础不同，城市化的发展体现出空间发展不平衡性和异质性的特征。空间协调机制就是解决城市化空间不均衡带来的城市规模结构和空间结构不合理问题。通过空间协调解决中心城市因为空间规模过大而带来的交通拥挤、人口稠密和环境污染问题，并且通过合理的城市化空间均衡发展，促进中小城市的发展，从而形成合理的城市规模体系结构，在广域空间上形成更合理的大中小城市空间结构，从而从整体上促进城市化的发展。

（一）城市化空间的协调模式

从宏观区域的层面来看，城市化空间表现为点状或面状的地域单元，具有由点状向面状发展的特征。多个点状空间串联之后形成轴线空间，而面状空间串联在一起之后则形成连续或连绵区，即城市群。因此，城市群是城市化空间发展的高级阶段。城市化空间的协调就是将点、线、面状的空间单元进行合理组织、有效组合，形成的经济社会发展高效空间载体。目前，城市群是我国工业化、城镇化最为集中和重要的发展载体，基于我国人口资源分布实际，利用城市群进行产业支撑、人口支撑是一种合理的城市化空间发展模式，形成以城市群为主体形态，大、中、小城市与小城镇协调的城市化空间是我国未来发展的客观选择。将单个大城市空间发展规模过大的问题通过在城市群进行平衡协调，既有利于大城市的健康发展，同时也有利于发展带动中小城市。城市群作为各类城市化发展要素和基础良好的区域，能够尽快完成产业结构的升级与创新，引领区域经济的革新，有利于整个城市化发展对外部环境压力的减弱，形成协调的发展局面（陈才，2004）。

按照中心地理论，区域中城市的发展总是会在中心城市带动之下，使周边城市呈现具有一定规律的空间分布和城市发展格局。周边城镇的分布依据不同的主导因素，形成不同的分布格局，中心地理论提供了市场原则、交通原则和行政原则下 K = 3、K = 4、K = 7 三种城镇空间布局模型。中心地理论提供了中心城市与其他城市之间的相互关系的理论模型。通过世界主要的六大城市群发展共同点可以看出，现实城市群的发展均以某一中心城市为核心，通过便捷的交通网络将周边数量不等的下一等级城市连接在一起，形成空间联系紧密的城镇群体，与中心地理论对于城镇空间分布特征的模拟十分相似。在城市群内部，大部分城市都会同时受到来自更高一级城市的影响并带动比自身级别更低的城市，由此导致一方面在城市群区域内部由于高级城镇的影响，不断出现低级别的小城镇，城市用地比例不断上升，在城市密集度的提高与城市自身规模的扩张共同作用下，城市群内逐渐呈现城市用地的连片性；另一方面，城市群的边缘城市会不断对周边小城市产生影响，形成以自己为中心的新的中心地城镇体系，由此实现了城市群整体规模不断向外部扩张。

同时，中心地理论也可以用以对城市群整体规模进行控制，这主要体现在以下两方面：第一，次一级中心地城市并不会凭空产生，次级中心地的发展必然会承接高一级中心地的部分产业、资本、人口和劳动力。这种产业和人口的转移可以帮助高级中心地城市提升产业结构，将空间留给利润和生产效率足以支付更高地价的产业，通过产业转移，淘汰自身不需要的产业到次一级中心地，与此同时次一级中心地具有承接高级中心地产业转移的空间，会积极地承接产业的转移，这就避免了大量产业无休止地向高级中心地聚集，有效降低了单个城市用地面积的扩张。第二，城市的发展和诞生呈现等级递推的特征，离最高级中心地城市的距离越远，新产生的中心地级别也就相对较低。如果没有其他外界因素，城市群边缘城市的扩张速度会较慢，扩张幅度也较低，避免了城市群规模无休止扩张导致超大规模城市群的出现。因此，对于城市化空间协调发展就可以利用中心地理论，在遵循每一单个城市发展的基础上，畅通各个城市之间的联系通道，将城市化的空间从城市导向区域，实现整个城市化空间的区域协调，并且实现城市化空间规模的控制。

（二）城市化空间平衡的控制

增长极理论已经表明经济的发展不会均匀地出现在每一个地方，而是首先会出现在发展条件较好的地方。城市化空间作为一种经济社会发展活动，也必然遵循这一发展规律，因此城市化空间发展不平衡是必然的。但是，如果出现城市化空间发展的极不平衡，则需要通过必要的控制手段进行调整。在城市化发展的初期，通过推动少数大城市的发展从而带动区域整体发展是有效而快捷的城市化发展途径，这一时期的空间发展调控策略就是促动各类要素向大城市集聚。当大城市发展到一定规模之后，由于存在追求市场经济效益的力量，城市的规模会不断变大，虽然存在经济利益，但是社会和生态效益则会不断下降，导致诸多城市问题的产生，因此需要进行有效调控。主要的调控手段为通过各种制度限制大城市发展、促进其他中小城市发展、引导城市化的空间由少数点向多个点分散的平衡发展等。为了能够继续发挥大城市的带动作用，应该首先发展大城市周边的中小城市，最终形成以大城市为中心的城市群。

城市群通过多元化的产业分工体系，构建起中心城市与其他城市分工合理的职能结构，而不是将产业的发展集中在少数的大城市内，应将发展机会通过城市间的流通机制，合理地运转到城市群内最为合适的城市内，形成以城市群为空间单元的产业分工体系。同时，由于城市群是由多个行政主体构成的空间非政治单元，建立城市群的协调发展机制和协调机构尤为关键，所以应解决多个主体发展中存在的缺乏统一、协调、有效的规则问题，制定和执行统一的具有权威的发展规则。国外城市群虽然实行完全自由市场经济，区域协调机构大多为由官方、企业和民众参与组成的松散的非官方或半官方性质的机构，但它们具有两方面的权力，即审查地方规划的权力和审查具有区域影响力的重大基础设施项目的权力，从而对下级规划保持较强的指导或指令性，具有一定的权威性作用。我国目前建立的城市群协调机制和机构仍然以合作为主，除国家重点发展的少数城市群设有管理机构外，其他仍是非强制性的合作组织，尽管具有官方性质（如市长合作论坛），但往往由于不具权威性而发挥作用有限，所以应该在国家大区域管理的基础上，建立城市群的协调管理机构（邹兵和施源，2004）。

三、阶段调控机制

城市化具有自身发展规律，城市化的总体发展进程在全世界范围来看呈现出"S"形的发展规律，即低水平低速发展的初期阶段、加速发展的中期阶段和高水平稳定发展的后期阶段。城市化的发展规律具有普遍的指导作用，并且对于探究城市化发展中的问题提供了较好的诊断工具。特别是在问题多发的城市化快速发展的中期阶段，需要通过合理的调控手段进行必要干预，才可以将发展中的问题和发展中存在的风险降到最低程度，顺利进入发展的高级阶段（黄娅雯和崔显林，2011）。尤其是在我国特殊的经济和社会发展背景之下，处于高速发展阶段的城市化更需要调控各类发展要素的关系，协调城市化发展与资源环境的关系，避免陷入拉美国家的"中低收入陷阱"。

（一）不同发展阶段的调控策略

城市化具有自身发展规律，不同阶段表现出不同的发展特征和问题，因此在进行调控的过程中也需要制定不同的调控策略。具体来讲，依据城市化发展的三个不同阶段，制定不同的阶段发展任务。

在低水平低速发展的初级阶段，城市化发展与土地资源的关系属于温和型。由于城市化发展水平低，城市化发展对土地资源造成的压力不大，因此不用额外进行调控介入，只需要遵循城市化发展的原有规律，积累社会与经济发展基础，循序推进城市化发展即可。但从世界城市化发展的经验教训来看，如果能够在城市化发展的初期就建立起可持续发展的理念，摒弃以经济增长为中心的发展理念，避免大规模地干扰自然环境，减少土地资源依赖，减少土地污染等，可以极大降低城市化对外部资源的压力积累，减少后期城市化发展过程中的土地资源压力，避免许多城市化带来的负面问题。

在加速发展的中期阶段，城市化的快速发展需要大量土地资源投入作保障，城市化对土地资源的压力巨大，造成大量土地资源利用方面的问题，因此这一阶段是实施调控的重点阶段，是强力措施介入的关键时期。这一阶段要秉持的发展理念是不能片面追求城市化速度的增长而忽视城市土地利用存在的压力，需要解决城市化发展中资源要素投入比例过高的问题，需要将城市化的发展方式由粗放型向集约型转变。同时，在出现土地利用风险时，需要对较高的城市化发展速度进行减速调控，特别是由于房地产开发热潮而出现的城市空间扩张过快问题要重点调控，要同人口城市化相结合，确定土地供应量，降低各类土地利用风险源。这一阶段的调控非常重要，如果在这一阶段，不合理的问题不能够进行适时转变，则城市化发展速度会因土地资源要素的约束而被迫降低，并出现大量社会和经济问题。

在城市化的高水平稳定发展阶段，城市化发展速度逐步稳定，并且发展速度会下降，因此土地资源的压力会大大降低，又回到一个较为温和的水平。这一阶段由于城市发展非常成熟，所以并不需要额外对城市化发展速度进行人为调控，只需要继续遵循城市化的发展规律，通过高效率的发展方式维持高水平的城市化水平即可。但是，在这一阶段仍然需要对城市化的发展方式进行不断的改进和创新，在物质类资源有限投入的前提下，通过科技和信息要素提升城市各方面的发展效率，维持城市化的高水平运行。同时也要实时监控城市化对外部资源环境的影响，避免出现意外风险。

（二）城市化发展速度的弹性控制

城市化发展虽然遵循自身的发展规律，但是发展速度是由各类发展要素共同作用而决定的，最终发展速度是由发展要素中的最小值决定，即"短板效应"。超出发展要素所能承受的最大范围之后，城市化发展将会面临一系列的发展矛盾。目前，我国的城市化发展不仅面临着一个最"短板"资源的限制，同时多个主要资源也面临短缺，产生共同约束力。因此，需要合理调控城市化速度，设定弹性的城市化发展目标而非终极目标。

弹性控制城市化发展就是以城市化发展的各类资源要素为基础，设定以资源支撑能力为基础的城市化发展目标，特别是要以土地资源、水资源和环境容量为支撑城市化发展的最基础依据。由于技术进步因素的存在，虽然资源的绝对量不会增加，但是相对量却可以不断提高，特别是随着技术进步，环境容量值的提高比较明显。技术因素的介入也会大大改变城市化发展的根本方式和形式，因此，在城市化发展速度目标的设定中，要充分考虑发展目标的动态变化特征，要能够适应外部要素的变化情况。

同时，弹性的城市化发展也应当同国民经济发展相协调。城市化发展与国民经济具有相互促动的关系，并且具有协同促进的关系。两者如果出现不协调关系，则会呈现出相互阻碍的状况。如果城市化速度过快而国民经济发展滞后，短期内大量的人口进入城市，那么国民经济发展就无法提供充足的就业机会和社会保障服务，城市的就业、生活面临巨大压力，产生大量的社会问题，反过来会阻碍城市化的发展。国民经济发展快，而城市化发展缓慢，则会因为城市规模小，人口总量少，无法满足国民经济对人力的需求而不得不削减产业项目量，拉低国民经济发展速度。如果两者水平相当，国民经济水平的提高推动更多人口来城市就业，提升城市化水平，更多的就业又会带动更快的国民经济发展速度，出现相互促进的局面。

四、创新发展机制

(一) 城市化发展方式创新

党的十八届五中全会上提出了创新、协调、绿色、开放、共享"五大发展理念"，并把创新提到首要位置，指明了我国发展的方向和要求，代表了当今世界发展潮流，体现了我们党认识和把握发展规律的深化。同样，在城市化进程中，创新发展也是新型城市化的首要任务，通过转变城市化发展方式，推进城市治理体系和治理能力现代化。随着城市人口越来越多，居民对城市的多元需求越来越大，对需求的质量要求越来越高，而城市有限的供给能力导致供需矛盾越来越突出。解决这一矛盾的关键在于创新城市化发展方式，建立起城市化发展中新的经济观点、新的产业经济、新的经济模式和新的财富意识。顺应全球市场一体化、企业生存数字化、商业竞争国际化的方向趋势，以互联网、知识经济、高新技术为工具，以满足消费者的需求为核心，实现新型城市化发展。城市化进程中，要充分利用好新经济政策，顺应新经济发展潮流，创新发展方式。利用"互联网＋"的概念，将数字经济同实体经济的发展相结合，不断接纳经济发展的新形态，以包容的姿态承接新时代经济。通过新技术，解决原先由于技术"瓶颈"

而无法实现的城市资源配置不合理问题，通过实时的大数据反馈和管理，整合线上和线下两种资源和服务，实现零边际成本，充分利用现有资源和闲置资源，避免资源浪费，提高资源利用效率。

（二）土地利用方式创新

城市化进程应遵循创新、协调、绿色、开放、共享"五大发展理念"，要利用各种经济技术手段，在既定的城镇空间范围内，根据社会经济可持续发展的要求，进行建设用地整理，创新土地利用方式，协调城市化发展与城市生态环境的关系。通过调整用地结构，促进土地利用的有序化和集约化绿色发展，促进土地配置效率和利用效率的提高，使地上承载的产业要素高端化，最终提高其经济承载力。通过土地利用技术的提升，改变土地利用的形式，从而增加土地利用的广度，变相增加土地资源可用量，提升土地参与经济发展的能力。土地要素是城市化发展的基础，但不可能长期靠资源的粗放投入来发展，制度创新、管理创新、技术创新是未来城市化发展的根本。城市化创新型发展就应该通过产业的升级改造来实现，以土地的集约节约利用、技术创新、单位用地面积产值的不断提升来实现，从而实现技术提高推动土地利用方式创新，而土地利用方式的创新又反过来催生新的经济形式和新技术的局面，形成相互促进的新格局。

第六章 城市化的土地资源效应和土地利用风险评估方法

第一节 城市化的土地资源效应评估方法

"压力—状态—响应"（P-S-R）模型是联合国经济合作开发署（DECD）设计的一套生态环境评价指标体系，早期应用于生态环境质量的评价之中，之后不断完善，如联合国可持续发展委员会（UNCSD）提出"驱动力—状态—响应"（DSR）框架；欧洲环境署提出"驱动力—压力—状态—影响—响应"（DPSIR）指标体系，P-S-R评估体系被广泛应用于生态、环境、资源、区域开发、土地开发的影响评价中（张晓琴和石培基，2010）。该模型建立的要点是如何全面建立涵盖评估主体所处外部压力、自身所表现出的状态，以及为使评估主体达到更好的状态而采取的响应措施等一系列评估指标体系（魏菁华等，2012）。本书在建立城市化的土地资源效应评估体系的过程中，采用P-S-R模型的逻辑，将土地资源效应的评估概括为城市化发展因素所导致的土地资源利用强度水平、土地资源污染水平以及污染控制能力水平三个方面，并且为达到对于土地资源正负效应的区分，引入标准值域进行判定。

一、城市化的土地资源效应评估重点

城市化的土地资源效应评估从评估的全面性来看应包含城市化发展和城市化所引起的土地资源利用变化，并且两者在不断变动，两者的相互作用程度也在变动，并且在这种变动之中，效应发展具有正向和负向的区分。所以城市化的土地

资源效应评估的重点既要考虑全面性和变化性，同时要体现出正负属性。

（一）全面性

城市化发展涉及的方面比较广泛，所以在这个过程中引起土地利用变化的方面也比较多。只要涉及城市化发展所引起的土地空间载体变化的方面都需要进行评估，需要对城市化发展中引起的产业、居民生活、城市建设、环境治理等对土地会产生深刻影响的方面进行评估。准确来讲，毫无遗漏地将城市化影响土地利用的每个方面都包含在内并不现实，所以需要选择其中具有典型代表性的指标进行典型评估，以点带面地评估和衡量城市化影响土地利用的每个方面。

（二）变化性

城市化处于不断发展之中，对土地利用的影响也时刻在变动，所以需要在动态发展的基础上建立城市化发展评估体系以及由其引发的土地资源效应变化评估体系，才能够准确刻画城市化进程中土地资源效应的产生及变化。变动关系的评估一方面要涵盖表现各种变动率的指标，另一方面要通过长时间序列的变化研究，在时间序列中发现变化中的问题和规律，从而能够把握城市化进程中土地效应的变化特征，完成对变化的两个系统的评估。

（三）正负属性

由于城市化对土地利用的影响方面既有积极的正向作用，又有消极的负向作用，准确区分两方面的作用以此得出土地资源的正负效应也是评估的重点之一。特别是由于城市化的土地资源正负效应具有相对性、模糊性和变动性的特征，所以需要首先明确指标所表征的内在含义及刻画事物发展的正负方向，然后再建立城市化发展中表征土地资源利用的各类指标的标准值，利用标准值作为衡量正负效应的相对标准，利用正负方向和标准值的综合判断，最后才能实现正负效应的准确评估。

二、城市化的土地资源效应评估指标体系的构建

（一）城市化的土地资源效应评估指标体系构建的原则

由于城市化发展与土地利用以及进而产生的土地资源效应是一个双方互动演化的复杂过程，所以指标体系的建立必须涵盖城市化发展和土地资源变化两个独立方面，并能体现两者之间的相互作用关系。评估指标体系的建立就需要在统筹各方面独立性和互动性基础上构建。以此原则为导向，指标体系的建立着重以宏观性指标和基础性指标的选取为基础，考虑指标在总体方面能够评估和涵盖全面的作用，不遗漏重要的评估方面，需要奠定评估的基础内容，即指标选取要具有

一个宏观基础。在评估某一方面特性时，争取用最典型的指标以保证达到最优的评估效果，突出指标的主导性作用减少其他不必要的指标以免信息冗杂。搜寻指标作为基础工作，工作简单但工作量较大，我国快速城市化过程中各类统计指标多且口径不一，给指标的连续性带来较大困难。指标的选择要在可以完成研究需要的基础上，选择连续性强、口径统一、能够通过寻找或基本处理可以得到的指标，即指标的可获得性（张雷等，2004）。

（二）城市化的土地资源效应评估指标体系涵盖内容

在考虑和满足评估指标体系建立原则的基础上，借鉴相关学者在研究城市化发展、土地利用变化等相关研究成果的基础上（段海燕和陈英姿，2009），建立城市化发展指标体系下的土地效应评估指标体系（刘耀彬等，2005）。指标体系建立的过程中，根据所选择指标的数量、特征、可比性及相互作用关系，采用德尔菲法（Delphi）通过征询不同专家及专业人员的意见，依据各指标代表的含义及重要性、基础性程度，综合权衡确定各指标的权重（刘艳军等，2013）。

根据评估的第一方面重点，指标体系在建立过程中的逻辑思考是城市化的评估体系要体现出城市化发展的代表性，要体现城市化的内涵本质，包括人口、经济、社会和空间四个典型方面。而土地资源效应的评估要体现出广泛性特征，要涵盖城市化发展中影响土地资源变化的各个方面，包含城市化下土地资源的利用现状、土地资源质量水平，以及由于城市化发展可能导致的能够影响土地资源利用的各方面外在条件，包括积极影响和消极影响。于是在建立城市化发展评估的指标体系时，总共建立了四个方面评估内容，即人口城市化、经济城市化、社会城市化和空间城市化四大方面，涵盖城市总体规模、经济规模、生活质量、基础设施、科技文化水平等15个具体指标。建立的土地资源效应评估指标体系，总共包括三个方面，即城市土地资源基础水平、由城市化所带来的土地污染水平、由城市化所带来的土地环境保护水平。涵盖城市土地资源的主要利用类型、土地功能开发和土地污染治理能力等17个具体指标。

根据评估的第二方面，在重视变化性方面上，无论是城市化发展指标，还是土地资源效应指标的选取都重视比率指标和人均指标等能更好地随时间反映出变化的指标类型，减少总量指标这类绝对值较大且随时间变化不敏感的指标的选取。同时，所有指标在选择过程中都遵循可获得性和连续性，都能够寻找到较长时间序列的数值；连续性不强的指标若代表性较强，通过相关指标计算可间接获得，亦可被纳入，若不能间接获得，则不被纳入。

根据评估第三方面的重点——正负属性，土地资源正负效应需要进行区分。

区分时要考虑两方面，一是指标的属性特征，二是指标的合理标准区间值对指标属性的影响。各个指标属性划分的标准是该原始指标对上一层指标分类的影响作用，如果为正面影响，即原始指标相对于上一层指标分类越大越好，则该指标属性为正；反之影响为负面，原始指标相对于上一层指标分类越大越差，越小越好，则该指标属性为负。超过或未达到区间的最大或最小值都不是一种合理的土地资源利用状态，这样的指标被划分为中性指标。中性指标需要将其设定合理数值区间，通过合理区间判断其正负影响效果。各指标标准值的界定在国内外发展中并没有统一的规定（郑华伟等，2012），合理标准值区间的确定是在广泛参考前人相关研究成果之上，依据国内外相关研究标准、国内发达城市的现状值、经济和社会发展规划目标值，征询相关专业人员意见的基础而确定（叶晓雯等，2011）。正向指标、负向指标和中性指标属性在判断过程中，要结合指标的本身属性，再通过各指标值与标准值的对比，最终得出相应的正负效应。标准值是一个上下限值域，同时原始指标由于正、负、中性的指标属性不同，判断正负效应的原则也不同。具体来讲，标准值域判定正负效应的法则如下：如果以 [a，b] 表示标准值范围，以 c 表示正向指标值，则当 c>b 时产生正效应，c<a 时产生负效应，a<c<b 时无正负效应之分；以 d 表示负向指标值，当 d>b 时产生负效应，d<a 时产生正效应，a<d<b 时无正负效应之分；以 e 表示中性指标值，中性指标值 e<a 和 e>b 时都产生负效应，a<e<b 时产生正效应，将此判断过程和详细评估体系如表 6-1 和表 6-2 所示。

表 6-1　标准值域判断正负效应的方法

指标属性	标准值域	判断依据	判断结果
正向指标（c）	[a，b]	c>b	正效应
		a<c<b	无
		c<a	负效应
负向指标（d）	[a，b]	d<a	正效应
		a<d<b	无
		d>b	负效应
中性指标（e）	[a，b]	e<a	负效应
		a<e<b	正效应
		e>b	负效应

表 6-2　城市化发展及城市化的土地资源效应评估指标体系

项目层	指标分类[权重]	指标名称[权重]	单位	指标性质
城市化发展指数	人口城市化[0.3]	城镇人口总数[0.25]	万人	正
		城镇人口比重[0.25]	%	正
		非农产业从业人员比重[0.25]	%	正
		非农人口比重[0.25]	%	正
	经济城市化[0.3]	人均GDP[0.25]	元/人	正
		工业占GDP比重[0.25]	%	正
		第三产业占GDP比重[0.25]	%	正
		地均GDP[0.25]	万元/km²	正
	社会城市化[0.2]	人均可支配收入[0.2]	元/人	正
		人均居住面积[0.2]	m²/人	正
		人均道路面积[0.2]	m²/人	正
		人均消费零售额[0.2]	元/人	正
		万人大学生数[0.2]	人/万人	正
	空间城市化[0.2]	建成区面积占市区比重[0.6]	%	正
		城市人口密度[0.4]	%	正

项目层	指标分类[权重]	指标名称[权重]	单位	指标性质	判断标准
土地资源效应	土地资源利用强度[0.4]	人均建设用地面积[0.2]	m²/人	中	85~105
		人均耕地面积[0.2]	亩/人	正	0.75~1.5
		人均居住用地面积[0.1]	m²/人	中	23~38
		人均公共绿地面积[0.1]	m²/人	正	5~10
		单位面积粮食产量[0.1]	吨/公顷	正	2.25~4.5
		城市建成区占市区面积比重[0.15]	%	中	3~20
		地均GDP[0.15]	万元/km²	正	20~200
	土地污染水平[0.3]	地均工业废水排放量[0.3]	万m³/km²	负	2000~8000
		地均工业废气排放量[0.3]	亿m³/km²	负	1000000~17000000
		地均固体废弃物排放量[0.4]	万m³/km²	负	1~2.5
	土地污染治理能力[0.3]	工业废水排放达标率[0.15]	%	正	50~95
		工业废气净化处理率[0.1]	%	正	50~95
		工业固体废弃物综合利用率[0.2]	%	正	45~85

续表

项目层	指标分类 [权重]	指标名称 [权重]	单位	指标性质	
土地资源 效应	土地污染 治理能力 [0.3]	城市生活污水处理率 [0.1]	%	正	35～80
		万元工业废水排放量 [0.15]	t/万元	负	2.5～9
		万元工业废气排放量 [0.1]	t/万元	负	5000～20000
		万元工业固体废物产生量 [0.2]	t/万元	负	0.05～0.5

三、城市化的土地资源效应评估中数据标准化的方法

数据统计分析的目的是利用数据反映出事物的优良程度，而在多指标评价体系中，由于各评价指标的性质不同，通常具有不同的量纲和数量级。当各指标间的水平相差很大时，如果直接用原始指标值进行分析，就会突出数值较高的指标在综合分析中的作用，相对削弱数值水平较低指标的作用。因此，为了保证结果的可靠性，消除城市化发展与土地资源环境两个系统内的各个指标量纲不同、属性差异等所带来的影响，需要对原始指标数据进行标准化处理。

数据的标准化（Normalization）是将数据按比例缩放，使之落入一个小的特定区间。这在某些比较和评价的指标处理中经常会用到，去除数据的单位限制，将其转化为无量纲的纯数值，便于不同单位或量级的指标能够进行比较和加权。目前数据标准化方法有多种，归结起来可以分为直线型方法（如极值法、标准差法）、折线型方法（如三折线法）、曲线型方法（如半正态性分布）。不同的标准化方法，对系统的评价结果会产生不同的影响，在数据标准化方法的选择上，还没有通用的法则可以遵循。但通常来讲，线性且数值变化幅度较大的数据统计体系中常用的数据标准化方法为 Min - Max 标准化方法（Min - Max Normalization），也叫离差标准化，是对原始数据进行线性变换，使结果落到 [0，1]。由于城市化发展指数所选取的指标均为正向指标，因此其数据标准化的处理方法为式 6 - 1：

$$X'_i = (X_i - X_{min})/(X_{max} - X_{min}) \qquad (6-1)$$

式中，X'_i 为标准化值，X_i 为实测值，X_{max} 为该指标最大值，X_{min} 为该指标最小值。

由于土地资源效应具有正、负、中性之分，各个指标数据的标准化需要依据标准值进行判定，并且不同指向的指标其标准化的方法也不相同，其具体处理方法为式 6 - 2 和式 6 - 3：

（1）正负向指标。

$$X'_i = \begin{cases} (X_i - b)/b & X_i > b \\ 0 & a \leq X_i \geq b \\ (a - X_i)/b & X_i < a \end{cases} \qquad (6-2)$$

（2）中性指标。

$$X'_i = \begin{cases} (X_i - b)/b & X_i > b \\ (X_i - a)/b & a \leq X_i \geq b \\ (a - X_i)/b & X_i < a \end{cases} \qquad (6-3)$$

式中，X'_i 为标准化值，X_i 为指标的原始统计值，[a，b] 为标准值值域，其中 a 为下限值，b 为上限值。

四、评估方法

在进行指标体系构建的过程中已经考虑德尔菲法对各评估方面以及各个指标进行赋予权重，所以在综合评估过程中主要采用层次分析法（AHP），利用其在总评估和各分项评估方面的优势，将城市化发展分成人口城市化、经济城市化、社会城市化和空间城市化四个方面，将土地资源效应分为城市土地资源基础水平、由城市化所带来的土地污染水平、由城市化所带来的土地环境保护水平三个方面，分别进行加权计算，计算的过程是城市化四大方面所涵盖的城市总体规模、经济规模、生活质量、基础设施、科技文化水平等 15 个具体指标，土地资源效应所涵盖的城市土地资源的主要利用类型、土地功能开发和土地污染治理能力等 17 个具体指标，分别根据指标权重和指标分类权重进行线性加权计算。

（一）城市化发展的评估模型

按照评估指标体系搜集各项数据之后，利用 Min - Max 标准化方法（式 6 - 1）进行数据标准化之后，进行城市化发展指数的线性加权计算，其计算公式为式 6 - 4：

$$UI = \sum_{i=1}^{m} X'_i \lambda_i \ (i = 1, 2, 3, \cdots, m) \qquad (6-4)$$

式中，UI 为城市化发展指数，X'_i 为第 i 项原始指标的标准化值，λ_i 为第 i 项指标权重。

（二）城市化的土地资源效应测度模型

根据城市化的土地资源效应评估指标体系，构建原始指标体系，之后对原始指标利用具有标准值判断的 Min - Max 标准化方法分项进行标准化，最后根据线性加权法分别对城市化的土地资源正负效应和总效应进行计算，其计算公式为式6-5到式6-7：

$$ULEP = \sum_{i=1}^{m} X'_i \lambda_i \ (i = 1, 2, 3, \cdots, m) \tag{6-5}$$

$$ULEN = \sum_{i=1}^{m} X'_i \lambda_i \ (i = 1, 2, 3, \cdots, m) \tag{6-6}$$

$$ULE = ULEP - ULEN \tag{6-7}$$

式中，ULE 为城市化的土地资源总效应，ULEP 为城市化的土地资源正效应，ULEN 为城市化的土地资源负效应，X'_i 为第 i 项原始指标的标准化值，λ_i 为第 i 项指标权重。

第二节　城市化的土地资源利用风险评估方法

一、城市化的土地资源利用风险评估原则

城市化进程中城市化与土地资源进行着剧烈的相互作用，城市化作为复杂的人类社会发展活动对土地资源的利用也具有综合性，影响要素复杂而多样，形成广泛的影响。因此，城市化的土地资源利用风险也随着两者之间关系的复杂变化而具有多种表现形式，风险的来源途径多、影响方面广，所以对风险的评估需要全面和系统，需要在总的评估原则的框架之下，逐一对风险的各个方面进行评估，只有这样才可以建立起科学而准确的评估体系。同时，城市化发展要素的复杂性决定了绝对准确的风险评估不可能实现，具体到实践中需要依据主次关系和评估难易程度舍弃影响力较小却会带来较大干扰的因素，从而可以形成对风险的直观化表现。风险的评估本质上是对现实中两种要素关系的数量化表达，需要将已经发生的关系通过各种代表性要素表现出来，寻找表达关系最为贴切的方法，这实质上是对现实关系的一种模拟（谭婷等，2010）。

（一）全面性原则

城市化进程中土地资源的利用涵盖的范围和要素都比较多，并且在不同的城市化发展阶段会产生不同的土地资源利用方式，多阶段、多方式和多要素下形成的土地利用问题导致城市化发展主导下的土地资源利用风险具有多样化特性。城市化涉及的多样且复杂的发展要素对土地资源风险的产生都会产生各自的影响作

用，因此会造成土地资源利用风险源的多样而复杂。所以，在进行城市化进程中土地资源利用风险评估的过程中，需要通过对城市化各种发展要素进行全面分析，建立涵盖面广泛的要素评估体系。从而尽可能全面的涵盖城市化引起的各类土地利用风险的风险源，避免在风险产生过程中不同影响方面所对应要素的遗漏，这是进行风险评估的基础。

（二）分类原则

由于多样而复杂的影响要素对风险都会起到不同侧重面的影响，多要素的评估避免遗漏和重复的有效方法就是通过分类的原则对各类要素进行系统化划分，根据影响的方面，形成不同的要素类别，这将会比较有利于风险评估中对不同种类要素分别进行衡量，同时通过层次明晰的分析，更能够保证对影响要素的整体把握，从而避免由于要素混乱多样而带来的风险评估过程的混乱，保证评估逻辑的合理性，评估过程的严谨性和最终评估结果的准确性。分类原则同全面性原则相互联系，合理的分类体系可以避免遗漏要素和不同要素涵盖面的重复，从而保证评估要素的全面性，同时分类原则是进行风险评估的基本处理方式。

（三）直观性原则

从风险发生机理来看，任何事物在发生和发展过程中都具有内在的风险，风险的产生具有绝对性，只是存在容易辨别的外在显性风险与不容易辨别的内在隐性风险的区别，以及风险大小的区别。所以，从绝对意义上来看，风险的评估需要包含所有已经发生或潜在发生的风险，但是隐性风险从科学含义来看无法完全准确地评估，评估存在误差在所难免。基于此，在评估的过程中需要通过分类的原则，排除在评估过程中不重要的因素，排除因追求对隐性风险评估的完整性而引入的众多干扰其他显性风险的因素。当潜在性风险的评估影响到外在风险时，要首先满足表现性较强的外在风险的评估，直观因素所表现出的风险能够较强地表征风险的实际意义。最终通过对具有直观表现作用的要素所产生的风险进行评估来体现。

（四）模拟原则

城市化是一个发展过程，因此对土地资源的利用也在不断地变化，由此引发的土地资源利用风险也无时无刻地产生，因此土地资源利用风险是一个动态的变化过程，只能是利用已有的数据进行评估，这准确来讲是一种静态研究和验证性研究，利用静态研究对动态过程进行评估的实质是对动态发展过程的风险通过它本身发展历史的演变规律进行现在和将来发展变化的模拟，而非风险本身是变化过程中所反映出来的实际情况。因此，土地资源利用风险的评估需要通过对以往长时间序列的数据进行分析，然后在此基础上进行数据的拟合，寻找最为合理的数据模拟方法，将模拟情况同现实情况最大化贴合。通过模拟一段时期或一定空间范围内土地利用风险，模拟过程可以得出土地资源利用风险与主要风险源的关系，以及风险产生时与造成承载体损失的关系，从而得出风险的大小。

对事物进行模拟就需要有效推测将要发生的事件，进行前瞻性的预测研究，特别是对于风险的预测分析将会对风险预警产生极为重要的作用。而预测的基础是在已经发生的各类事件所组成的集合中能够寻找到规律性，从而根据数据得出将来要发生事件的情况。灰色系统理论就是以此为原则，通过长时间序列的历史数据分析，来预测未来的发生和发展情况。其理论是邓聚龙教授（1987）首先提出，之后在许多领域都得到了广泛的应用，其中在地理学应用比较广泛的主要包括数列预测、灾变预测、季节灾变预测、拓扑预测和系统综合预测。其中灰色预测 GM（1，1）模型是进行数列预测最常用的模型，经常被选作预测时间序列数据（徐建华，2006）。

二、城市化的土地资源利用风险评估要素

城市化的土地资源利用风险评估的构成要素是指从风险产生源头开始到风险发生再到最终风险造成损失的全过程中，城市化发展对土地资源这一风险受体具有直接或间接的作用，并导致风险的产生和变化，进而造成一定损失的所有作用要素。从本质上讲，城市化发展过程中与土地资源具有联系的任何要素都会对土地资源产生作用，风险将会沿着"外部驱动力—风险源—胁迫因子—传播介质—损害受体"这一完整路径生成并发生作用，由于城市化对土地资源的作用要素多，所以从风险发生来讲，具有众多的风险源和风险生成路径，形成多种风险，并造成某一方面的风险损失。在风险生成路径的全过程中，各个方面都是风险生成的关键要素，理应都纳入风险评估要素之中，但进行城市化的土地资源利用风险评估的主要目标是避免土地资源利用风险对城市化发展的反制作用，因此风险评估过程主要侧重于对显性直观风险的评估，以对土地资源具有直观和较大影响的显性要素为主。根据风险生成路径中的不同方面，对各个评估要素进行分类，从风险评估内容的构成中，评估要素可划分成三类，即危险度评估、风险受体易损性评估和风险造成的损失评估（许妍等，2012）。

（一）危险度

风险源危险度具体来讲是指直接造成风险产生的因素自身属性中所表现出的危害性及对风险受体造成的危害，它是风险产生的根源，决定风险发生的概率和大小。城市化的土地资源利用危险度的评估要素应该涵盖造成土地资源利用风险产生的所有风险源，包括土地粗放利用、土地高强度利用、土地污染、租用制度不完善、土地总体规划不合理、土地利用方向失控和土地利用功能叠加等方面，其中前三个方面是城市化的土地利用风险中的显性因素，是评估的重点；后四个方面是土地利用制度和功能性问题，具有引发风险的可能，在评估中不直接体现，内含在评估之中。从城市化发展过程中来看，与前三个方面具有直接相互关系的要素数量众多，依据其直观性和可表达性，决定土地粗放利用和高强度利用的指标主要与城市化发展速度和方式、工业化发展速度与方式有直接关联，应该涵盖表征这两类的指标，而土地污染主要受工业三废排放量及生活垃圾排放量影响。同时，在寻找这些要素的表征指标时应该以易获得和易处理为基本原则（程卫帅，2010）。

（二）风险受体易损性

风险受体易损性是指风险受体自身属性所决定的遭受风险时所表现出的抵御能力。是风险发生作用时，决定风险对风险受体造成冲击和产生影响大小的主要因素。影响风险受体抵御能力的因素较多，包括风险受体属性、受体受风险后的承灾能力、抗灾能力等多个方面的内容。由于风险受体易损性的不同，不同风险受体在同一外界干扰条件下会产生不同的风险发生形式、风险损失和风险转化能力。而对于城市化的土地资源利用风险来讲，土地资源是风险的受体，其自身的属性决定了承受外部环境干扰时的风险表现形式，进而造成特定的风险影响程度，同时表现出承受风险时自身一定的风险抵抗程度。在城市化过程中，土地资源抵抗风险能力主要体现在决定自身属性的要素中，包括土地资源总量、土地资源类型和土地资源利用类型，三方面的要素主要衡量土地资源数量与土地系统功能结构，土地资源数量是形成风险抵御能力的基础，土地系统功能结构是风险抵御能力发生作用的决定性因素。土地数量和功能结构的相互组合，导致风险抵御能力的不同和变化。同时，城市化发展中，在土地利用和改造中人工添加到土地资源中且能够直接影响土地资源属性的构筑物已经深刻融入土地资源之中，成为土地资源不可分割的一部分，同样应该包含在广义土地资源的内容之中，同样成为表征土地资源属性的要素。

（三）风险造成的损失

风险造成的损失即风险发生之后，各种自然灾害或人类破坏活动对风险受体产生的负面影响，包括风险受体自身的结构破坏和功能损失，以及带来的直接社会和经济损失。风险造成的损失是风险影响的结果和最终风险产生的最后终结点，防范风险的最终目的就是避免损失的形成或降低损失。城市化的土地资源利用风险造成的损失主要包含两个方面：一方面是土地资源自身的损失，包括土地被占用、土地闲置、土地被污染等表征土地功能改变和数量减少带来的直接损失；另一方面是土地资源利用产生的风险导致土地资源利用过程中产生的损失，包括土地结构改变带来的灾害、土地利用方式改变之后给经济社会造成的损失等因土地资源改变而引发的间接损失。城市化的土地资源利用风险造成的损失应该重点评估由于不当的城市化发展导致的土地资源利用效益产生的损失以及土地资源对城市化反作用导致的影响城市化发展所带来的损失两个方面。

三、城市化的土地资源利用风险评估方法

（一）城市化的土地资源利用风险评估概念模型和流程

城市化的土地资源利用风险系统是一个复杂的巨系统，是由风险源、城市化中的土地资源利用系统和风险受体相互联系与相互影响而构成的系统。在这个系统中，风险源是引发风险的充分条件，风险受体是放大或缩小风险的必要条件，而土地资源利用系统是风险源和风险受体存在的背景条件。基于系统论的观点，城市化中土地资源利用风险的评估应该分别对三个子系统进行评估，相应的由风险源危险度、风险受体易损性及风险受体损失度共同构成了总风险的功能体系。系统内土地资源利用风险各要素之间相互影响、相互联系、相互制约，是一个不断释放—传递—危害—响应—控制的复合高级演变过程（徐磊和张峭，2011）。三者相互依存，缺一则风险将会被中止在某个发展阶段，不会再发展下去。

城市化的土地资源利用风险发生过程可简化为在城市化发展的各方面驱动之下，不同风险源向土地资源利用中释放各种类型的风险胁迫因子，从而对存在土地资源中的多种受体造成诸多负面效应的过程。评估的方法体系是由危险度指数、易损性指数及损失度指数三大风险评估子系统构成，这也是风险评估的三个基本目标、三个指数与评价目标函数（土地资源利用风险）呈现正相关关系，即风险源危险度越大，土地资源越容易受损，风险受体损失度越大，整体风险就越大。

通过评估概念模型（见图6-1），结合城市化中土地利用特征，构建起风险评估的框架，评估框架以土地利用为中心，按照风险发生—发展—变化的特征，共将土地资源利用风险评估分为三阶段七部分（见图6-2）。第一阶段为问题形成，是整个风险评估的依托，主要是确定风险发生范围，一方面是确定空间尺度范围，另一方面是确定影响领域范围。明确城市化过程中存在的土地利用问题，

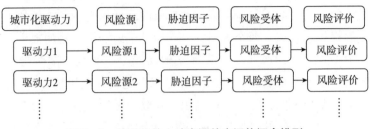

图 6-1 城市化的土地资源效应评估概念模型

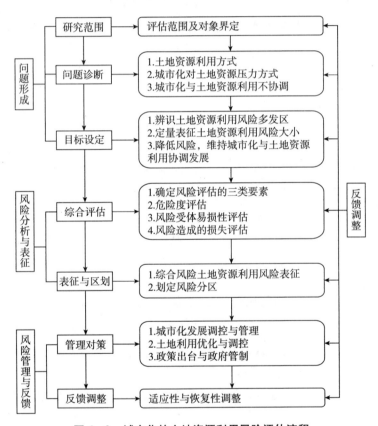

图 6-2 城市化的土地资源利用风险评估流程

主要从土地利用方式、城市化对土地利用的压力方式和城市化与土地利用不协调问题等方面寻找风险源，并在此基础上建立风险评估的目标，评估出风险多发的空间区域和风险大小并制定风险降低措施。这一阶段风险的评估者、管理者以及相关的当事人会为了实现管理目标和评估目标的协调一致，综合与协调各方面涉及内容，制定规划以及提供有助于评估工作的可用资源。第二阶段为风险分析与表征阶段，是评估的主体，包括风险综合评估、风险表征与区划两部分内容，主要运用评估技术对城市化中土地资源利用风险三要素的危险度、易损性和损失度等进行综合评估，并依据评估结果通过数据可视化的方式表征出风险大小、风险空间分布等结果，完成风险评估、风险表征及风险制图，划定风险分区。其中，风险三要素的评估方法一般采用指标体系与评估模型相结合的方法进行，可以依据评估三要素寻找合适的评估指标，利用成熟的评估模型进行评估。第三阶段为风险管理与反馈，基于风险评估结果，从降低和规避风险的角度，风险管理者会做出相应的城市化发展和土地优化利用的决策，从管理角度综合制定和出台各类政策，并根据管理层级，层层传递给相关人员，最终实现政策的落地实施。同时对风险评估结果进行反馈，进一步完善调整评估进程，使风险评估预测结果更为准确。

（二）城市化的土地资源利用风险评估指标体系

综合城市化的土地资源利用风险评估的三要素，从风险源危险度、风险受体易损性和风险损失度三个维度建立风险评估的指标体系。与土地资源利用风险源有直接相互关系的要素数量众多，依据直观性和可表达性，选择评估三要素的最终指标。与危险度相关的方面主要是城市化发展中对土地利用造成的压力，以及土地利用正在承受的威胁，所以涉及危险度的指标主要有城市化发展速度和方式以及土地污染状况，指标体系应该涵盖表征这两类，其中城市化发展主要涉及城市化率、经济增长率和经济总量，土地污染主要受工业"三废"排放量及生活垃圾排放量影响。在城市化过程中，易损性与城市化中的土地资源利用特征有直接关联，与采取的防治危害措施直接相关。同时，城市化发展中，在土地利用和改造中添加到土地资源中且能够直接影响土地资源属性的构筑物对土地资源利用有直接影响。因此，易损性主要包含城市土地自身的情况和土地污染防治的情况。城市化的土地资源利用风险造成的损失主要包含两个方面：首先是土地资源自身的损失，包括土地被占用、土地闲置、土地被污染等，表征土地功能改变和数量减少带来的直接损失；其次是土地资源利用风险导致土地资源利用中产生的损失，包括土地结构改变带来的灾害、土地利用方式改变之后给经济和社会造成的损失等。由于灾害及人类破坏性活动发生具有随机性特点，所以损失统计指标值的年际波动较大，因此，社会经济系统的损失不宜利用某一时间点的灾损数据。一般认为社会经济条件可以定量反映区域内社会经济系统的灾损敏度，即潜在损失度的高低（李谢辉，2008）。社会经济发达的地区，人口、城镇密集，产业活动频繁，社会经济价值较高。当遭遇同样等级的风险时，该类地区的绝对损失度往往比经济落后的地区大很多。

最终据评估概念模型和流程、指标体系构建原则，基于目标层—要素层—指标层多层次框架结构，从风险源危险度、土地环境易损性及风险受体损失度三方面构建土地资源利用风险评估指标体系。由于在指标体系中，许多指标相互关联，甚至相互包含，因而在评判中所起的作用也不相同，通过征询不同专家及专业人员的意见，依据各指标代表的含义及重要性、基础性程度，综合权衡对各指标进行赋权，通过权重的设置来体现各指标与要素层及目标层不同的相关性和重要性（见表6-3）。

表6-3 城市化的土地资源利用风险评估指标体系及指标权重

目标层	要素层	类别层	指标层［权重］	指标类型
城市化的土地资源利用风险（ULR）	风险源危险度（H）［0.4］	城市化发展	城市化率［0.3］	正向
			GDP增长率［0.2］	正向
			市区经济总量GDP［0.2］	正向
		土地污染	工业"三废"排放量［0.15］	正向
			生活废弃物排放量［0.15］	正向
	风险受体易损性（V）［0.3］	城市土地资源	房地产销售面积［0.2］	正向
			人均绿地面积［0.2］	负向
			建成区面积［0.2］	正向
		土地污染防治	垃圾处理率［0.15］	负向
			污水处理率［0.1］	负向
			固体废弃综合利用率［0.15］	负向
	风险损失度（D）［0.3］	土地损失	人均耕地面积［0.25］	负向
			征用土地面积［0.2］	正向
		经济损失	人口密度［0.2］	正向
			人均GDP［0.2］	正向
			固定资产投资额［0.15］	正向

（三）城市化的土地资源利用风险要素的评估方法

根据前文对城市化的土地资源利用风险评估的研究，从风险评估的原则、评估三要素以及评估指标体系的设置来构建以风险评估三要素为主体的城市化的土地资源利用风险的指标体系及模型。根据城市化的土地资源利用风险评估内涵及发生机理，综合考虑风险源—土地资源系统—影响等土地风险因素之间的相互作用关系，从风险源危险度—风险受体易损性—损失度三个层次构建城市化的土地资源利用风险评估模型：

从函数的角度来看，城市化的土地利用风险是因变量，城市化过程中土地系统的危险度、易损性和损失度为自变量，所以城市化的土地资源利用风险（ULR）= f［危险度（H），易损性（V），损失度（L）］，具体的计算公式为：

$$ULR = \alpha H + \beta V + \delta D \tag{6-8}$$

式中，ULR 为城市化的土地资源利用风险，H 为风险源危险度，V 为风险受体易损性，D 为风险受体损失度，α、β 和 δ 分别为危险度、易损性和损失度的权重，各权重由指标体系中的权重所确定。

1. 危险度的评估

土地资源利用危险度的评估应该涵盖造成土地资源利用风险产生的所有风险源，即包括城市化发展因素和土地污染两个方面，引入相对权重系数来区分风险源危险度差异，采用风险源危险度指数 H 来表征风险源的危险度，公式为：

$$H = \sum_{i=1}^{n} \lambda_i R_i \quad (i = 1,2,3,\cdots,n) \tag{6-9}$$

式中，H 为风险源危险度，R_i 为第 i 个风险源的危险度，λ_i 表示第 i 个风险源的权重，n 为风险源总数。

2. 易损性的评估

风险受体易损性的影响因素也较多，包括受体属性、承灾能力、抗灾能力等多个方面的内容。在城市化过程中，体现为土地资源利用自身属性和抗灾能力。从这两个方面，构建风险易损性的评估模型，具体公式为：

$$V = w_n \cdot N + w_k \cdot K \tag{6-10}$$

其中，$N = \sum_{i=1}^{m} w_i \cdot N_i$，$K = \sum_{i=1}^{m} w_i \cdot K_i$ （i = 1，2，3，…，m）。式中，V 表示风险受体易损性，其数值越大表示城市化中的土地系统越脆弱，越不健康，越易受到灾害影响。N 表示土地系统属性值，K 表示土地系统抗灾能力，N_i、K_i 分别表示影响风险受体易损性的土地属性和抗灾能力因素中的第 i 种指标的归一化值，w_n，w_k，w_i 分别表示对应指标的权重值，m 为指标总数。

3. 损失度的评估

风险造成的损失即风险发生之后，各种灾害或人类破坏活动对风险受体产生的负面影响，包括风险受体自身的结构破坏和功能损失，以及带来的直接社会和经济损失。具体的公式为：

$$D = \sum_{i=1}^{n} \theta_i S_i \quad (i = 1,2,3,\cdots,n) \tag{6-11}$$

式中，D 为风险受体损失度，S_i 为第 i 种损失表征指标，θ_i 为第 i 种指标权重，n 为指标总数。

城市化的土地资源利用风险评估方法实际上是多个线性加权模型的集合，评估方法符合风险评估中随着风险因子数量和强度增强而风险增大的逻辑，但是由于城市化因素的复杂性，线性模型并不能完全表达风险增长非线性化的增长规律，而且可能会出现指数化的增长情况，所以城市化的土地资源利用风险评估方法体系只能总体上表征出风险的相对大小和增减情况，不能准确表达出风险的绝对大小和量级，这成为评估方法中的缺陷。

第三节　城市化与土地资源利用协调发展的评估方法

协调发展是可持续发展的核心之一，在追求可持续发展的过程中，协调统筹是实现途径。协调度模型是以可持续理论为核心，借助系统工程多目标优化的思想，利用协同论的观点构筑的测度系统内部两个子系统相互协调程度的函数（李谢辉，2008）。协调度模型在地理学中具有广泛的应用，是衡量地理巨系统内部各个具有相互影响的子系统之间的密切程度与相互影响程度，衡量子系统之间的协调关系的重要模型，如经济－环境、经济－资源、经济－社会等子系统间（杨世琦等，2007）。本章所研究的城市化与土地资源效应隶属于经济－资源系统内的两个子系统，对其进行协调度的测量旨在确定城市化与土地资源效应相互影响关系，相互之间和谐共生的关系，从而建立城市化与土地资源效应相互适应的土地资源合理配置模式。

一、城市化与土地资源优化配置原则

（一）城市化水平与土地资源效应协调原则

城市化的发展水平、速度和方式决定着在城市化过程之中土地资源的利用和产生的效应，土地资源正负效应的表现及最终效果是城市化发展中各类因素综合作用的结果。而土地资源效应也会对城市化的作用产生一定的反作用力，不合理的土地利用方式导致的较低的土地资源效应，并制约城市化的发展。所以，城市化与土地资源效应两者之间相互影响，相互制约，构成一个耦合系统。从系统论来看，一个耦合系统要能够良性运转，必须促进和强化其正向的相互作用在一个水平上。因此，制定最优的城市化与土地资源配置方案的前提是城市化发展的水平、速度和方式要与土地资源利用、城市化对土地资源的压力和土地资源自身属性所决定的土地资源效应相互协调，正向相互作用。并且两者只有在较高的协调水平上，才能够表明系统能够良性运作，才能够发挥两者的最大效能，彼此之间才具有最小制约性。两者相互协调达到最大，才表明在现有的城市化水平之下，发挥出最大土地资源效应，而土地效应的最大发挥将会最大限度地促进城市化水平进一步提高，进入另一个高水平下的耦合作用之下，形成高协调下的高水平循环。所以，在单纯考虑两者协调性时，城市化进程中土地资源的合理配置的标准就是在现有的城市化水平下通过土地资源效用的提升，达到最大的城市化与土地资源效应协调时所实现的土地利用状态。

（二）土地资源利用风险可控原则

由于土地资源利用风险的产生与土地资源自身属性、利用结构和外部压力具有密切的关系，在追求现有城市化水平之下最大化的土地资源效应的过程中，以及在未来城市化提升之时，城市化与土地资源效应相协调时的土地资源效应最大化，土地资源利用过程中的风险需要监控，所有效应的追求都应以土地利用风险的控制为前提，使其处于可控范围之内，避免在追求最大化的土地资源效应过程中对土地资源造成巨大损失，从而极大地降低土地资源利用效应，并对城市化发展产生严重制约。根据前文，土地资源配置过程中，影响土地资源利用风险的方面主要体现在土地资源总量、结构和土地损失等方面，从而影响了风险受体的易损性和风险造成的损失两个方面。所以，合理配置土地资源时，要注意控制土地资源的总量规模，特别是在土地利用风险较高的大城市，要注意土地资源利用结构的内部调整，而不是土地规模的总量扩张。而风险值较低的城市，可以通过规模扩张和结构优化双重促动，提高土地资源效应，促进城市化水平的提升。总体来讲，城市化与土地资源合理配置就是在风险可控的前提下，通过土地资源配置的进一步优化，提升土地资源效应，达到城市化水平与土地资源效应的最大协调。

（三）外部条件假设与方法简化原则

土地资源效应同城市化具有密切联系，是耦合系统中的一对耦合体，所以即使单纯进行土地资源优化配置，也会由于城市土地资源用地规模的变化产生对于城市化的影响，而城市化变化之后将对土地资源外部压力产生改变，城市化水平和土地资源利用风险都会产生一定的变化。因此，为避免由于城市化与土地资源利用效应两者动态变化对寻找某一城市化水平下最优的土地资源效应产生较大的影响，需要对外在的条件进行假设和规定，在合理的假设下，达到外部条件的相对恒定和稳定，从而能够在已知一方条件下，完成一定的城市化水平下对土地资源效应的推导。同时，土地资源效应的提高对土地资源利用风险也是一个综合影响过程，既具有提高土地资源风险的一方面，同时也具有降低土地资源利用风险的一方面，为土地资源利用风险的衡量带来一定的困难，各种因素变化间无法得出准确的风险值，为风险可控原则的实现带来较大难度。为此，在研究城市化与土地资源效应相协调的过程中，城市化土地资源利用风险的评估需要简化和模糊，不在这个过程中追求土地资源利用风险的准确数值，只从定性方面来衡量土地资源效应的提高对土地资源利用风险总体的影响方向。如果影响的总体方向是降低风险，则不再进一步判断风险降低程度；如果是增加风险，只要总体土地资源利用风险不具有较大的提高，则判定土地资源利用风险处于可控范围之内；如果是风险具有较大幅度的提升，则需要重新判断土地资源的配置，进行总量和结构的调整。

二、城市化与土地资源优化配置的指标界定

寻找和计算城市化与土地资源优化配置的指标，必须根据优化配置的原则。首先，满足城市化与土地资源效应相协调的原则，寻找到最大城市化发展指数－土地资源效应的协调度。其次，重新计算土地资源利用风险的变化情况，使其调整处于可控的范围之内。在这两大评价体系之下，再根据外部条件假设和方法简化原则，对调整地区主要类型的土地资源进行重新配置，使土地资源效应得到提升，风险得到降低，并与调控对象的城市化发展水平相适应。所以，整个优化配置过程应该分三个过程：一是寻找到适应于城市化发展水平的土地资源效应值，二是计算土地资源利用风险的变化是否在可控范围，三是制定土地资源配置调整的简化原则和步骤。

（一）适应于城市化发展水平的土地资源效应值计算方法

1. 耦合协调度评估方法

协调的本意为"和谐一致，配合得当"，它描述了系统内部各要素的良性相互关系，协调发展是一种强调"整体性""综合性""内生性"的发展聚合（隋映辉，1990）。根据耦合系统的发展特点，城市化发展与土地资源效应协调发展是实现城市化可持续发展和土地资源最优利用的基本要求，在城市化的发展过程中，通过定量指标的衡量，两者之间的耦合协调水平能够准确地刻画，同时也能够规避单纯依靠耦合度产生的误差，低城市化－低土地资源效应的高耦合度对于现实发展来讲并没有实际意义。在研究中就要寻找到不同协调水平下的相互组合情况，达到城市化与土地资源效应相适应的标准就是通过计算寻找到城市化发展水平与土地资源效应的最大协调度。通过两者协调程度的定量衡量，得出城市化发展水平与土地资源效应的协调程度，并根据协调程度采取调控措施。

根据耦合协调度的计算模型，首先应该构建城市化发展系统和土地资源效应两大系统。两大系统的协调发展应该包含城市化发展水平与土地资源效应的两子系统各自内部要素之间的相互关系与系统间的相互作用关系两方面内容。具体来说，城市化发展水平与土地资源效应的协调发展是指在区域发展过程中城市化子系统和土地资源子系统各自内部要素间相互配合，并且两子系统间保持互惠共生的关系，两者相互促进、共同发展，从而达到使城市发展的整体利益不断提高的发展状态。

由此，从人口城市化、经济城市化、社会城市化和空间城市化四个方面来构建城市化发展水平系统，从土地资源利用强度、土地污染水平和土地污染治理能力三个方面来构建城市化的土地资源效应系统。根据协调度相关理论，城市化与其他相关方面所构成的耦合系统协调度评价模型和方法向日益多样化方向发展，原先经常用的综合指数法（张晓东和池天河，2001），逐步转变为从协同论、系统论的观点出发建立两者协调度评价模型（吴跃明等，1996）。在借鉴相关研究的基础上，依据城市化与土地资源效应协调的内涵和协调度的概念分析，选择从协同论和系统论角度构建城市化发展水平与土地资源效应的协调度模型。以城市化发展指数 UI 和土地资源总效应 ULE 值为自变量定义两者协调度评价函数为式 6-12：

$$D = \sqrt{\left[\,(UI \cdot ULE) \cdot \left(\frac{UI + ULE}{2}\right)^{-2}\,\right]^{k} \cdot (\alpha \cdot UI + \beta \cdot ULE)} \qquad (6-12)$$

式中，D 为协调度，UI 为城市化发展指数，ULE 为城市化的土地资源总效应，α 和 β 为待定权数，一般取 α = β = 0.5，k 为调节系数，k≥2，本式取 k = 2（李名升等，2009）。

协调度是用来度量系统之间或要素之间的协调发展状况的定量指标。由于城市化发展水平与土地资源效应协调发展没有统一的标准，所以协调度是一个相对指标。因此城市化发展水平-土地资源效应协调度是指对某一时期不同城市或某一城市不同时段内，城市化子系统、土地资源子系统内部要素间相互配合以及两系统间正向相互作用耦合程度的定量描述（李鹤等，2007）。

2. 最优土地资源效应计算方法

根据协调度的计算模型，实际已经构成协调度、城市化发展指数和土地资源效应三个变量构成的函数，三者之间通过公式变形和求解，通过不同自变量和因变量的设定可以达到知道其中两个变量而求出第三个变量的效果。最优土地资源效应的寻找就是在已知现状的城市化发展指数、最大协调度两个变量下通过计算而得。最大协调度的求解首先是对原协调度函数进行重新构造，形成以协调度为因变量，土地资源效应为自变量，城市化发展水平为已知数的新函数。

协调度函数改造过程如式 6 – 13 至式 6 – 16 所示：

$$f(x) = \sqrt{\left[(UI \cdot x) \cdot \left(\frac{UI + x}{2} \right)^{-2} \right]^2 \cdot (0.5 \cdot UI + 0.5 \cdot x)} \qquad (6-13)$$

$$f(x) = \sqrt{\left[(UI \cdot x) \cdot \left(\frac{UI + x}{2} \right)^{-2} \right]^2 \cdot \frac{UI + x}{2}} \qquad (6-14)$$

$$f(x) = \sqrt{\left[(UI \cdot x) \cdot \frac{4}{(UI + x)^2} \right]^2 \cdot \frac{UI + x}{2}} \qquad (6-15)$$

最终公式被改造为：

$$f(x) = \sqrt{\frac{8 (UI)^2 \cdot x^2}{[(UI) + x]^3}} \qquad (6-16)$$

式中，$f(x)$ 为协调度，UI 为城市化发展指数，x 为土地效应值。由新构造的函数可知，在 UI 已知的前提下，根号下为一元三次方程，寻找适应于城市化发展水平的土地资源效应实际就转化为求解一元三次方程 $f(x)$，根据一元三次方程的数学特性可知，在函数的正值区间之内，即函数图像的第一象限内，存在自变量 x，能使因变量 $f(x)$ 达到最大值。于是最优的土地资源效应则是在第一象限内（具有现实意义）值域内，$f(x)$ 达到最大值时的 x 值。

（二）城市主要类型土地资源最优配置状态值的调配过程

由于土地资源效应同城市化发展的关系相互影响，无时无刻不发生作用，所以为达到最大协调度之下的土地资源效应，实现土地资源利用类型可调控的目的，必须对相关其他外部条件进行假设，从而消除其他条件对调控的干扰作用，进而能够按照评估模型进行相应计算。首先，为满足土地资源受到的城市化外部作用恒定的条件，假设在调整时的城市经济、技术水平等条件不变。其次，控制土地资源效应的其他方面指标，假设土地资源效应评估指标体系中的土地的污染水平和治理水平也将按自身权重分担土地资源效应的提高，土地利用强度中地均 GDP 和单位面积粮食产量保持恒定。最后，根据提出的假设前提，并结合土地资源效应的评估方法和指标体系，以当前城市化水平下城市土地资源效应值为基础，根据计算出的最大协调度下的土地资源效应目标值，重新计算城市主要类型土地资源，包括人均建设用地、人均耕地、人均居住用地、人均公共绿地四个类型的土地面积，通过不断调整实现土地资源效应的提高，达到最大协调度下的土地资源效应值，在此状态下的土地类型的结构即为土地资源配置的合理值。

在调整各主要类型的土地资源的过程中，遵循土地类型调整可操作性和关联性原则，以标准值为参照，以土地资源的利用结构调整为主，以土地资源的总量调整为辅，但必须遵循土地资源正效应增长原则。即若原有土地类型处于产生正效应的状态时，则这类土地类型暂不进行调整，保持不变。首先，调整产生负效应的土地类型，若单纯通过调整产生负向效应的土地类型即可达到最优土地总效应，则调整完毕。若单纯调整负向效应的土地类型不能达到最优值，则从整体上对所有土地类型进行重新调整，以调整幅度最小为原则，最终达到土地资源总效应的最优值。人均建设用地、人均耕地、人均居住用地、人均公共绿地四大类城市用地类型调整目标、方法和过程如下所示：

调整目标：四类城市用地类型应该达到的土地资源效应目标值，即在城市当前城市化水平下，最大协调度下的土地资源效应值。

调整方法：按照约定规则分步骤调整方法。

调整过程：

步骤1：判断四类土地目前所产生的土地资源效应正、负属性。

步骤2：判断四类土地类型的指标属性。

步骤3：首先对产生负土地资源效应的土地类型进行调整，在调整过程中优先调整产生负效应且指标属性为正向指标的土地类型，将土地资源效应值调整到0为止；如果无法达到目标值，则转入下一步的调整。

步骤4：调整指标属性为中性的指标，以刻度为1的增长幅度进行调整，时刻关注因调整而产生的土地资源效应的增长，如果达到调整的目标值，则调整完毕；如果中性指标调整到能够产生最大正效应的值时仍无法达到目标值，则转入下一步调整。

步骤5：继续对正向指标的土地类型进行调整，具体来讲对人均耕地与人均公共绿地同步调整，人均耕地以刻度为0.1的增长幅度进行调整，公共绿地以刻度为1的增长幅度进行调整，时刻关注因调整而产生的土地资源效应的增长，直到调整到目标值，调整结束。

当然，在进行城市化与土地资源优化配置研究时，采取了外部条件假设与方法简化的原则，以便能够得出四类土地资源的具体结果。但是在实际的城市化发展中，城市化与土地资源效应相互紧密结合，相互作用强烈，两者之间是动态变化的过程，土地资源效应改变，城市化发展水平必然改变，严格来讲，不会出现假设条件中提出的保持不变状态，该方法将会存在一定的偏差性，但作为一种方法的探讨，从原则上来看，其科学性是可靠的。

第七章 辽宁沿海经济带城市化
进程中的土地资源优化利用

第一节 辽宁沿海经济带区域发展背景

辽宁沿海经济带位于中国东北地区的前沿，毗邻黄海和渤海，是环渤海地区的北部中心和东北亚经济圈的关键地带。与日本、韩国、朝鲜隔海邻江相望，面向经济活跃的泛太平洋区域，与俄罗斯、蒙古国陆路相连，是欧亚地区通往太平洋的重要"大陆桥"之一（曹英伟和田广澍，2010）。作为我国北方地区的黄金海岸和环渤海经济圈极其重要的一环，辽宁沿海经济带已经成为振兴东北老工业基地的关键龙头，尤其在2009年辽宁沿海经济带上升为国家发展战略计划后，就形成了以大连为主要的枢纽港口，以营口为副中心以及以丹东、锦州为两翼的港口群整体发展格局，这四个港口是沿海经济带最主要的港口，吞吐量占总体吞吐量的96%以上，对其他港口的发展起到了辐射带动作用（杜小飞和郭建科，2014）。由于港口的发展，周边产业集聚区逐渐形成，由此带动了沿海城市经济的发展以及加速了城市化进程。

一、区位分析

辽宁沿海经济带由大连、丹东、锦州、营口、盘锦与葫芦岛六座沿海港口城市构成，六个港口于环渤海沿岸密切相连，形成了天然的港口群。在辽宁沿海经济带上有五个重点区域，分别为处于渤海沿岸的大连长兴岛临港工业区、营口沿海产业集聚区、辽西锦州湾沿海经济区以及黄海沿岸的丹东临港产业园和葫芦岛沿海港口经济区（李靖宇和刘海楠，2009）。这五个重点区域协调发展带动整个沿海经济带的经济发展，根据这五个重点区域的分布，辽宁沿海经济带整体上呈"V"字形状。就港口发展和物流运输的基础条件而言，这六个港口的自然条件优越，拥有沿海大陆岸线 2290 千米，占全国的 1/8，宜港岸线 1000 多千米，其中深水岸线 400 多千米。利用优良的港岸线条件，辽宁沿海经济带已经建成东北地区最发达、最密集的海上综合运输网络，拥有 5 个主要港口，100 多个万吨级以上泊位，最大靠泊能力 30 万吨级，已同世界 160 多个国家和地区通航，是目前东北地区唯一具有大运量能力的出海通道，是辽宁省以及整个东北地区对外交流的海上通道，具有很大的发展潜力。再者，就其与内地进行经济发展交流方面而言，辽宁作为整个东北地区对外交流的重要门户，推动了东北地区、俄罗斯、蒙古国等内陆地区经济的交流与发展。就国际化交流发展方面而言，辽宁沿海经济带与隔江相望的日本、韩国、朝鲜经济交流联系密切，促进了港口物流的发展，其优越的区位条件，给港口物流产业的发展提供了广阔的空间。

辽宁沿海经济带港口群物流运输产业已经初具规模，六大港口的运输业也各有其特色。大连港作为沿海经济带的核心枢纽港口，具备装卸储运、货物中转、客货运输完善、国内外贸易相结合等多种功能集一身的现代化国际物流港口，已经初具国际海运中心的标准规模，2015 年货物吞吐量达到 41482 万吨。目前，大连港物流发展的重点为国际集装箱干线运输，同时也有原油、粮食、汽车等大宗货物的中转运输。营口港是辽中地区重要的港口，是整个东北地区以及内蒙古东部的重要海上通道，是沿海经济带的第二大港口，2015 年货物吞吐量为 33849 万吨。营口港以综合货物运输为主，主要包括煤、矿石、粮食等货物的运输。同时，在集装箱运输方面，营口港是大连港的辅助港口，提高了运输的效率，节约了港口上的运作时间。锦州港是辽西地区重要的港口，是吉林、黑龙江西部地区与内蒙古东北部地区重要的经济交流与贸易的出海口，2015 年货物吞吐量为 9192 万吨。锦州港主要以石油、煤炭、粮食等大宗散货运输为主。丹东港是辽东地区的重要港口，2015 年货物吞吐量达到 15021 万吨，既是我国最北端的港口，也是与朝鲜、韩国、日本与俄罗斯进行国际经济贸易与交流的重要通道。丹东港主要以内贸物流为主，港口物流以大宗散杂货和集装箱运输为主。丹东港为大连港的国际物流方面起到了重要的补充作用。葫芦岛港是辽西地区新兴的地区性港口，其年吞吐量可以达到百万吨以上。葫芦岛港是以石油化工、粮食以及建材等货物为主的杂货港，对锦州港的物流起到了支持和辅助作用。盘锦港毗邻沈大、京沈以及盘海营三条高速公路，公路以及港口基础设施较完善，交通便利，对营口港的贸易物流起到了辅助补充作用（牛似虎等，2013）。

辽宁沿海经济带除了具有便利的海运，还具有沈山、哈大等区域干线铁路、高速铁路和烟大轮渡，沈大、沈山、丹大等多条高速公路，铁大、铁秦等输油管道，大连、丹东、锦州3个空港，52条国内航线和20多条国际航线，已形成四通八达的交通和通信网络。利用优良的港口条件和对外海陆交通，辽宁沿海经济带已成为东北地区重要的对外开放门户，外贸出口总额占东北地区的一半以上，实际利用外商直接投资占东北地区1/5。现已建成25个国家级和省级开发区，拥有目前东北唯一的、开放程度最高、政策最优惠、功能最齐全的大连大窑湾保税港区（王子龙和韩增林，2012）。

沿海地区的发展需要与内陆腹地进行良性互动，使沿海与内陆的优势进行互补，使其产生经济乘数效应。辽宁沿海经济带是一个高度开放的区域经济单元，不仅表现为沿海的特性，同时与沈阳经济区所构成的"港口－腹地"关系也十分有利于两者的相互融合发展。虽然，辽宁省有国家级综合配套改革试验区——沈阳经济区与辽宁沿海经济带，但是这并不是意味着将辽宁省分割为两个部分，它们之间不是经济竞争关系，而是相互促进与优势互补的良性互动关系。辽宁沿海经济带内部应重视错位发展，沈阳经济区则与环渤海沿海城市进行多方位、全面的经济与贸易交流。辽宁沿海经济带拥有发达的港口和海上交通，而沈阳经济区则拥有发达的铁路和高速公路等陆路交通体系，两者的相互对接则会形成覆盖整个东北地区和环渤海地区的物流系统。同时辽宁沿海经济带产业与沈阳经济区产业也具有一定的互补性。沈阳经济区以资源为载体的先进装备制造业和辽宁沿海经济带的石化、冶金、船舶工业具有良好的互补发展的优势（张菁，2011）。所以，整个辽宁沿海经济带作为辽宁省前沿地区，如果能够有效利用同沈阳经济区之间具有的良好互补和互动发展条件，则将会提升整个区域未来的发展水平，从而形成以两大国家级发展战略区为主体的辽中南城市群，辽宁沿海经济带作为辽中南城市群的南部区域，城市化也将会进入较快的发展阶段。

二、经济和社会发展背景

辽宁沿海地区作为我国开发较早的沿海地区，长期以来一直是东北地区经济和社会发展的重要地域单元，但是也存在区域经济整体性不强、发展目标不一致问题。辽宁省作为东北三省拥有港口最多的省份，要将这种天然的港口优势转化成自身的竞争优势，就要优先发展临港经济产业，并以此为基础带动整个沿海经济区的发展。因此，为整合辽宁沿海城市发展，增强沿海经济的外向性，2005

年辽宁省提出打造"五点一线"沿海经济带战略构想，这一期间本着"依托沿海城镇和各类开发区，有序利用宜港岸线及周边的废弃盐田和荒滩，逐步形成以滨海公路为连接的多个开发区域的线状布局，坚持辐射和带动距海岸线100千米范围内的沿海经济带发展"的原则，新增17个政策支持区域，自此辽宁沿海经济带的雏形基本形成（王亚丰，2011）。

自辽宁沿海经济带战略实施以来，经济发展取得了显著的成果，"五点一线"作为整个东北地区对外经济交流的关键地位逐步确立，并且逐渐成为带动中国经济发展的第四大增长极。2013年，辽宁沿海经济带人口总量为1778.3万人，地区生产总值为13742.3亿元，人均GDP达到7.73万元，全社会固定资产投资达到11590.1亿元。但是，近年"五点一线"沿海经济带在经济开发建设过程中各种问题逐渐显现，经济增长率更是连续两年出现负增长。2014~2015年，经济增长乏力，"五点一线"沿海经济带进入经济发展滞缓倒退的阶段。2015年，沿海经济带人口总量为1942.2万人，城市化率为69%，地区生产总值为13534.3亿元，人均GDP为6.97万元，全社会固定资产投资降为8004.6亿元。与2013年相比，2015年GDP增长率为-1.51%，人均GDP增长率为-9.83%。如表7-1所示，在沿海经济带六个城市中，相比较2013年GDP 9.3%的增长率，2015年大连市GDP增长放缓，其他五个城市经济增长率均出现了负增长。

表7-1　2015年辽宁沿海经济带经济和社会发展概况

	市域人口（万人）	市区人口（万人）	城市化率（%）	GDP（亿元）	人均GDP（元）	GDP增长率（%）
大连	689.7	304.9	92.2	7731.6	110682	1.0
丹东	241.1	78.2	66.7	984.9	40850	-3.7
锦州	306.8	108.8	54.7	1327.3	43207	-3.7
营口	244.3	109.99	67.4	1513.8	61925	-4.9
盘锦	143.7	74.6	80.2	1256.6	87357	-3.6
葫芦岛	255.6	94.4	33.2	720.2	28176	-0.2

造成近两年沿海经济带发展滞缓的原因是多方面的，在五个重点发展区域产业布局方面，五个经济发展区域的产业结构、发展模式以及招商策略等方面极其相似，同质化明显，因此在招商引资的过程中出现了重复建设以及恶性竞争。在港口建设方面，沿海经济带五大区域均濒临黄海以及渤海沿岸，每个区域都有属

于自己的港口，并且几乎都制定了发展临港经济、向亿吨级港口发展的战略目标（王丹和杨金保，2009）。因此，各港口为了达到吞吐量的目标，出现了无序竞争、港口资源配置不合理、功能界定模糊并且港口基础设施重复建设的现象。在产业发展方面，高端产业较少，集群规模小。2015 年，仅有两个重点产业群年营业总额超过千亿元，还有九个重点产业群的销售额不足百亿元，规模最小的葫芦岛泵阀产业群销售额仅有 5 亿元。产业链短，没有实现产业深加工并且产业特色不鲜明，关联度低。

我国经济发展的五个任务为"去产能、去库存、去杠杆、降成本、补短板"，而沿海经济带各产业区域供给过剩，没有进行有效的供给侧改革，最终导致经济发展滞缓。综上，在新时期要想使辽宁沿海经济带走出滞缓期，实现新的发展，上述问题亟待解决。产业的发展要有大局意识与整体观，发展壮大每个区域的龙头产业，发展科技含量高的产业，培育自己的发展特色，避免恶性竞争。严格控制产业同构现象，对六个城市的重点产业进行相似性评估，分析供给与需求之间的关系，构建跨区域的产业链，实现资源共享，实现沿海经济区各个城市的协调发展（王乐等，2017）。再者要有合理的港口建设和具有自身实际特色的发展目标，实现港口基础设施共享，避免重复建设，延长产业链，重视产业深加工，培育科技创新链同时避免新的供给过剩。在新经济常态下，深化机制体制改革，实现创新驱动发展并且加强五大区域之间以及沿海与内陆腹地的交流联系，实现区域良性互动。

2017 年 4 月 10 日，大连片区举行揭牌仪式，这标志着大连自贸区正式成立。这一举措对辽宁沿海经济带的发展来说具有重大意义。大连自贸区的建立与发展，进一步释放了经济发展的活力并且具有带动辐射东北新一轮振兴的作用。用区域开放形成倒逼改革的形势，用区域开放促进新一轮的改革，缩小区域发展的差距，促进辽宁沿海经济带以及整个辽宁省的发展（吴笛和苏乙禾，2016）。

综合来看，虽然近两年"五点一线"辽宁沿海经济区的经济发展出现了滞缓倒退的现象，但是其仍然保持了较高的城市化发展速度和经济发展的潜力与条件，2015 年的城市化率达到了 69%。同时，辽宁沿海经济带具有沿海城市土地资源相对稀缺的特征，在城市化的进程中，城市发展与土地资源之间具有显著的相互作用关系（范斐，2010）。沿海岸带土地利用的冲突主要有土地规划、林业规划、海洋功能区划、城市规划四者之间的两规、三规以及四规冲突。辽宁沿海经济带作为国家发展战略，在未来的发展过程中定会转变经济发展方式，采取各种策略以突破发展瓶颈，走出经济滞缓倒退期，在新的经济形势下实现新发展。

在这个过程中，辽宁沿海经济带城市化进程会继续推动。因此，其城市化与土地资源之间的相互作用强度仍将处于较高水平，会不同程度地出现上述几种土地利用规划的冲突，因此选取其作为研究典型案例地区也具有较好的研究价值。

第二节　辽宁沿海经济带城市化的土地资源效应评估

研究城市化进程中的土地资源效应及城市化的土地资源利用风险应该选取城市化与土地资源相互作用关系明确且强度显著的地区，特别是近年来城市化发展速度较快，且城市化的发展路径具有典型性和代表性的地区，既能够从中发掘典型的问题，提供研究的素材，同时也能够通过研究发现其中的普适性规律，对其他地区具有一定的借鉴意义。同时，研究地域能够有利于城市化的土地资源效应和风险理论的实证检验，具备开展研究方法的条件。辽宁沿海经济带作为辽宁省国土开发的前沿地区，城市空间地域连续，空间相对密集，具有海陆双重作用之下的城市土地空间开发特征，提供了城市化的土地资源效应和风险实证研究的良好且丰富的样本。我国国土空间开发强度最高的区域都集中在东南沿海城市地带，但从发展阶段来看，大部分城市都进入土地开发利用的成熟阶段，不能完整地体现不同发展阶段时期的特点。而辽宁沿海经济带的城市开发相对较晚，整体来讲仍然处于早期开发阶段，但是其中也具有开发相对成熟的特大城市。所以，辽宁沿海经济带为研究提供了一个沿海地区完整的城市土地开发阶段和发展类型的样本，十分有利于开展实证研究。

从城市化与土地资源相互作用的强度来看，两者作用最为激烈的地区发生在城市景观变化最快的建成区这一范围之内，城市化发展对这一区域内部的土地资源利用有最为直观的影响作用，选取其作为研究的具体范围将最为恰当。但由于城市化是一个不断发展的过程，建成区的范围也在不断地扩展，且范围相对模糊，并不属于我国的基本统计单元。而城市市区作为建成区更广域的范围，是建成区未来发展的基础，是城市化未来发展的主要地域，能够体现城市化与土地资源利用关系演化的趋势。而且城市市区界线相对明确，属于我国的基本统计单元，对研究数据的获得提供了有利条件。基于以上的综合考虑，本书将城市化进程中的土地资源效应及城市化的土地资源利用风险研究的范围确定为辽宁沿海经济带各城市市区，包括大连、丹东、营口、锦州、盘锦、葫芦岛六个沿海城市的市区，国土面积 7061 平方千米。

一、辽宁沿海经济带城市化的土地资源效应评估过程

(一) 数据来源和处理

由于确定了研究的具体空间地域为辽宁沿海经济带六城市的市区，所以在资料和数据搜集过程中都是以各城市市区为单元进行，在时间尺度的选择上，选取 2006～2015 年 10 年的数据来完整体现辽宁沿海经济带快速发展到趋于稳定的发展过程。各指标数据来源于 2007～2016 年《中国城市统计年鉴》《辽宁统计年鉴》《中国国土资源年鉴》。

收集数据的过程完全按照城市化的土地资源效应评价指标体系，将城市化发展指数和土地资源效应两个体系分别搜集，组成两个数据单元，在此基础上分别进行数据的处理和计算，部分无法直接搜集数据经过多个指标的相互计算得出。最终，共搜集辽宁沿海经济带六个城市 2006～2015 年 50 个分指标，共计 3000 个数据。由于搜集的原始数据都是以绝对数和有量纲的数据为主，所以需要对原始数据进行数据标准化，将六个城市 10 年的数据组合在一起，采取 min - max 标准化方法和带有指标正负属性的标准化方法，最终将 3000 个数据进行标准化，使结果全部落到区间 [0，1]，消除量纲的影响。

(二) 城市化发展指数测度

按照评估指标体系搜集各项数据之后，利用 min - max 标准化方法（式 7 - 1）进行数据标准化，进行城市化发展指数的线性加权计算，其计算公式为：

$$UI = \sum_{i=1}^{m} X'_i \lambda_i \ (i = 1，2，3，\cdots，m) \tag{7-1}$$

式中，UI 为城市化发展指数，X'_i 为第 i 项原始指标的标准化值，λ_i 为第 i 项指标权重。根据指标计算，最终得出辽宁沿海经济带各城市的城市化发展指数，具体数值如表 7 - 2 所示，并由此绘制出图 7 - 1。

表 7 - 2　辽宁沿海经济带城市化发展指数

年份	大连	丹东	锦州	营口	盘锦	葫芦岛
2006	0.5612	0.3441	0.3587	0.4256	0.4239	0.1818
2007	0.6004	0.3246	0.3771	0.4498	0.4580	0.1946
2008	0.6437	0.3436	0.4099	0.476	0.5394	0.2023

年份	大连	丹东	锦州	营口	盘锦	葫芦岛
2009	0.6757	0.3521	0.4129	0.4881	0.5782	0.2078
2010	0.7600	0.3822	0.4444	0.5501	0.6087	0.2314
2011	0.8084	0.4095	0.4703	0.5891	0.6498	0.2555
2012	0.8122	0.4102	0.4782	0.5923	0.6524	0.2622
2013	0.8208	0.4201	0.4812	0.6012	0.6622	0.2713
2014	0.8259	0.4248	0.4868	0.6204	0.6698	0.2786
2015	0.8321	0.4301	0.4913	0.6278	0.6732	0.2821

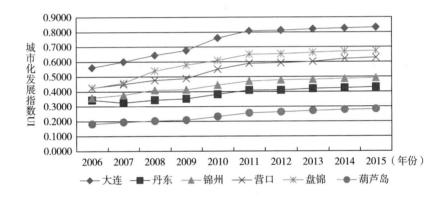

图7-1 辽宁沿海经济带城市化发展指数变化趋势

从表7-2和图7-1中可以看出，2006~2015年，辽宁沿海经济带六城市的城市化发展指数UI都在逐步地增加，说明各城市城市化水平都在不断地提高。但在这个过程中UI的发展明显的可以划分为三个阶段：2006~2009年为第一个阶段，辽宁沿海经济带城市化发展进入加速期，增速变大，这表明辽宁沿海经济带自提出概念到成为国家战略的建设前期已经开始加速发展，政策预期效应显现。2009~2011年为发展的第二个阶段，2009年辽宁沿海经济带正式获准为国家发展战略以后，城市化发展进入新的加速发展阶段，增速非常快，成为近10年增长最快的一个阶段。辽宁沿海经济带的区域政策效应完全显现。2011~2015年为发展的第三个阶段，辽宁沿海经济带城市化发展经过快速发展，达到较高水平之后开始进入稳定的慢速增长阶段，并且从2014年以后东北地区经济整体陷入低迷，已经影响到城市化发展方面，UI指数几乎陷入停滞。

从辽宁沿海经济带内部不同城市的横向比较来看，各个城市UI指数分异性较大，最大指数与最小指数的绝对差相差4倍之多，这表明城市化发展的不平衡性非常明显。但是10年内六城市的 UI 排名则比较稳定，一直以来呈现大连、盘锦、营口、锦州、丹东、葫芦岛这样一种稳定的位次排名状态，这说明虽然辽宁沿海经济带的城市化整体水平在不断提高，但是辽宁沿海经济带整体的城市化空间格局比较稳定，城市化的空间固化已经形成。大连作为辽宁沿海经济带的中心城市，是城市化发展水平最高的城市，并远远高于其他城市，这种领先优势随着城市化发展进入加速阶段扩大更为明显，最后到达稳定阶段之后仍然保持非常大的优势。盘锦和营口处于辽宁沿海经济带城市化发展水平的第二等级，处于较高的发展水平，UI 与前面的大连相差 0.1，与后面的锦州也有 0.1 的优势。锦州和丹东则处于城市化发展水平的第三等级，属于城市化中等发展水平，葫芦岛的 UI 最低，并且同倒数第二位的丹东差距也很大，且这种发展差距随着城市化发展进入加速阶段会被逐步拉大，说明葫芦岛长期以来是辽宁沿海经济带城市化发展最差的地区，其城市化发展中出现的问题较多。

总体来看，辽宁沿海经济带城市化空间格局相对稳定，城市化水平在不断提高，并且进入加速发展阶段，这种城市化的发展特征有利于对土地资源形成持续和稳定的压力水平，从而有利于土地资源效应的显现，为土地资源效应的准确测度奠定了基础。但是不同城市的城市化发展水平的差异性也将会影响到土地资源效应，城市化与土地资源效应的相互作用将会最终导致土地资源效应的多样化和分化。

（三）城市化的土地资源效应测度

根据城市化的土地资源效应评估指标体系，构建原始指标体系，之后采取带有指标正负属性的 Min - Max 标准化方法对原始指标分项进行标准化，最后根据线性加权法对辽宁沿海经济带各城市 2006～2015 年城市化的土地资源正负效应进行测度，其公式如下：

$$ULEP = \sum_{i=1}^{m} X'_i \lambda_i \ (i = 1, 2, 3, \cdots, m) \tag{7-2}$$

$$ULEN = \sum_{i=1}^{m} X'_i \lambda_i \ (i = 1, 2, 3, \cdots, m) \tag{7-3}$$

$$ULE = ULEP - ULEN \tag{7-4}$$

其中，ULE 为城市化的土地资源总效应，ULEP 为城市化的土地资源正效应，ULEN 为城市化的土地资源负效应，X'_i 为第 i 项原始指标的标准化值，λ_i 为第 i 项指标权重。

根据式 7-2 和式 7-3 进行指标计算，得出辽宁沿海经济带各城市的城市化的土地资源正负效应，根据式7-4得出城市化的土地资源总效应具体数值（见表7-3）。

表7-3　辽宁沿海经济带城市化的土地资源正负效应值和总效应值

年份	效应	大连	丹东	锦州	营口	盘锦	葫芦岛
2006	正	0.6263	0.0645	0.1931	0.2343	0.4019	0.0574
	负	0.2353	0.0900	0.0250	0.2356	0.0050	0.2278
	总	0.3910	-0.0255	0.1681	-0.0013	0.3969	-0.1704
2007	正	0.7662	0.0802	0.2055	0.3118	0.4569	0.0674
	负	0.2439	0.0646	0.0082	0.4491	0.0050	0.1377
	总	0.5223	0.0156	0.1973	-0.1373	0.4519	-0.0703
2008	正	0.9375	0.1111	0.2667	0.3957	0.5356	0.1080
	负	0.1801	0.0393	0.0005	0.1959	0.0056	0.0619
	总	0.7574	0.0718	0.2662	0.1998	0.5300	0.0461
2009	正	1.0435	0.1268	0.2732	0.4306	0.5511	0.0778
	负	0.1904	0.0441	0.0072	0.4337	0.0081	0.0439
	总	0.8531	0.0827	0.2660	-0.0031	0.5430	0.0339
2010	正	1.2542	0.1552	0.3277	0.5574	0.7331	0.1164
	负	0.2065	0.0312	0.0068	0.2250	0.0100	0.0472
	总	1.0477	0.1240	0.3209	0.3324	0.7231	0.0692
2011	正	1.5179	0.1757	0.3913	0.6788	0.8907	0.1529
	负	0.2583	0.0712	0.0084	0.3446	0.0563	0.0784
	总	1.2596	0.1045	0.3829	0.3342	0.8344	0.0745
2012	正	1.6452	0.1869	0.4321	0.7432	0.9654	0.1368
	负	0.2789	0.0872	0.0098	0.4032	0.0326	0.0834
	总	1.3663	0.0997	0.4223	0.3400	0.9328	0.0534
2013	正	1.7342	0.1978	0.4987	0.8215	0.9877	0.1439
	负	0.2702	0.0945	0.0103	0.4732	0.0455	0.0889
	总	1.4640	0.1033	0.4884	0.3483	0.9422	0.0550
2014	正	1.8573	0.2371	0.5324	0.9251	1.1020	0.1836
	负	0.2802	0.1025	0.0187	0.5022	0.0531	0.0902
	总	1.5771	0.1346	0.5137	0.4229	1.0489	0.0934
2015	正	1.9246	0.2503	0.6832	0.9522	1.1780	0.1983
	负	0.2832	0.1247	0.0203	0.5973	0.0632	0.1034
	总	1.6414	0.1256	0.6629	0.3549	1.1148	0.0949

从最终的测度结果来看，辽宁沿海经济带各城市的土地资源效应的变化情况要比城市化自身的变化情况复杂许多，反映出城市化与土地资源利用相互作用的复杂性，并不是一种简单的线性相加的情况。土地资源效应中的正、负和总效应变化情况也各不相同，总体来讲，正效应是一种不断增加的变化趋势，而负效应是一种先降低而后又增加的趋势。其中，由于正效应的绝对值要大于负效应绝对值，所以总效应也体现为不断增加的趋势，说明城市化发展对于土地利用的积极作用是主要方面，城市化促进了土地利用的整体优化和提升。辽宁沿海经济带的各城市土地资源效应的分异情况同城市化发展指数的分异情况类似，不同水平相差很明显，但是具体的排名情况却与城市化指数的排名不同，进一步证明城市化作用于土地利用情况的复杂性。最终不同城市化发展与土地资源效应不同情况的相互组合构成了不同的城市化主导下的土地资源利用和配置模式，从各自的特点分析出发，为探讨和优化各城市的土地利用配置提供了依据。

二、辽宁沿海经济带城市化的土地资源效应特征

（一）正效应主导之下城市化对土地资源利用的积极促动作用显著

从辽宁沿海经济带各城市的土地资源正负效应的变化趋势以及最终的总效应（ULE）来看（图7-2至图7-4），各城市正效应（ULEP）从低值向高值不断地增加，且增长的幅度越来越大，增长速度也出现阶段性规律：2006～2009年为低速增长阶段，2009～2011年为高速增长阶段，2011～2015年为低速稳定阶段。而负效应（ULEN）除营口变化比较剧烈之外，其他城市总体来讲变化为从高值区向低值区降低，但在到一定低值之后又出现正"U"形变化趋势。由于正效应的绝对值增长幅度要远高于负效应值，因此正负效应相比较得出的总效应则出现负效应或较小的正效应向较大值的正效应演变的趋势特征。而且进一步对土地资源的总效应和城市化发展指数进行相关性分析得出，各城市的相关系数都比较高（见表7-4），其城市化的土地资源总效应的增长趋势与城市化指数增长趋势基本吻合。

表7-4　辽宁沿海经济带城市化的土地资源总效应与城市化发展指数相关性

城市	大连	丹东	锦州	营口	盘锦	葫芦岛
相关系数	0.99	0.94	1.00	0.74	0.95	0.93

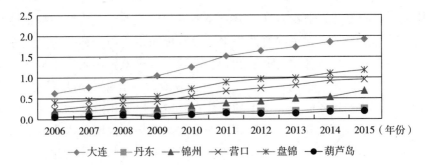

图7-2 辽宁沿海经济带各城市城市化的土地资源正效应变化趋势

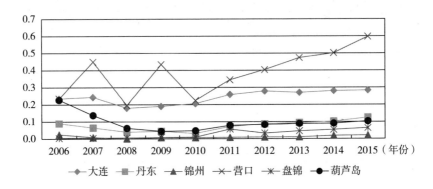

图7-3 辽宁沿海经济带各城市城市化的土地资源负效应变化趋势

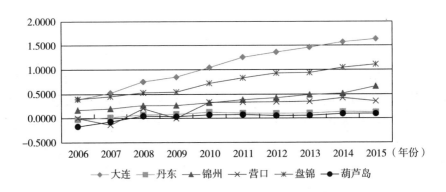

图7-4 辽宁沿海经济带各城市城市化的土地资源总效应变化趋势

城市化的土地资源总效应从负变正主要是因为辽宁沿海经济带在发展初期，在大规模投资的驱使下，前期城市化的发展为追求高速度，盲目扩张城市空间，土地资源消耗总量快速上升，发展高耗能高污染的产业，对城市土地资源的浪费与污染水平快速提升，导致土地效应以负效应为主，而随着后期的发展调控，投资热度降低，可持续发展观念深入人心及逐步采用低污染和高效能的城市化发展方式之后，城市化水平提升对以土地收益为代表的土地正效应产生巨大的提高作用，土地资源利用产生的正向作用开始大于负向作用，土地资源的正效应起到主导作用。因此，总体来看，城市化水平的提升对土地资源利用具有积极的优化作用，并且城市化水平越高，其土地资源正效应就越高，对土地资源利用的优化更为明显。如大连、盘锦、锦州，在较高的城市化发展水平上，土地资源总效应在10年间都显示为正。但同时，在目前高速城市化阶段，辽宁沿海经济带六城市的城市化的土地资源负效应又都出现增长的趋势。这说明目前的城市化方式仍然存在一定的问题，在其主导之下产生的土地资源利用问题，特别是土地污染随着城市化发展而出现加重情况。因此，总体来讲，10年间辽宁沿海经济带土地负效应呈现"U"形变化的特征和趋势，若未来城市化过程中不采取相应土地污染的控制和提高土地污染治理技术水平的措施，随着我国经济发展进入平稳期之后，相应的土地收益降低，土地资源的正效应会趋于稳定或降低，这时土地资源的负效应可能会超过正效应，从而总效应表现为负。

（二）土地资源效应的转化和分化现象明显

城市化的土地资源效应具有相对性、模糊性和变动性的特征，正负效应的产生、转化都将体现这些特征的存在，遵循发展变化规律。在辽宁沿海经济带六城市城市化的土地资源正负效应变化趋势中，这种特征也得到了相应的体现，正负效应相对而生，变化中各自相互影响，阶段性和趋势变化多样，并且在整体的辽宁沿海经济带上还体现为不同城市和不同城市化发展阶段，土地资源效应具有高低值的分化现象。

如表7-5所示，辽宁沿海经济带六城市土地资源正负效应都相对而生，没有单一存在的情况，并且在相互影响的基础上，总体效应最终由两者绝对值的相对大小来决定。由于各城市发展状态不同，正负效应的相对大小也具有很大的差别，从而最终显现不同的总效应值。大连正负效应相差最大，因此最终的总效应值最高，葫芦岛正负效应相差最小，葫芦岛总效应值最低。从图7-2、图7-3、图7-4中可以看出，10年间六城市的土地资源正负效应处于不断的变动之中，其中的变化包括正负效应内部高低值的变化以及最终导致的总效应正负之间的转化，证明土地资源效应变动性特征的存在。六城市的总效应转化趋势是由负转正（丹东、营口、葫芦岛），或者由低值正效应向高值正效应转化（大连、锦州、盘锦），证明辽宁沿海经济带城市化对土地资源利用的作用总体是一种正向的促进作用。正负效应转变的时间节点、增长速度则不同城市情况不尽相同，主要受城市化的发展阶段和水平影响，总体来讲城市化发展水平越高则正负效应的转变越快，效应的增长速度越快。

表7-5 辽宁沿海经济带各城市城市化的土地资源效应特征及变化趋势

效应特征	各城市效应变化
大连：10年间，正效应值一直大于负效应值，并且最终具有最大的正负效应差值，具有最大的土地资源总效应，与自身在区域内部具有最高的城市化发展水平相适应，体现出城市化对土地资源利用极大的促动作用	
丹东：正负效应的差值10年间一直处于较低水平，在2007年完成正负效应相互转化，从此总效应表现为正效应。但负效应近两年呈现快速上涨趋势，未来可能又会出现正负效应的转化现象	
锦州：10年间总效应一直体现为正效应，但是由于正效应水平并不高，虽然负效应水平也不高，但两者之间的差值也不大，因此最终的总效应值水平也不高	

续表

效应特征	各城市效应变化
营口：正负效应的相互转化频繁，这主要受负效应波动性变化影响，2009 年以后，正负效应变化趋于稳定，最终呈现为正负效应同时上涨的趋势，且正效应大于负效应，两者的差值变动也较小，总效应稳定	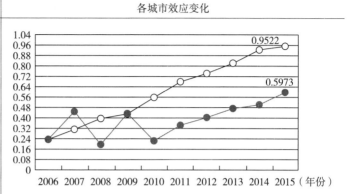
盘锦：10 年期间正效应一直大于负效应，由于负效应一直稳定在非常低的水平，正效应处于较高水平，所以正负效应的差值也比较大，导致正的总效应值也较大，成为辽宁沿海经济带中效应值仅次于大连的城市	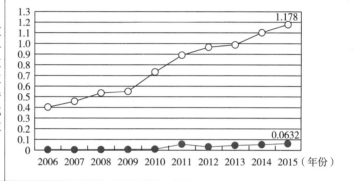
葫芦岛：与其他城市对比来看，负效应最初始的值最高，且正负效应的转化时间最慢，在 2008 年才完成总效应由负转正，并且由于正负效应绝对值相近，所以最终的总效应虽然为正，但水平却最低。表明城市化和土地利用中的问题较多，土地利用处于非常不合理的状态中	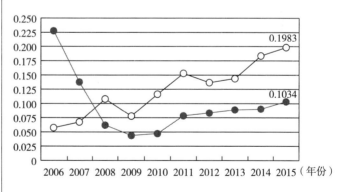

注：○——○ 表示正效应；●——● 表示负效应。

由于城市化发展水平越高的城市土地资源效应转化越快，所以在不同城市化发展速度的影响、辽宁沿海经济带高低分化的城市化发展速度作用，以及经过一段时间的发展变化之后，辽宁沿海经济带各城市土地资源总效应就产生高低值相差较大的分化现象。大连作为区域内城市化水平最高的城市，城市化的土地资源效用值最高且远远高于其他城市数值。盘锦具有较高的城市化水平，且城市化的土地资源负效应稳定的处于低水平状态，所以最终总效应值也较高，其他城市与其也具有较大的差距。而锦州和营口的城市化水平处于中等层次，城市化的土地资源效应也处于中等水平。丹东与葫芦岛城市化水平较低，城市化的土地资源正负效应相互转化却最快，最终正负效应相差较小，总效应值稳定的保持在较低的水平，如表7-5所示。于是，六城市总效应值分化为四个层次，大连为第一层次，盘锦为第二层次，锦州和营口为第三层次，丹东和葫芦岛为第四层次。并且各层次的效应值之间的差距非常大，呈现为倍数级别的差距。特别是第一级别的大连是其他城市的几倍到十几倍。由于土地资源正负效应受城市化影响较大，如果保持目前城市化的发展状态，辽宁沿海经济带城市化的土地资源效应分化将会更加明显。

（三）土地资源效应高低值中心具有空间转移趋向

整体辽宁沿海经济带的城市化的土地资源效应在高低值上的分化效应体现在空间上就产生了空间极化的发展趋向，并且从多年的发展来看，土地资源效应高低值区域分布极不平衡，空间极化的方位出现在辽宁沿海经济带的中段（辽东湾东南一侧），其土地资源效应始终明显高于辽宁沿海经济带"两翼"地区。总体来看，整个辽宁沿海经济带土地资源效应的空间分布和变化情况可以分为两个时期，在初期（2006~2011年）形成以盘锦为中心，土地资源效应向外围区域逐步递减的空间变化趋势，而在2011年以后，则形成以大连为中心，辽宁沿海经济带中部土地资源效应高于"两翼"地区的空间特征。

土地资源效应的空间模式呈现出空间不平衡的现象，但总体来看辽宁沿海经济带中段要高于两翼地区，并且效应高值中心经历了由盘锦向大连的转移。前期以盘锦为中心主要是因为盘锦为区域内部的石油城市，城市化基础和发展动力与其他城市相比具有先天的优势，城市发展历史短且人口规模和空间规模较小，城市发展之初是在较为完善的规划理念下完成，规划的基础好，城市土地利用高效，从而导致较高的土地资源效应。而后期以大连为中心主要是因为大连是区域内部最大的城市，城市化动力及其区域带动强度非常大，随着城市规模效应的发挥而不断地增大。在城市化的作用之下，城市土地利用会做出较快的正向的反馈，于是土地资源正效应会快速的增加和累积，随着规模效应的增大，累积效果越来越强，最终大连超过盘锦，成为新的土地资源效应高值中心。由于大城市发展中规模效应、集聚效应的存在，大连的土地资源效应将会继续提高。而辽宁沿海经济带中的其他城市由于城市化水平低、城市规模小，城市规模效应、集聚效应远远低于大连，则土地资源效应值将会与大连的差距越来越大，整个辽宁沿海经济带土地资源效应以大连为中心，辽宁沿海经济带中段高而"两翼"低的空间不平衡现象将会长期存在下去，但"两翼"地区内部可能会出现不同程度的效应值高低变化现象。这主要取决于辽宁沿海经济带未来的开发导向和各个城市未来城市化发展的实际情况。

第三节 辽宁沿海经济带城市化的土地资源利用风险评估及预警

风险的研究重在实践与应用，各类风险理论的研究内容和最终的目标都是能够将风险进行准确的评估，在评估的基础上制定防范风险发生的规避措施，通过风险规律的掌握能够具有预测风险的能力，从而能够预警风险的发生，采取应对措施，挽回风险造成的损失。辽宁沿海经济带土地资源利用风险的研究能够对其区域发展中存在的风险大小、特征和分布具有清晰的认识，能够为管控风险、化解风险、引导辽宁沿海经济带城市化方式转变提供依据，为合理配置土地资源、进行合理的土地开发提供依据。同时，风险评估的理论和构建的方法体系，通过辽宁沿海经济带的实证检验，发现其中不符合发展实际情况的部分，也可以反过来进行方法的改进与完善，形成能够适应现实状况的应用方法。

一、研究数据来源和处理

以土地资源利用风险评估指标体系为依据，分为风险源危险度、风险受体易损性和风险损失度三大部分，对辽宁沿海经济带六城市的相关指标进行数据搜集，数据的时间跨度为 2006～2015 年，总共搜集 960 个数据单元，作为研究和预测的基础数据，数据主要来源于 2007～2016 年《中国城市统计年鉴》《辽宁统计年鉴》《中国国土资源年鉴》，部分未能直接搜集到的数据，根据相应的指标计算方法，间接得出。

为使数据具有空间对比性和时间对比性，将辽宁沿海经济带六城市按指标体系搜集到的原始数据和经灰色预测所得出的预测数据进行按归一化公式统一进行标准化处理，将所有的指标值都转化为 0～1，最终所得出的值越接近于 1，则表明该值所反映的情况越恶劣，该值越接近于 0，则表明情况越良好。

归一化具体公式为：

正向指标：赋值 $= (X_i - X_{min})/(X_{max} - X_{min})$ (7 - 5)

负向指标：赋值 $= 1 - (X_i - X_{min})/(X_{max} - X_{min})$ (7 - 6)

式中，X_i 为实测值，X_{max} 为实测最大值，X_{min} 为实测最小值。

二、研究过程和结果分析

（一）数据预测

构建风险评估方法与评估指标体系，进行风险研究的主要目的是能够进行准确的风险评估，而风险评估的核心作用则体现在通过评估数据的预测达到风险预测的目的，从而提出未来发展的预警，提出相应的风险控制与规避措施。于是，进行风险预测成为研究风险评估的重要部分。本节将采用灰色预测 GM（1，1）模型，将辽宁沿海经济带六城市市区 2006 ~ 2015 年的指标数据作为原始数据，对未来 10 年（2016 ~ 2025）的数据进行预测，进而通过风险评估模型计算出一直到 2025 年的辽宁沿海经济带城市化进程中的土地资源利用风险值。

灰色预测理论是将一切随机变量看作一定范围内变化的灰色量，将随机过程看作一定范围内变化的仅与时间有关的灰色过程。灰色预测通过鉴别系统因素之间发展趋势的相异程度，即进行关联分析、光滑离散函数，并对原始数据进行生成处理来寻找系统变动的规律，生成有较强规律性的数据序列，进而用离散数据列建立微分方程形式的动态模型，即灰色模型是利用离散随机数经过生成变为随机性被显著削弱而且较有规律的生成数，建立起的微分方程形式的模型，这样便于对其变化过程进行研究和描述，从而预测事物未来发展趋势的状况。其用等时距观测到的反应预测对象特征的一系列数量值构造灰色预测模型，预测未来某一时刻的特征量。因此，灰色预测理论对于社会经济的时间序列数的预测具有较好的可靠性，这是选择这一方法预测的主要原因。GM（1，1）模型中 C 表示 grey（灰色），M 表示 model（模型），其具体的模型为：

定义$x^{(1)}$的灰导数为：

$$d(k) = x^{(0)}(k) = x^{(1)}(k) - x^{(1)}(k-1)$$ (7 - 7)

令$z^{(1)}(k)$为数列$x^{(1)}$的邻值生成数列，即：

$$z^{(1)}(k) = \alpha x^{(1)}(k) + (1 - \alpha)x^{(1)}$$ (7 - 8)

于是定义 GM（1，1）的灰微分方程模型为：

$$d(k) + \alpha z^{(1)}(k) = b \text{ 或} x^{(0)}(k) + \alpha z^{(1)}(k) = b$$ (7 - 9)

式中，$x^{(0)}(k)$ 成为灰导数，α 为发展系数，$z^{(1)}(k)$ 为白化背景值，b 为灰作用量。

（二）研究结果分析

利用 GM（1，1）模型预测六城市 2016～2025 年的数据，然后根据城市化的土地资源利用风险 ULR 计算公式，利用所构建的指标体系和权重，对经过数据处理之后的归一化数据进行计算，分别得出辽宁沿海经济带六城市的城市化的土地资源利用风险 ULR 值及各分相指标危险度（H）、易损性（V）和损失度（D）。具体 ULR 值及变化趋势如表 7-6 和图 7-5 所示。

表 7-6　辽宁沿海经济带各城市风险值历史变化与趋势预测

年份	大连	丹东	锦州	营口	盘锦	葫芦岛
2006	0.4216	0.3383	0.2153	0.3379	0.2420	0.1935
2007	0.4269	0.3300	0.2628	0.3747	0.3052	0.2400
2008	0.4049	0.3212	0.2417	0.3606	0.3246	0.2138
2009	0.4198	0.3183	0.2549	0.3798	0.3049	0.2296
2010	0.4574	0.2591	0.2645	0.3708	0.3773	0.2173
2011	0.4811	0.3038	0.2585	0.3654	0.3024	0.2257
2012	0.4807	0.2895	0.2625	0.3969	0.3623	0.2235
2013	0.4978	0.2980	0.2657	0.4022	0.3460	0.2307
2014	0.5127	0.3037	0.2648	0.4044	0.3650	0.2307
2015	0.5304	0.3083	0.2709	0.4165	0.3713	0.2338
2016	0.5607	0.3187	0.2786	0.4307	0.3807	0.2323
2017	0.5828	0.3234	0.2878	0.4548	0.3791	0.2446
2018	0.6055	0.3194	0.2911	0.4740	0.3797	0.2482
2019	0.6387	0.3194	0.3029	0.4858	0.3837	0.2553
2020	0.6643	0.3285	0.3107	0.5289	0.3877	0.2581
2021	0.6055	0.2962	0.2884	0.4747	0.3662	0.2292
2022	0.6109	0.3025	0.3027	0.4968	0.3919	0.2378
2023	0.6217	0.3122	0.3152	0.5392	0.4222	0.2608
2024	0.6313	0.3213	0.3234	0.5939	0.4619	0.2737
2025	0.6403	0.3290	0.3363	0.6383	0.4982	0.2962

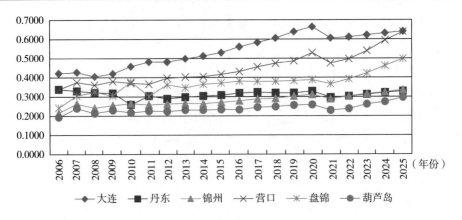

图 7-5 辽宁沿海经济带各城市风险值历史变化与趋势预测

从研究得出的 ULR 值来看，整个风险的变化分为三个阶段。第一个阶段为 2006~2015 年的历史期，呈现为较为强烈的波动变化特征，特别是 2007~2012 年阶段，变化非常大，主要是与历史发展中的变化较大有直接关系。第二个阶段为 2016~2020 年的预测期前期，六城市 ULR 值呈现明显的稳定上涨趋势，在 2020 年达到最高值，特别是大连和营口，风险值增长较快。第三个阶段为 2021~2025 年的预测后期，风险值在 2021 年经过下降之后，又出现缓慢的上升趋势。所以，最终整个辽宁沿海经济带土地利用风险值总体呈现为波动性上涨的特征，但在个别不同年份之间出现变化剧烈且有阶段性下降的情况。这主要是因为，在 2005 年辽宁省政府首次提出辽宁沿海"五点一线"的战略构想（辽宁沿海经济带前身）。所以，2006~2011 年是辽宁沿海经济带重点打造并在上升为国家发展战略（2009 年）之后重要的发展机遇期，出现城市发展的突然加速，但由于城市化发展是一个复杂且影响广泛的进程，对城市发展的各个方面可能出现强度不同的影响，并且不同阶段城市化自身也具有不同的发展速度，因而在发展数据中表现为一定的波动性特征。而在预测期则呈现为稳定的增长趋势，主要是由于预测过程中采取的灰色预测方法是一种趋势性预测，许多不稳定和复杂因素的排除减小了数值出现波动性的特征，但总的趋势却完全符合未来发展的规律。丹东市的 ULR 值在 2006~2012 年这一阶段的波动性最大，说明受沿海经济带发展战略的影响，其发展受到的影响最大，具有较大的不稳定性。总体来看，辽宁沿海经济带 ULR 值变化情况表明在现有城市化发展模式之下，不合理的发展模式会加快城市土地资源利用问题的产生并具有累积效应，城市化的土地资源利用风险会不断地增大，并且从 2016~2025 年的预测期来看，未来城市化发展速度的加快，会加快风险值的增长，ULR 值会快速的增加。

以 2006 年、2007 年、2010 年、2015 年、2020 年和 2025 年为时间节点，将 ULR 值分为五个变化阶段，并以 ULR 为属性值，通过 Arcgis 9.3 处理系统绘制辽宁沿海经济带的 ULR 值空间分布，从而分析辽宁沿海经济带的 ULR 空间特征。

从 ULR 值的空间演变来看，在 2006~2025 年 ULR 值变化的整个时期内，大连作为区域内部最大的城市，ULR 值都处于最大状态，并且其他城市与其相比具有较大的差距，这也表明未来城市化发展中将会面临更多的土地利用风险问题，受土地资源利用的约束力也将最大。从 2006~2007 年这个时间段来看，ULR 的高值区域集中在以大连为中心的辽东湾东侧，辽宁沿海经济带的东中部地区，包括大连、盘锦、营口和丹东四个城市，而辽东湾的西侧地区相对较低，但是已经出现快速增长的现象，葫芦岛的风险值开始增加。2007~2010 年，ULR 高值区域开始向大连、营口和盘锦所在的辽宁沿海经济带的中部核心区域集中，但仍然呈现东侧高于西侧的发展格局。主要是因为三个城市在这一阶段的开发强度最高，进行了大量的固定资产投资，港口开发、房地产开发力度增大，城市化发展与土地资源利用的矛盾最为激烈。2010~2015 年，风险高值区域几乎没有发生变动，仍然是以辽宁沿海经济带中段为核心，两翼地区变动较小。2020 年以后，风险高值有扩张的趋势，辽宁沿海经济带的发展将会从核心带动向边缘扩展，发展较为薄弱的两翼地区也将会处于加速发展状态，从而 ULR 值会提升，整个辽宁沿海经济带的 ULR 格局呈现以大连为核心，两翼边缘地区相对均衡的格局。

从构成城市化的土地资源利用风险的各要素值，即危险度、易损性和损失度的历史变化与未来发展趋势来看，易损性经历了一个前期较高，后逐步下降并趋于稳定的变化趋势，危险度和损失度则一直逐步上升，这构成辽宁沿海经济带六城市风险三要素的共同变化特征（见图 7-6 至图 7-11）。造成这一变化特征的主要原因是在城市化发展的前期，不注重对于土地资源（风险受体）的优化利用以及土地污染的防治，导致土地系统自身具有较高的易损性，从而土地资源系统易损性成为主导风险的前期原因。但随着城市化的发展，土地资源利用方式会不断地优化，土地系统自身抵抗外部干扰的能力会逐步增强，而城市化发展方式的优化，同样会加强对土地污染物排放的控制，土地污染水平会降低，从而土地资源易损性会降低。而城市化的不断发展，外部的风险源和未来造成的损失及潜在损失，也会因为城市规模的增大而快速的增加，从而表现出危险度和损失度的上升，并且在两者共同作用下使整体的风险值呈现上升趋势。

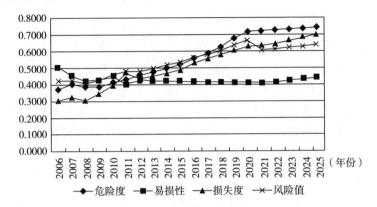

图7-6 大连市城市化的土地资源利用风险值历史变化与趋势预测

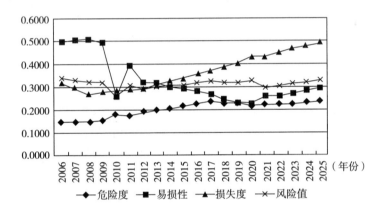

图7-7 丹东市城市化的土地资源利用风险值历史变化与趋势预测

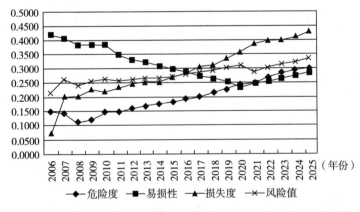

图7-8 锦州市城市化的土地资源利用风险值历史变化与趋势预测

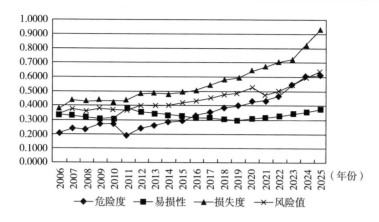

图 7 - 9　营口市城市化的土地资源利用风险值历史变化与趋势预测

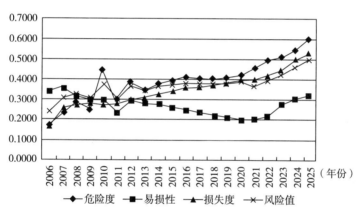

图 7 - 10　盘锦市城市化的土地资源利用风险值历史变化与趋势预测

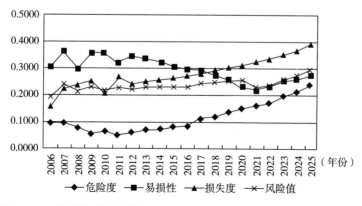

图 7 - 11　葫芦岛市城市化的土地资源利用风险值历史变化与趋势预测

从不同城市自身的发展变化来看，风险三要素的变化程度则各不相同，丹东、盘锦和葫芦岛的变化前期剧烈而混乱，导致风险值变化较大。而其他城市的三要素都体现为平缓的上升或下降趋势。从这一点反映出城市发展中面对风险，抵御风险的能力存在较大的差别。同时，不同城市在风险要素值变化过程中所表现的特点也不尽相同，具有不同的风险主导类型。大连市、盘锦市、营口市属于"双高"主导类型，即表现为高危险度和高损失度，并都超过易损性，说明未来受高强度危险源的影响会产生较高的损失，控制风险需要从两个方面共同防治。而丹东市、锦州市和葫芦岛市则属于"单高"类型，即损失度高而危险度低，说明未来主要是由于存在较高的潜在损失而导致风险的提高，控制风险的主要措施是控制损失。

三、辽宁沿海经济带城市化的土地资源利用风险管理对策

（一）现状优化与未来管控策略

从辽宁沿海经济带各城市风险值历史变化与趋势预测来看，历史与未来的长时期内风险值都处于不断上升趋势，证明历史与现状的城市化发展方式是一种风险偏高且引导风险不断提高的不合理的发展方式，切断城市化发展模式继续提升风险的路径，对现状的城市化发展方式进行改变和优化是结束风险不断上升趋势的首要措施。由于不同城市所表现出的风险变化特征不同，表明城市化引起风险的主导因素不同，所以不同规模和类型的城市需要采取不同城市化发展优化策略。具体来讲，大连是区域内规模最大的城市，城市化发展速度和水平最高，而风险值在发展过程中一直处于较高的水平上，较高的风险主要是由单纯追求高速的城市化发展而带来，因此以控制和引导措施为主，要重点控制大连在城市化中的空间发展速度和规模，降低空间发展中对土地资源的依赖性，引导城市化发展由高速向高质量方式转变，优化已有的土地利用空间，提高城市化的质量。营口、盘锦目前正处于城市化快速提升的关键时期，较快的城市化发展速度和不合理的城市化发展方式导致它们具有较高的风险值，但两个城市的规模与城市化发展仍处于中等水平，仍然具有提升的空间，不能采取控制城市化发展的方式，要以优化措施为主，转变城市化的发展方式，人口城市化和土地城市化协调发展，在保证具有一定城市化发展速度的前提下控制风险的提升。丹东、锦州和葫芦岛具有较低的风险值，并且其城市发展水平也较低，因此要以促进和提升措施为主，彻底转变现有城市化发展方式，加大城市化发展要素的投入，提高要素带动作用，寻找更为高效的城市化发展方式，既能够控制风险值上升的势头，同时能

够快速促进城市化的发展。

未来管控主要是根据风险预测的发展趋势和特点进行制定。根据预测结果显示，未来各个城市风险值仍将会呈阶段性的加速上升，上升速度将会加快，因此未来每个城市在发展中都需制定管控风险的对策。具体来讲，大连在未来的风险值会经历先加速后降速的发展过程，最终的风险值会降低，未来随着城市化发展进入稳定阶段，采取的管控措施以优化土地利用为主。营口和盘锦未来主要是面对风险值增速快，风险水平快速提升，有超过大连的可能。在这个过程中，由于两个城市未来都会保持较高的城市化发展速度，风险值上升过快则可能会出现土地利用问题约束城市化发展的情况，需要采取相应的降低风险的措施，要防止出现城市化水平为达到较高水平而产生过高的风险值。而锦州、丹东和葫芦岛未来的风险值会略微上升，但速度不会过快，给三个城市提升自己的城市化水平留有了一定的风险提升空间，未来则需要在大力投入城市化发展要素，提高城市化发展速度时，注意保持和控制风险，使其仍然处于慢速增长的趋势中即可。

（二）空间均衡发展与风险转移策略

辽宁沿海经济带城市化的土地资源利用风险存在空间不均衡的分布特征，风险高值区域集中在以大连为中心的辽宁半岛和沿海经济带中段的核心区域，证明这一区域在发展中城市化与土地资源利用之间的矛盾最为激烈。而其他城市，即辽宁沿海经济带的两翼地区风险值相对较低，但这并不说明这些地区具有协调的城市化与土地资源利用关系，而主要是由于两翼地区城市化水平较低从而引起的土地资源问题较少。因此，针对风险空间分布不均衡，高值－低值区域分化明显的特征，为辽宁沿海经济带整个地区的整体风险管控提供了一种空间转移的策略，可以采取区域均衡发展战略，风险分担机制，控制大连、营口和盘锦地区的低端经济发展项目的增长，引导三个城市的发展要素逐步向两翼地区的丹东、锦州和葫芦岛转移，一方面实现区域的均衡发展，另一方面实现风险的转移。

区域均衡发展战略是实现辽宁沿海经济带整合发展的方式，同时也是土地资源利用风险转移的主要方式之一。在区域均衡发展过程中，区域实际采用以空间换取时间的发展策略，因为在这个过程中，虽然区域整体的风险值在城市化发展过程中仍然在不断增加，但是由于风险高值区域发展项目的转移，能够有效将发展风险同时转移到其他地区，从而控制风险高值区风险水平，避免风险过高之后产生的诸多问题，避免过早产生土地利用风险制约城市化发展的情况，延长城市化快速发展的时间段。而其他风险低值区域由于本身风险水平较低，同时城市发展要素投入不足，伴随发展项目转移而来的风险也并不能对整体风险水平产生根本性影响，风险水平仍然会处于可控制范围之内。相反，发展项目的到来将会成为促动其城市化发展的有利因素，促进其城市化快速发展。因此，通过区域均衡发展，既能够提升辽宁沿海经济带的整体发展，也能够将风险空间分布逐步均衡化，降低高值区域的风险值，避免风险过度集中于辽东半岛地区而带来灾难性后果。

（三）分类控制与功能提升策略

不同城市造成风险发生的主导要素不同，因而会产生不同类型的风险值，所以从未来发展和预防风险的角度来看，需要提出分类管理风险的对策。准确地剖解风险组成结构的特点，清晰地把握由危险度、易损性和损失度相互变化对风险变化所造成的影响，从而针对不同结构类型的风险制定不同风险管理对策。具体来讲，危险度和损失度受城市化发展强度、方式的影响，城市化发展方式不合理，城市化造成的土地利用压力过高，都将会导致危险度和损失度的提升。在辽宁沿海经济带中，大连、营口和盘锦属于危险度和损失度"双高"型风险类型，表明城市化发展中存在不合理和强度过大问题，需要通过优化城市化的发展方式，优化产业结构，降低城市化造成的土地污染来解决危险度过高问题。损失度的降低一方面需要降低城市化发展对土地的依赖程度，减少土地资源浪费；另一方面需要优化城市人口和经济的空间布局，降低人口密度和经济密度，从而减少由于社会资本过度集中而带来的高损失预期。丹东、锦州和葫芦岛属于损失度高的"单高"风险类型，证明城市化发展仍然可以对土地利用施加压力，可以进一步提升城市化发展速度，但要避免要素的集中而带来的较高损失度。

易损性在风险构成中由风险受体自身属性和抵抗外在干扰能力决定，其大小主要受城市土地利用方式及对外在干扰的防治能力的影响。一般来讲，具有丰富的城市可开发土地资源，进行合理的土地开发利用以及较少的对土地系统结构进行破坏，则土地系统自身就不容易遭到风险源的影响，就具有一定抵抗和化解风险的能力。具体来讲，大连在城市化发展中对于土地资源的依赖度过高，人均耕地面积逐年减少，而征用土地面积不断增加，对土地系统结构造成较大影响，其土地抵抗外部压力的能力较小，易损性增大，应该采取控制空间规模扩张，提升城市化内涵质量的发展方式，增加人均利用土地资源的水平，避免土地资源的高投入和浪费。而营口市、丹东市则属于土地资源本身并不丰富的城市，土地利用的基础不好，土地资源本身的抗压性不好，所以更应该降低对土地资源的依赖，以保护性措施为主，采取高效的城市化发展方式。锦州、盘锦和葫芦岛则是由于粗放式的产业发展方式造成严重的土地污染，严重损害了土地系统结构，导致土地易损性较高，所以应该制定严格的土地环境保护措施，恢复土地生态功能，恢复原有抗压能力。针对风险特点，分类控制风险过程中每个城市的侧重点不尽相同，但是每个城市在发展过程中，都需要通过城市功能的提升和优化来进一步优化土地利用和土地开发模式，从而增强土地自身功能，恢复土地自身结构的抗压性，实现易损性的降低。由于风险生成路径中，易损性是风险最终实现的核心，风险源和最终造成的损失都是由风险受体的易损性决定，因此，易损性的降低同样会对危险度和损失度的减小产生一定的作用。

（四）土地资源集约利用和优化配置策略

由于人类正在利用的土地是土地生态系统和经济系统的集合，所以土地利用过程实际就成为一个多目标集合下的系统组织和协作的过程。在这个过程中任何一方面的组织出现问题都将会对土地利用产生一定的影响，从而造成损失。所以，铲除土地利用风险产生的根源最直接的方式就是理顺土地资源利用中的系统关系，实行土地资源集约利用，对土地资源进行优化配置。

土地资源集约利用是一个集合多个目标、多个层次的复杂系统，要求多个关系的协调性。不同时期和不同的发展条件之下，建立不同的目标，目标导向不同引导土地利用方式向着不同的模式进行转变，形成动态的目标变化体系。辽宁沿海经济带六城市具有不同的发展条件，城市化处于不同的发展阶段。大连发展要素投入最大，城市化水平最高，发展的惯性要求土地资源仍需要进行一定量的投入，否则将会影响城市化的发展。所以，在土地集约利用时就要建立高投入和高效率的土地利用观念，单纯的高投入要向高效率转变，当城市化发展转入高水平稳定阶段之后，高投入要逐步降低，转变为低投入高效率。营口、盘锦处于城市化发展加速阶段，需要充分保障土地资源的投入，避免土地高投入中的浪费。锦州、葫芦岛、丹东处于城市化发展的低水平，需要其他要素的发展来促动土地资源的开发。

土地集约利用是一个人地相互作用的过程，人类行为对土地利用的作用十分明显。辽宁沿海经济带六城市的人口规模水平各不相同，对土地资源造成的影响量也不相同。大连人口总量最大，人地关系最为紧张，土地利用强度比较大，土地本身抵抗风险的能力会比较脆弱，需要通过土地结构的合理匹配，找到人地关系疏解的方法，从目前看来大连土地城市化快于人口城市化，需要进一步通过吸引人口来化解土地资源低效问题。其他城市人口规模都比较小，人地关系缓和，土地本身的利用不会出现较大问题，但是人类废弃物的注入将会导致土地污染发生，需要注意污染的防治。

土地集约利用要实现土地空间结构的协调发展。在辽宁沿海经济带整体的土地资源配置中要协调好比较大的区域性基础设施的修建所用土地资源，在区域整体土地资源的配置中进行合理安排，设定国土空间红线，严格保护各类生态敏感和耕地。从辽宁沿海经济带空间发展的情况来看，需要安排好港口、临港产业、临海房地产项目开发等内容，项目的发展要同经济社会发展需求相结合，避免重复建设、同构竞争、土地资源的浪费，人口规模、需求量较小的城市不再兴建大型港口。在城市的内部，不同区域土地资源的开发利用也要统筹协调，城市中心区要以高效率和高密度的方式利用，新区和开发区要防止土地规模过大，在低密度开发中寻求高效利用。在城市内部土地立体开发上加强技术投入，形成城市土地利用的地面、地上、地下协调发展，尽量减少城市用地的增量需求。城市内部分区域进行土地利用的详细规划，利用强度和结构进行详细的设定，从根源避免土地被破坏和利用方式不当（王长坤，2007）。

第四节　辽宁沿海经济带城市化与土地资源利用协调配置

　　无论是城市化的土地资源效应正向促动作用的最大化发挥，使其正效应越来越大，还是有效地规避土地资源利用风险，将城市化与土地资源相互的关系调整到一个协调状态上都尤为关键。在关系的梳理过程中可以采取相关的政策措施来限定两者关系，使其不相互干扰，达到相互促进的目的。但是这只能够将两者引导到一个相对合理的发展状态之中，不能够确定这种关系之下两者具体的发展状态如何。进行城市化与土地资源利用的协调配置就是在准确的两者协调状态值下，寻找到土地资源利用或者是城市化发展的合理状态。城市化的发展调整比较困难，是一个长期的过程，而土地利用的调整，尤其是不合理状态的改善则相对可行。于是，辽宁沿海经济带城市化与土地资源利用协调配置的研究就是在已知的城市化发展状态下，通过协调度计算和土地效应的调整，根据前文中构建的适应于城市化发展水平的土地资源效应值计算方法和城市主要类型土地资源调整方法，寻找到最大的协调度，得出最优的土地资源效应值，最终再得出每个城市的最优土地资源配置状态，并从配置状态下，寻找到相应的土地资源开发利用模式。

一、城市化与土地资源利用的最优协调度计算

判断城市化与土地资源利用协调情况需要对两者之间的协调度进行计算，协调度的计算是根据所构建的城市化发展指数与土地资源效应的协调度计算模型（见式6－12），将辽宁沿海经济带2015年各城市的城市化发展指数 UI 和土地资源效应 ULE 代入公式进行计算，得出具体各城市的城市化发展水平－土地资源效应协调度，具体的结果见表7－7。

表 7－7　2015 年辽宁沿海经济带城市化发展指数、土地资源效应及其协调度

城市	大连	丹东	锦州	营口	盘锦	葫芦岛
土地资源效应	1.64	0.12	0.66	0.35	1.11	0.09
城市化发展指数	0.83	0.43	0.49	0.63	0.67	0.28
协调度	0.96	0.32	0.64	0.62	0.84	0.28

在协调度的研究中，一般研究认为，当协调度 $0.8 \leqslant D \leqslant 1$ 时表明两个系统之间具有良好的协调关系，两个系统处于良性的互动之中，是一种合理的发展状态。从辽宁沿海经济带的研究结果中可以看出，只有大连（0.96）和盘锦（0.84）处于这个区间之内，具有良好的城市化发展与土地资源效应协调的关系。锦州（0.64）、营口（0.62）则属于协调性一般水平，表明存在不合理关系因素；而丹东（0.32）、葫芦岛（0.28）则属于协调性较差水平，表明城市化与土地利用之间存在相互制约的因素。从辽宁沿海经济带的协调度结果来看，虽然协调水平大小不一，有良性关系，也有制约关系存在，但从协调度本身的计算来衡量，辽宁沿海经济带各城市，包括大连和盘锦在内，其协调度都未能达到其自身所能达到的最大值，若假定其城市化发展水平一定，则各个城市都没有达到土地资源效应的最优值，其都具有提高的余地。

为寻找到各个城市协调度的最大值和土地资源效应的最优值，则根据协调度变换模型（式6－16）进行各个城市已知城市化水平下的最大协调度和土地效应最优值求解。以2015年各城市的城市化发展水平指数为已知数，根据式6－16求解各个城市的最大协调度，进而求出适应于城市化发展水平的土地资源效应最优值。具体结果如表7－8所示，式6－16根号下各城市所构成的一元三次方程的函数及图像也显示在表7－8中。

城市化的土地资源效应和利用风险评估

表 7-8　2015 年辽宁沿海经济带六城市协调度变形函数图像

城市	函数式	函数图像
大连	$f(x)=\dfrac{5.12x^2}{(0.8+x)^3}$	(1.6, 0.948)
丹东	$f(x)=\dfrac{1.28x^2}{(0.4+x)^3}$	(0.8, 0.4741)
锦州	$f(x)=\dfrac{2x^2}{(0.5+x)^3}$	(1, 0.5926)
营口	$f(x)=\dfrac{2.88x^2}{(0.6+x)^3}$	(1.2, 0.7111)
盘锦	$f(x)=\dfrac{2.74x^2}{(0.7+x)^3}$	(1.2, 0.7111)

续表

城市	函数式	函数图像
葫芦岛	$f(x) = \dfrac{0.72\, x^2}{(0.3+x)^3}$	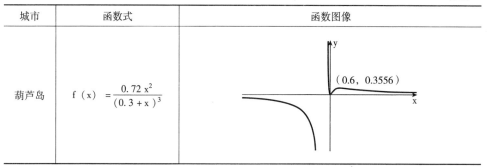

从表 7-9 和表 7-10 的对比中可以看出，各城市的城市化 - 土地资源的协调度均未达到最大值（盘锦已经比较接近理论上的最优值），这表明各城市的实际土地资源效应在达到最大协调度时各自的土地资源效应值仍具有一定的提升潜力，各城市都具有优化自身土地利用与城市化发展的必要。在这个过程中，为达到相应的土地资源效应最优值，各个城市都需要采取措施促进城市化对土地利用的正向促动作用，促使土地资源效应由负效应向正效应或是土地资源负效应高值向负效应低值转变，从而能够提高土地资源正效应，减小土地资源的负效应。从各城市土地资源可调整性来看，对城市内部主要类型的土地利用进行逐步的调整是最为可行和最容易实现的调整方式，调整的目标包括主要用地类型的面积，各部分结构占比，从而形成一种新的且适应于当前城市化发展水平的土地资源使用强度和结构合理的使用模式，进而新型的土地利用模式将会提高土地资源效应。

表 7-9　2015 年辽宁沿海经济带各城市城市化的土地资源效应最优值及最大协调度

城市	大连	丹东	锦州	营口	盘锦	葫芦岛
土地资源效应	1.6	0.8	1	1.2	1.2	0.6
协调度	0.97	0.69	0.77	0.84	0.843	0.6

表 7-10　2015 年辽宁沿海经济带城市化发展指数、土地资源效应及其协调度

城市	大连	丹东	锦州	营口	盘锦	葫芦岛
土地资源效应	1.64	0.12	0.66	0.35	1.11	0.09
城市化发展指数	0.83	0.43	0.49	0.63	0.67	0.28
协调度	0.96	0.32	0.64	0.62	0.84	0.28

二、辽宁沿海经济带各城市主要类型土地资源最优配置状态值计算

城市化与土地资源利用协调发展的评估方法提出，城市主要类型土地资源最优配置状态值的计算过程，最为主要的是对相关其他外部条件进行假设和设定，从而消除其他条件对调控的干扰作用，进而能够按照评估模型进行相应计算。主要假设的条件为：①首先假设在目前的城市经济、技术水平条件下，即外部对土地资源的作用恒定；②其次假设土地资源效应评估指标体系中的土地污染水平和治理水平也将按自身权重分担土地资源效应的提高，土地利用强度中地均 GDP和单位面积粮食产量保持恒定。之后，根据提出的假设前提，并结合土地资源效应的评估方法和指标体系，以 2015 年辽宁沿海经济带各城市土地资源效应值为基础，重新计算最大协调度状态下的各城市主要类型土地资源，包括人均建设用地、人均耕地、人均居住用地、人均公共绿地四个类型。

在调整各主要类型的土地资源的过程中，遵循土地类型调整可操作性和关联性原则，以标准值为参照，以土地资源的利用结构调整为主，以土地资源的总量调整为辅，同时必须遵循土地资源正效应增长原则，即若原有土地类型处于产生正效应的状态时，则这类土地类型暂不进行调整，保持不变，首先调整产生负效应的土地类型，若单纯通过调整产生负向效应的土地类型即可达到最优土地总效应，则调整完毕。若单纯调整负向效应的土地类型不能达到最优值，则从整体上对所有土地类型进行重新调整，以调整幅度最小为原则，最终达到土地资源总效应的最优值。人均建设用地、人均耕地、人均居住用地、人均公共绿地四大类城市用地类型调整目标、方法和过程如下所示：

调整目标：六城市四类用地指标应该达到的土地资源效应目标值，如表7-11 所示。

表 7 - 11　2015 年辽宁沿海经济带六城市四类城市用地类型应该达到的土地资源效应值

城市	大连	丹东	锦州	营口	盘锦	葫芦岛
效应目标值	0.136	0.280	0.248	0.348	0.148	0.212

调整方法：程序性分步骤调整方法。

调整过程：

步骤 1：判断四类土地目前所产生的土地资源效应正、负属性。大连人均建设用地、人均居住用地产生土地资源负效应，人均耕地、人均公共绿地产生土地资源负效应；丹东人均耕地产生土地资源正效应，其他类型土地产生土地资源负

效应；锦州人均耕地和人均公共绿地产生土地资源正效应，其他类型土地产生负效应；营口四类土地都产生土地资源负效应；盘锦人均建设用地、人均居住用地和人均公共绿地都产生土地资源正效应，人均耕地产生土地资源负效应；葫芦岛人均耕地、人均公共绿地产生土地资源正效应，人均建设用地、人均居住用地产生土地资源负效应。

步骤2：判断四类土地类型的指标属性，人均公共绿地、人均耕地属性为正，人均建设用地、人均居住用地属性为中。

步骤3：首先对产生负土地资源效应的土地类型进行调整，在调整过程中优先调整产生负效应且指标属性为正向指标的土地类型，将土地资源效应值调整到0为止。如果无法达到目标值，则转入下一步的调整。

步骤4：调整指标属性为中性的指标，以刻度为1的增长幅度进行调整，时刻关注因调整而产生的土地资源效应的增长，如果达到调整的目标值，则调整完毕。如果中性指标调整到能够产生最大正效应的值时仍无法达到目标值，则转入下一步调整。

步骤5：继续对正向指标的土地类型进行调整，具体来讲对人均耕地与人均公共绿地同步调整，人均耕地以刻度为0.1的增长幅度进行调整，公共绿地以刻度为1的增长幅度进行调整，时刻关注因调整而产生的土地资源效应的增长，直到调整到目标值，调整结束。

最终，根据调整的策略，大连降低人均建设用地面积和人均居住用地面积，增加另外两类人均土地面积。丹东人均建设用地和人均居住用地面积增加，其他两类用地面积保持不变。锦州人均建设用地、人均居住用地、人均公共绿地都增加，人均耕地面积保持不变。营口人均建设用地面积降低，其他三类用地面积增加。盘锦四类用地面积都略有增加，葫芦岛四类用地面积都增加（见表7-12和表7-13）。

表7-12　2015年辽宁沿海经济带各城市主要类型土地资源利用的最优状态值

（单位：m²/人）

城市	大连	丹东	锦州	营口	盘锦	葫芦岛
人均建设用地面积	105	87	100	105	105	95
人均耕地面积	0.95	1.05	1.14	1.01	1.61	0.88
人均居住用地面积	38	38	38	38	38	38
人均公共绿地面积	14	11	10	13	16	15

表 7 – 13　2015 年辽宁沿海经济带各城市主要类型土地资源利用的现状值

（单位：m²/人）

城市	大连	丹东	锦州	营口	盘锦	葫芦岛
人均建设用地面积	139	67	75	113	94	75
人均耕地面积	0.62	1.05	1.14	0.71	1.01	0.78
人均居住用地面积	41	23	36	36	37	19
人均公共绿地面积	12	11	9	10	8	14

　　从辽宁沿海经济带的最优状态值和现状值的对比中可以发现除大连外，其他城市的用地空间都有所增加，从土地利用风险角度来判断，易损性和损失度大都会有所增加，此时土地资源利用风险值会有一定的增加，但同时由于耕地资源和公共绿地的增加同时又会降低土地资源利用风险，加之土地资源效应提升过程中，土地污染水平和土地污染治理能力会相应地降低和提高，也将会降低土地资源利用风险。所以，总体来看，土地资源利用风险在土地资源优化配置过程中不会有大的变化，符合风险可控的原则。

　　由于在调整过程中为实现最终结果的可计算性，制定了一系列条件假设，而在现实中某些假设是不可能完全实现或与客观实际情况有较大差别，从而最终得出的土地资源最优配置状态值是一种理想状态下的值，在现实中肯定会出现一定量的偏差，一定程度上降低了方法的现实性和可行性。在方法的计算过程中强调了最优土地资源配置要适应于城市化水平，调控土地资源效应从而实现与城市化水平的最大协调度，是一种线性思考逻辑。而在实际的城市化发展过程中，城市化与土地资源效应相互影响、相互作用强烈，是一个动态变化的过程，在调控土地效应的过程中，城市化发展水平也会变动，两者之间的调控关系并不是投入 - 产出这种线性关系，最终两者最大协调状态的实现是两者不断互动调整的结果，而并不是像测算结果显示的那样一次性调整就可以达到最优配置状态。总体来讲，为保证方法能够运行，保证最终结果可计算得出，实现方法的普适性，必要的条件假设有其存在的意义。但是这却较大的简化了城市化与土地资源效应两者相互调整以达到最大协调度的过程，造成方法应用的现实性降低。

三、辽宁沿海经济带城市化与土地资源最优配置模式

　　通过对辽宁沿海经济带六城市的城市化发展进程中土地资源的配置情况的研究，根据六城市表现出的自身特点，以及在进行土地资源最优配置的过程中，通

过对比不同的城市化发展状况，以及各自现状城市土地利用情况同理想状态下土
地利用状况，得出土地资源最优配置模式，由于六城市发展特点鲜明，所以最终
得出的土地资源最优配置模式也具有不同的特点。总体来讲，大连是城市化水平
和土地利用总量水平最高的城市，城市化发展指数与土地资源效应的协调度最
高，表现出良好的土地资源配置特点，所以其可以自己成为一种模式，与理想状
态相比，土地资源合理配置过程中以调整土地利用结构为主。盘锦城市化发展中
对土地资源的利用效率较高，城市化发展指数与土地资源效应的协调度也较高，
主要类型的城市土地资源基本都处于合理值之内，以一定量的土地资源创造出较
高的城市化发展水平，其城市规模虽然不大，但是其土地资源配置对城市化发展
的促动效率最高，是一种最接近理想化状态的发展模式。而辽宁沿海经济带的其
他城市，如锦州、丹东、葫芦岛、营口，城市化发展指数与土地资源效应的协调
度都较低，都表现出一种不协调的状态，表明在城市化发展和土地利用两方面都
有问题，存在城市规模小、城市化发展慢、城市土地资源总量和结构等利用方面
都有不合理问题。因此，从辽宁沿海经济带各城市城市化发展与土地资源效应协
调度程度以及自身的土地资源配置状态与最优状态的比较来看，可以概括为三类
土地资源配置模式，并且以未来的优化调控导向为目标，可以形成三类比较有典
型代表意义的城市化与土地资源最优配置模式。

（一）高能模式

在辽宁沿海经济带中大连具有最高的城市化发展水平、最高的土地资源正效
应、较高的土地资源负效应、最大的土地资源总量投入水平。因此，它是一种高
土地资源投入下产生高速城市化的发展模式，在高的协调度下产生高能量，从而
促使城市获得不断的发展动力。对比自身土地资源利用的现状值与最优状态值可
以发现，大连人均建设用地、人均居住用地等都超出最优值较多，需要通过降低
人均土地资源利用水平来提高土地资源效应，需要发挥其高能量应有的促动力。
从大连的人均土地资源水平超出最优值很多来看，大连是一种土地空间规模大于
人口规模，土地资源投入多，没有完全发挥出自身空间集聚能力的表现，合理配
置土地资源的过程中就需要在大连现有的土地资源总量的水平上，继续发挥自身
的集聚能力，使人口城市化的速度与土地城市化相协调，从而扩大人口总量，提
高容纳人口的能力，能够继续提高城市化发展水平。这种调整模式也符合大连由
于受海和丘陵的自然地理条件限制较大，城市空间发展阻力较大，总量土地资源
供给有限的现状情况。通过大连的发展实际可以看出，高土地资源投入能够带来
高土地资源效应和高城市化发展水平，但是高土地资源投入水平并不会直接具有

最高的回报率，往往具有进一步提高和增强城市集聚能力，以人口规模的扩大降低单位土地资源的消耗，从而提升土地资源效应的潜力。所以，城市化与土地资源配置的高能模式是指通过优化土地资源利用结构，在继续保持高速城市化发展的基础上，提升单位土地的功能，发挥更大的集聚能力，从而提高土地资源效应，强化土地资源合理利用的城市化与土地资源配置模式。这种模式非常适合于特大城市在发展中进行土地资源的合理配置和调整，尤其是用地条件较差的城市。一定要严格控制土地投入的总体规模，协调土地城市化与人口城市化的速度相一致，充分发挥出特大城市应有的集聚和扩散能力。

（二）高效模式

在辽宁沿海经济带中盘锦具有较高的城市化发展水平与较高的土地资源效应，并且从盘锦市主要类型的用地来看，基本都处于土地资源效应评估中设定的标准值域范围以内。因此，为达到土地资源最优效应，在对土地资源进行优化配置的过程中，盘锦土地利用结构调整的变动幅度最小。虽然盘锦不具有大连那种最高的城市化发展水平和最高的土地资源效应，但是其投入的土地资源总量水平也远远低于大连，城市化发展水平与土地资源效应的协调程度也较高，两者之间的协调度大于0.8，属于较好的协调水平，这说明盘锦的城市化与土地资源利用处于协调状态之中，在城市化发展过程中土地资源的利用效率非常高，特别是城市的空间规模与城市化发展水平相互协调和促进。在土地资源总量有限的前提下，却产生较高的土地资源效应，与城市化发展的协调性高，相互协调促动。从土地资源利用角度来看，是一种较为符合理想标准的城市化与土地资源合理配置的模式。未来的土地资源效应的提升只能是在保持良好的土地利用结构的前提下，减少土地污染和提升土地污染治理水平，就土地资源的利用本身来看已经达到较好水平。所以，城市化与土地资源配置的高效模式是指在土地资源总量有限的情况之下，由于具有良好的土地利用结构，土地资源投入与产出关系协调，土地资源利用效率较高，是由于土地资源利用本身合理而产生最高的土地资源效应的一种土地资源配置模式。这种模式是最为高效和集约化的发展模式，是一种普适性的城市化过程中土地资源利用和配置模式。尤其是在中等规模的城市发展过程中，其土地规模的控制相对容易，应该以最优模式为目标进行自身的土地资源配置。

（三）提升模式

丹东、锦州、营口和葫芦岛在辽宁沿海经济带中具有较低的城市化发展水平和较低的土地资源效应，并且四个城市的城市化发展指数与土地资源效应的协调度都低于 0.8 的良好协调水平，这说明这种类型的城市化、土地资源利用以及城市化发展与土地资源利用的关系都出现了一定的问题。尤其是城市化对土地资源利用的优化促动作用较小，城市化与土地资源效应没有形成良好的互动格局，影响了城市化水平和土地资源效应的提升。这类城市主要体现出以下特点：一方面城市规模小，城市功能不完善，经济和社会发展没有对土地资源效应起到提升作用；另一方面土地资源效应较低，没有一定量的土地资源总量投入，没有合理的土地资源利用结构，土地利用对城市化水平的促进作用也较小。总体来讲，四个城市的城市化基础较差，同时土地资源利用总量较低，结构不合理，它们同理想化的土地资源配置相比，需要在增大城市规模、完善城市功能、增加土地资源投入量（人均建设用地增加）的前提下，优化和调整土地利用结构，其中提高土地资源和城市化发展水平是第一任务，优化结构是辅助手段。所以，城市化与土地资源配置的提升模式是指城市化发展水平较低时，首先需要通过扩大城市规模和增强经济发展动力来促动城市化的发展与城市功能的完善，通过经济发展中的产业升级、土地置换来增强土地资源的利用效率，并且需要从土地需求总量和土地利用结构两方面共同加强对土地资源利用的管理，从而增强城市化发展与土地资源效应的协调水平。从我国城市化发展的实际情况来看，大量的中小城市、非热点发展地区的城市在发展中可以借鉴提升模式来优化自身的发展路径，通过规模的提升，结构的优化来促进自身的发展。

从整体上来讲，辽宁沿海经济带作为一个完整的区域经济单元，具有内部发展空间不平衡的问题，而土地资源作为空间位置固定，不具有流动性的资源，在进行土地资源合理配置的过程中无法进行不同城市和区域间的调和，所以只能进行城市内部土地资源总量和结构的调整，提升土地资源效应。而土地资源利用结构的调整也是一个缓慢的过程，简单直接地对各类土地资源进行加减在发展实际中也不能实现，而有效的调节方式则是调节城市发展中的各类经济和社会要素，通过城市经济和人口规模的调整实现土地资源利用结构的调整。在辽宁沿海经济带中，重点的调控区域为大连、盘锦所在的辽东湾东侧，属于优化发展区，其中大连需要继续发挥要素集聚效应，通过经济和社会要素的集聚，提升土地资源效应。盘锦保持目前的城市发展状态，加强土地污染治理。而辽宁沿海经济带的两翼地区包括营口、锦州、丹东、葫芦岛属于提升发展区。各个城市都需要扩大目前的城市发展规模，同时在发展中以最优配置的状态值为土地利用的指导。最终，辽宁沿海经济带整体上呈现为中部地区的高（城市化水平）－高（土地资源效应）协调优化区和"两翼"地区的中－中协调提升区的空间格局。

第五节　辽宁沿海经济带土地资源利用的空间优化

一、辽宁沿海经济带空间发展和空间拓展

宏观的区域发展格局也将会对个体城市的内部发展产生比较大的影响，辽宁沿海经济带对外的整体空间发展也将对各城市土地资源利用产生导向性的影响，涉及城市发展的定位、目标和主导方向。因此，辽宁沿海经济带对外空间发展对个体城市的发展也将会产生根本性的影响，一旦发展的空间方向确定，将会对土地开发产生不可逆的影响。从辽宁沿海经济带的对外空间发展来看，与其他国家区域发展战略产生较为密切关系的区域主要包括自身所处的环渤海地区、京津冀地区、"一带一路"辽宁区域、沈阳经济区，同这些区域的发展互动直接影响到辽宁沿海经济带的自身发展。

（一）在环渤海经济区中的合理定位

环渤海经济区从总体上来讲分为三大区域板块，北部的辽宁沿海经济带、中部的京津冀地区、南部的山东半岛经济区，三大经济区相互之间的划分界线比较明显，内部的整体性较强，而相互之间的联系性较差，因此是一个比较松散的经济区域。辽宁沿海经济带在环渤海经济区中的合理定位就是在同京津冀和山东半岛的对比和竞争中，找到自身的发展优势，寻找自身的合理定位，通过比较优势的发挥，寻找到适合于自己的发展模式。从环渤海整体的发展情况来看，环渤海的整体功能主要体现在重化工产业、港口物流、北方金融中心、海洋产业等方面，三大经济区域板块的产业结构相似，同构竞争的问题比较明显，如何寻找比较优势，进行互补式发展才是发展的最终导向。

环渤海经济区内的港口众多，重要的大型港口就包括大连港、营口港、秦皇岛港、天津港、烟台港、青岛港、日照港，而次一级的港口还有丹东港、锦州港、唐山港、黄骅港、威海港等，港口密集。每个经济板块都具有多个规模不等的港口，导致港口物流产业高度雷同，盲目的布局导致用地浪费问题和海岸生态环境问题。从这一方面来讲，辽宁沿海经济带不能再将港口物流业作为未来发展的主要产业，其港口的发展定位只能是承担东北地区海上物流需求，并不能获取更多的腹地支持，所以各个城市的港口用地应该成为限制发展的方向，以优化港

口布局为主，引导目前的港口城市向综合性城市发展。从沿海土地开发来看，环渤海经济区内大量的滨海城市都具有相似的自然景观条件，大量以房地产开发为目标进行新城建设也存在严重的同质化问题，不适于作为辽宁沿海经济带的主要发展方向，并且这种新城建设严重背离了新城建设与母城的相互联系，没有将新城建设纳入城市整体发展和区域发展的统一体系之中，未来的沿海地区要通过严格的生态红线，严格限制滨海房地产开发和新城建设。从经济发展空间来看，辽宁沿海经济带现在的发展重点集中在以大连、盘锦和营口为主的中段地区，与环渤海的京津地区空间联系较强的辽西走廊地区则发展比较差。这从一方面表明了环渤海不同经济板块联系的薄弱，没有形成互动发展；从另一方面表明，辽宁沿海经济带加强同外部区域，尤其是京津冀地区的联系会成为一个增长潜力较大的发展方向，辽宁沿海经济带的西段地区，包括锦州和葫芦岛两市是未来空间拓展的一个重要方向。目前京津冀地区由于发展空间相对较小，非首都功能的疏解急需通过多个方向向外扩展，辽宁沿海经济带西段地区具有交通联系紧密、空间充足、资本低的优势，应该积极承接京津冀的产业转移，从中寻找更多的发展机会。

（二）承接京津冀地区的疏解功能

京津冀地区是目前我国北方地区城镇最为密集和经济最为发达的地区，京津冀协同发展已经上升为重大国家战略。京津冀内部以首都北京为中心的首都经济圈已经形成并发挥作用，目前京津冀协同发展的重要任务就是疏解这一地区的非首都核心功能，解决这一区域严峻的生态环境恶化问题，降低生态环境压力。在这个过程中首都经济区主要是以产业升级转移和公共服务向外扩散式的共建共享为主要手段，具有强烈的自上而下对外扩散需求，给外部欠发达区域的产业发展和公共服务设施建设带来新的机遇。新一轮的《中共中央　国务院关于全面振兴东北地区等老工业基地的若干意见》指出"东北振兴要做好与京津冀协同发展战略的互动衔接，通过对接京津冀等经济区，构建区域合作新格局。推动东北地区与京津冀地区融合发展，在创新合作、基础设施联通、产业转移承接、生态环境联合保护治理等重点领域取得突破"。辽宁沿海经济带具有同京津冀地域空间邻近的优势，特别是葫芦岛和锦州地区同京津冀联系比较紧密，在京津冀产业外扩中能够直接受到空间邻近效应的影响，并且其发展条件同相近的秦皇岛和唐山具有相似性，在承接产业转移的竞争中具有同等的优势，如果采取更为积极的承接产业转移措施，将会有效促进锦州和葫芦岛的发展，形成一个新的发展导向，并且能够成为辽宁沿海经济带新的增长中心，成为辽宁省经济向外突破的一个重要节点。

京津冀经济区目前的主导发展方向是向南部发展，北部地区属于次发展方向。因此辽宁沿海经济带要提供更为优越的发展条件才具有从京津冀承接产业转移的可能性。辽宁沿海经济带西段地区在积极承接京津冀产业转移的过程中，要重点加强基础设施的提升和同京津冀的有效对接，尽快完成京沈高铁的对接和京沈高速的等级提升，进一步提升空间联系通道的便捷性，降低由于空间距离增大而产生的空间摩擦，提升产业发展向外的物流扩散能力，最大限度地满足产业地域迁移之后同原有产业链地域的空间联系。所以，在这个过程中辽宁沿海经济带的西段地域要增加各类基础设施用地和产业用地的规模，通过产业带动来推动两个城市的城市化进一步提升，从而也能够对两个城市的土地资源效应提升提供额外的驱动力，从一定程度上优化辽宁沿海经济带整体土地资源利用效率的提升，解决西段沿海经济带长期以来的土地资源效应低下问题。

（三）融入"一带一路"倡议

"一带一路"是"丝绸之路经济带"和"21世纪海上丝绸之路"的简称。"一带一路"倡议连接了亚太经济圈和欧洲经济圈，所涉及的范围很广，将是世界上最长、最具有发展潜力的经济大走廊。辽宁沿海经济带地处中蒙俄经济区的海上前沿，将来随着"一带一路"的发展，中蒙俄之间贸易的增加，辽宁沿海经济带发达的港口物流将成为这条经济廊道的桥头，将是北部"丝绸之路经济带"的海上起点。目前，由于东北亚地缘政治关系的复杂性，这条经济带的发展时常处于变动状态，经济发展也处于缓慢的阶段，所以辽宁沿海经济带的国际贸易作用没有充分展现出来。但是，未来一旦这一区域政治局面大致稳定之后，经济发展的潜力将不可限量。辽宁沿海经济带经过10多年的建设，港口基础设施已经达到较为发达水平，将可以承担"一带一路"经济发展的重要职责。未来发展的重点应该是对外连接通道的建设，使其成为欧亚大陆的重要分支和重要节点。具体来讲，辽宁沿海经济带的西段要加强同河北和内蒙古的陆上通道建设，进而向西能够畅通同蒙古国和俄罗斯的联系。辽宁沿海经济带的东段是连接朝鲜半岛的重要通道，未来随着朝鲜半岛和平进程加快，经济发展也将会提速，东段将会有效地进行国际贸易，同样会成为重要的国际贸易节点。总体来看，辽宁沿海经济带融入"一带一路"自身具有良好的基础，一旦时机成熟，将会直接进入到发展的快速阶段。

（四）协调同沈阳经济区的关系

辽宁沿海经济带和沈阳经济区是辽宁省内分别以大连和沈阳为中心形成的两

个城镇密集地区，都属于国家级战略发展区域。两个区域在形成和发展中都具有自身鲜明的特点，本该具有良好的分工协作和功能互补的关系，但是原先较长一段时间内两者的关系没有得到有效梳理，两者之间具有一定的隔阂，人为地设定了发展的樊篱，没有形成发展合力带动辽宁省产业和空间快速协调发展。直到2017年，沈阳经济区范围重新调整，辽宁沿海经济带内部有了空间交叉之后，两者的发展目标才进一步明确。沈阳经济区作为一个纯正的内陆经济区，以重型工业为主，本身具有较高的港口物流需求，辽宁沿海经济带恰是辽宁省的海上出口，两者的对接具有天然的产业基础。两大经济区域从空间结构上来看，沈阳经济区未来发展的目标是高度一体化的都市圈，而辽宁沿海经济带则是沿海的城镇密集地带，两者内部空间不会具有交叉，但会形成核心－外围结构和港口－腹地结构。沈阳经济区是辽宁沿海经济带的内部核心和支撑腹地，而辽宁沿海经济带是沈阳经济区的对外前沿和开放窗口。沈阳经济区未来产业由重型工业向综合性产业转变过程中，对外贸易量将会大大提升，辽宁沿海经济带各港口将成为重要的贸易节点。同时有了沈阳经济区腹地的支撑，辽宁沿海经济带自身较弱的产业发展能力将得以弥补，城市化的进程将会加快。

二、辽宁沿海经济带各城市土地资源合理配置空间导引

基于辽宁沿海经济带城市化与土地资源最优配置高能模式、高效模式和提升模式，对未来各个城市的城市化空间进行优化调整，从而能够调和目前城市化与土地资源利用非协调关系，继续促进土地资源效应的提升，降低土地资源利用风险，达到更为合理的土地资源配置关系，进而更加有利于未来城市化的快速推进。由于不同城市所面临的城市化与土地资源关系不同，在土地资源优化配置中所应采取的最优配置模式也不相同，每个城市在未来城市土地资源配置及城市空间优化时也应该因地制宜，未来城市化的空间导向应该符合土地资源优化配置的要求。

（一）大连市土地资源合理配置空间导引

大连城的城市化空间由主城区、新城区、金州城区和旅顺口区四个组团构成，城市结构是以主城区为中心，新城区、金州城区、旅顺口区为副中心的多中心模式，城市形态为"手掌状"。由于目前大连市的城市化空间范围较大，未来需要加强各个外围市区的人口吸引能力，从而增加整个市区人口，降低人均建设用地面积。同时，城市化空间具有向北部发展的良好趋势，因此，在加强市区各类基础设施建设的同时，需要延续空间的联系性，引导城市化空间向市区北部的各县级市扩展，从而在市区外部形成多个次级组团，承接市区转移产业。于是未来大连市的城市化空间优化的策略就是引导其打破原有的连续圈层模式，向多中心的模式发展。各组团间由山林、公园、绿地组成的绿色屏障相分隔，各个组团之间通过紧密而便捷的交通体系连接。

（二）丹东市土地资源合理配置空间导引

丹东的城市化水平较低，同时城市化空间范围较小，需要进行双方面的提升。由于丹东市区受鸭绿江的影响较大，城市用地发展受到限制，一直以来始终是采取"拥江发展"的空间拓展方式，不同时期鸭绿江水系对城区和新城，都有很大的影响。从未来丹东市需要提升城市化水平和拓展城市空间的角度看，现有市区范围已经不能满足未来发展需求，并且原有市区也具有较小的扩展余地，特别是丹东未来要向海发展，建设东北部现代化港口城市的定位，城市空间形态必须突破现有市区界，沿鸭绿江下游向东港方向延伸，促成丹东与东港的同城化过程，从而形成未来丹东沿江布局的东北西南走向的多核心带状城市化空间格局，丹东主城区、丹东新城区和东港市区构成带状空间的三个核心。

（三）锦州市土地资源合理配置空间导引

从现状的土地资源利用结构与城市化水平来看，锦州市需要在这两个方面共同提升。由于历史上锦州与葫芦岛的特殊发展关系，锦州市目前的中心城区位置偏向于西侧的葫芦岛市，与葫芦岛市具有空间对接的基础。因此，未来在进行城市化空间扩张时，锦州市具有两个基本的方向，向西南依托锦州港发展，同时与葫芦岛进行空间对接，并通过沿海产业发展支撑沿海新区和沿海城镇的发展。北部空间则沿沈山交通廊道发展，从而可以接受沈阳经济区的强烈辐射。最终形成四个组团，即主城区、松山新城、经济技术开发区和汤河子工业区，并构成锦州未来城市化的主要空间，通过主城区之外其他组团的发展，形成城市化空间的拓展。

（四）营口市土地资源合理配置空间导引

目前，营口的城市化空间格局是多中心的组团式布局模式，由于多个组团的规模相当且相距较远，并且中心城的地位不突出，次中心间吸引力较弱，导致各个组团各自为主空间扩展问题，导致城市化空间规模较大但集聚能力明显不强。在未来的发展中，营口市要依托港口打造海上新城，完善产业布局、建设先进制造业基地，保护生态绿地空间，使各组团有序协调发展，通过在沿海布局产业基地，将大石桥城区、营口老城、沿海产业基地、盖州新城区、鲅鱼圈城区、仙人岛能源化工区这六个组团串联形成滨海带形城市，形成"一主两副六组团"的城市空间布局结构，形成沿滨海城镇密集带发展的多中心组团式的带状城市化空间布局模式。

（五）盘锦市土地资源合理配置空间导引

盘锦市是典型的"以城带港"的港城发展模式，目前在城市化的推进之下，城市空间逐步向海拓展，城市空间格局由最初的单中心结构向轴向联动结构转型，以市区为核心、交通干线为依托，形成"城区—卫星城—片区中心镇——般城镇"的城镇空间发展格局。由于目前盘锦的城市化水平与土地资源利用结构都较为合理，属于高效模式，因此未来城市化发展中应该继续依托良好发展基础，不盲目进行城市空间扩张，避免破坏现有城市化与土地资源效应的良好协调。未来发展沿海新城区时，仍需要依托港口与海洋产业，通过产业带动区域和人口的集聚。

（六）葫芦岛市土地资源合理配置空间导引

葫芦岛市已经具有连山、龙港、龙湾三个既相对独立又紧密联系的城市组团，目前城市整体空间布局处于不断优化过程中，整体上形成沿交通线多中心带状组团式分布的格局。从城市化发展水平和土地资源效应测度结果来看，葫芦岛属于提升模式，必须在未来的发展中对城市化发展水平与土地资源结构进行共同提升，拓展城市中心区与其他组团的空间规模，通过组团间的空间对接，进一步增强沿海区域的城市化空间密度，促成沿海城镇密集带的发展，最终使葫芦岛形成沿海带状多中心组团式的布局模式。

第八章 沈阳经济区城市化进程中的土地资源优化利用

第一节 沈阳经济区发展概况

　　沈阳经济区最初是由辽宁省委、省政府提出的发展规划，经过多次的推敲论证，最终于 2010 年 4 月 6 日国家发改委正式批复沈阳经济区为国家新型工业化综合配套改革试验区。沈阳经济区是继上海浦东新区、天津滨海新区、重庆和成都全国统筹城乡综合配套改革试验区、武汉城市圈和长株潭城市群全国资源节约型和环境友好型社会试验区，以及深圳综合配套改革试验综改区后国家设立的第八个综合配套的改革试验区。经国家正式批复建设之后，沈阳经济区的建设与发展也正式步入轨道，成为国家级发展战略项目。沈阳经济区的设立标志着东北区域发展格局具有了中心性，沈阳经济区成为振兴国家区域发展和带动我国经济发展的重要经济增长极。

　　沈阳经济区在设立之初本着"一个核心、多个副中心"的都市圈战略进行建设，"一核"是中心城市沈阳，"7 个副中心"是鞍山、抚顺、本溪、营口、阜新、辽阳、铁岭，之后在 2017 年沈阳经济区根据区域发展的相关性和联系度，将沈阳经济区调整为沈阳、鞍山、抚顺、本溪、辽阳 5 个城市，形成经济空间更紧密、支柱产业更衔接、交通通信更便捷、区域建设一体化、产业园区一体化发展，基础设施、公共服务一体化建设，城市群能级一体化更为突出的发展区域。经过沈阳经济区的范围调整，最终辽宁省实现了辽宁沿海经济带开发开放、中部沈阳经济区建设、突破辽西北三大区域发展战略格局，其中沈阳经济区建设对辽宁经济持续发展的推动作用至关重要，起到核心和带动引领作用。

一、形成背景

20 世纪 90 年代中后期，为了解决因区域非均衡发展战略所带来的不同区域之间的经济发展差异不断扩大的问题，国家在不同区域层面颁布了不同的经济发展政策，并通过批准形成经济区的方式来协调各区域经济发展差距，形成共同发展的局面。在这一阶段，标志性的区域发展战略开始逐步实施，1994 年国家实施 "八七" 扶贫攻坚计划，1997 年将重庆设为直辖市以促进重庆的发展，1999 年颁布西部大开发战略，2003 年实施振兴东北老工业基地战略，2005 年 6 月国家综合配套改革试验区开始运行，2005 年 10 月国家开始聚焦 "三农" 问题，建设社会主义新农村。2010 年重庆 "两江新区" 获准，2013 年提出 "一带一路" 倡议，2017 年国家批复年西部大开发 "十三五" 规划等政策（张英杰，2011）。沈阳经济区的提出和建设就是在我国大的区域发展战略不断提出和调整的背景之下应运而生，赶上了国家综合配套改革试验区的班车，成为第八个国家级综合配套改革试验区。

沈阳经济区的最初构想可以追溯到 2003 年，辽宁省政府为响应国家颁布的 "振兴东北等老工业基地的经济发展战略"，在全面分析自身发展情况，借鉴国内外促进区域协调发展的经验教训的前提下，提出了建设沈阳经济区的构想。2004 年，辽宁省委正式提出 "推进辽宁中部城市群一体化，构建大沈阳经济体" 的设想。2005 年，辽宁省时任省委书记李克强同志指出，要以沈阳为中心，辐射带动周边城市发展，形成在东北地区有较强影响力，在全国有特色的重要城市群经济隆起带，并且形成东北亚合作的关键区域，以支持辽宁成为我国新的经济增长区域。至此，更加明确了沈阳经济区未来发展的定位与方向。同年 4 月 7 日，鞍山、抚顺、本溪、营口、辽阳、铁岭六个城市的市长与沈阳市市长正式签署了辽宁中部城市群也就是沈阳经济区合作协议。辽宁省省委、省政府为了加快沈阳经济区一体化的发展进程，于 2006 年 6 月提出将沈抚同城化作为推动其进一步发展的突破口、核心与重点。2007 年 9 月，沈阳和抚顺两个城市响应沈抚同城化的战略，联手举办高峰论坛并且共同签署协议，以此进一步推动沈抚同城化战略的实施。

2008 年 4 月，沈阳经济区工作领导小组正式成立，辽宁省省委、省政府正式提出沈阳经济区一体化发展战略，着力构建 "一核、五带、十群"。"一核" 即将沈阳作为一体化发展的核心城市，充分发挥其经济辐射与带动作用。"五带"

是指五条城际连接的交通网络，其连接的城市包含鞍山、抚顺、本溪、营口、阜新、辽阳、铁岭七个副中心城市。在城际连接带上完善各城市职能，加快基础设施的建设，进行产业优化升级以适应新形势下经济发展的需要，进一步加快城市一体化建设。"十群"是指以五条城际连接带为载体，构建与国际接轨，适应全球经济发展的国际化十大产业群。同年6月，省委、省政府批准成立沈阳经济区领导小组及办公室并且正式开展沈阳经济区申报国家级综合配套改革试验区的工作。7月，省政府召开沈阳经济区工作会议，会议明确将辽中部城市群更名为沈阳经济区。12月，顺利完成发展纲要规划的编制。2008年是沈阳经济区发展的一个关键点，从这一年开始，沈阳经济区进入全方位、多层次一体化的快节奏发展步伐中。

2009年11月3日，辽宁省政府正式向国务院上报《辽宁省人民政府关于将沈阳经济区列为国家新型工业化综合配套改革试验区的请示》。2010年1月1日起，户籍改革取得一定成效，八个城市已经放宽限制条件，共同实施"一元化"户口管理制度。同年4月6日，经国务院批准同意，沈阳经济区正式获批为国家新型工业化综合配套改革试验区，这意味着沈阳经济区成为我国第八个国家综合配套改革试验区，它成为促进国家区域经济协调发展的重要一极，成为振兴东北发展的强大驱动力，是在东北地区贯彻区域协调发展战略的具体实施战略。因此，沈阳经济区的建设与持续发展对辽宁乃至于整个东北地区的发展都具有重要的意义。

2017年，从加快沈阳经济区一体化发展和合理完善辽宁省区域发展格局出发，沈阳经济区范围调整为沈阳、鞍山、抚顺、本溪、辽阳五个城市。调整后新的沈阳经济区更能发挥沈阳市的中心作用，经济联系和空间联系更加紧密，更加便于经济和社会建设快速开展。

二、区位分析

沈阳经济区是以沈阳为中心包括鞍山、抚顺、本溪、辽阳总共五个市以及其所管辖的3个县级市和11个县，总面积46586平方千米，其区位优势明显。沈阳经济区毗邻渤海，位于东北亚的中心地带，是东北地区面向环渤海地区和京津冀地区的重要枢纽和过渡带，成为整个东北区域经济板块中的关键组成部分。

沈阳经济区交通区位优势明显，航空、高铁、高速公路、国道等组成的陆上交通网络发达，沈阳是东北地区最大的铁路枢纽城市，众多铁路干线交汇于此，其中包括京哈铁路线、京沈线、沈大铁路线、沈抚铁路线等。沈阳经济区已经形成了一个以沈阳为中心、具有辐射带动作用的现代交通网络，密集发达的交通网络将五个城市紧密联系起来，"一环五射"的交通网络已经形成，将五个城市联结成一个经济发展整体，成为推动区域协调发展重要的支撑，也成为沈阳经济区对外经济发展的主要经济廊道。沈阳经济区已经形成的以沈阳为中心，多种交通运输方式密切相互配合，连接沟通整个东北地区以及全国的交通运输网络，大大缩减了经济区内各城市以及与外界之间的在地域、时空上的距离。发达的交通网络使沈阳经济区能够快速的对接东北及京津地区的重要节点城市，哈大高铁从中部穿越沈阳经济区，使经济区能够同东北地区核心城市哈尔滨、长春、大连等快速连接，京沈高铁的贯通将沈阳经济区同辽西北、内蒙古东部和京津冀北部相连接，沈山线将沈阳经济区同环渤海经济区相连接，对外经济廊道发达成为沈阳经济区发展的重要优势（张涛，2013）。同时，沈阳经济区与日本东京、韩国首尔、蒙古国乌兰巴托、俄罗斯伊尔库斯克几乎在等距离的辐射线上，是实施对外开放的重要枢纽，这是其他地区所不具有的地理位置优势（杨志安，2006）。沈阳经济区的五个城市共有129个公路客运站与货运站，其中客运站与货运站分别为84个与45个。这100多个客、货运站促进了客货流通，为形成以沈阳为中心的商品、货物物流服务网与长途客运网奠定了坚实的基础。作为核心城市的沈阳，率先规划建设全国公路主枢纽城市，构建起1个信息调度指挥中心、8个货运站和7个客运站构成的交通枢纽系统，其中包含15个集运输、储备、信息、转运、购物、休息、加油等功能为一体的全国公路主枢纽项目，明显促进了客货的流通，极大地节约了时间，提升了交通运输效率，同时促进了沈阳经济区交通一体化发展。沈阳的仙桃国际机场是整个东北最大航空港，位于沈阳经济区的中心地带，城际交通便利，其他四个城市都具有直通机场的快速交通线（王福君和吴欢澄，2013）。

沈阳经济区优良的区位优势促进了区域之间资源的优化配置，使各个区域发挥其优势条件并通过相互之间的合作，令自身的优势条件得到最大程度、最合理的利用。良好的区位优势大大提高了不同区域的经济活跃度，通过核心城市和主要副中心城市的辐射带动作用，有效促进区域经济不能空间层次和单元之间的协同发展。沈阳经济区正处于产业优化升级和经济转型发展的关键阶段，经济转型发展成为现阶段沈阳经济区的战略重点。沈阳经济区内各产业便捷快速的经济交流，优势产业的相互整合，弱势产业的优化升级，从根本上提升了区域经济的整体竞争力。同时，良好的区位优势改善了经济区的投资环境，有利于吸引民间与国外资本的大量注入，实现各资本的有机结合。再者，经济区良好的区位优势还提高了各区域的创新能力，将区域内各大高校、研究所、企业紧密联系在一起，使产学研相结合，全面提高科技创新能力。通过专业化分工和协作，逐步引导科技创新、各优势资源以及生产要素向优势产业、企业集聚，促进产业优化升级，培育一批具有全球视野、与世界接轨的高新技术产业集群（杨志安，2006；周忠轩，2005）。

三、沈阳经济区内各城市发展基本状况

沈阳经济区成立以来，经济发展取得了显著的成效。沈阳是经济区的中心城市，是全国重工业基地之一，工业基础雄厚，在经济区内发挥辐射带动作用，是经济区持续发展的重要支柱。鞍山在促进沈阳经济区发展的过程中所发挥的作用无可替代，它是经济区对外开放的枢纽城市，是向南连接辽宁沿海经济带，进而对接海运通道的必经之路。在辽宁省已经启动的沈阳—辽阳—鞍山—营口出海通道中，鞍山段是其中极其重要的一个节点（秦文军等，2004）。抚顺是沈阳经济区内距离核心城市沈阳最近的城市，具有丰富的矿产资源，工业产业发达，同沈阳市的空间互补性较好，沈抚同城化成为经济区内的重要空间发展单元（梁启东，2015）。本溪是著名的钢铁城市，在借鉴国内外城市发展经验的基础上，结合自身发展的实际，提出传统产业转型升级战略，制定了"三城五都""沈本经济一体化"的发展目标。辽阳市是沈阳市的南部门户，工业门类比较齐全，工业结构的调整取得较快进展，竞争力不断提高，对接沈阳浑南新城，对沈阳经济区的支持促进作用不断加强，沈阳的基本情况如表8－1所示。

表8－1　2016年沈阳经济区各城市发展基本情况

	市域人口（万人）	城镇人口（万人）	城市化率（%）	GDP（亿元）	人均GDP（元）	GDP增长率（%）
沈阳	829.2	667.92	80.5	5546.4	66893	－5.6
鞍山	360.5	260.21	72.2	1462	40532	－10.3
抚顺	207.1	156.32	75.5	865.1	41741	－7.1
本溪	170.8	133.33	78.1	766.7	53702.82	－8.8
辽阳	184.4	113.96	61.8	666.9	36145	－4.2

沈阳经济区各城市均有自己的发展优势，如果能很好地利用这些优势，进行良性的互动发展，无疑会提高整个沈阳经济区的发展水平与竞争力，提高城市化水平，缩小区域间发展差距，从而带动辽宁以及整个东北地区经济的发展。但

是，沈阳经济区于 2014 年开始，受国家经济发展宏观政策调整影响，在供给侧结构性改革中，传统产业供给过剩，去产能压力较大，经济增长乏力，出现滞缓倒退，产生新的"东北问题"，进入新一轮的经济下降阶段。从 2016 年沈阳经济区基本的经济和社会发展指标来看，五个城市的 GDP 增长率全部为负增长，尤其以钢铁城市鞍山降低率最高，达到了 10% 以上，属于严重倒退。其他城市如沈阳、本溪和抚顺的降低情况也较为严重，出现 5% 以上的降低率。从其他指标来看，人口总量和城镇化率基本处于稳定水平，特别是城镇化率处于较高水平。产生沈阳经济区的衰退现象的原因比较复杂，有产业、体制机制、社会问题和政治问题的综合影响，但最根本的问题是沈阳经济区产业发展对传统路径的依赖太高，产业发展的活力和创新不足导致对外部发展条件的适应性不强，因此，急需对沈阳经济区进行实质性改革，突破发展瓶颈，创造发展新动能。

四、沈阳经济区发展的重要意义

美国经济学家赫希曼的不均衡增长理论提出了著名的连锁效应的概念，这种连锁影响的效应包括前向、后向以及旁侧关联反应。前向关联反应是指主导产业投入生产之前，会有许多其他产业为其提供动力，促进发展。后向关联反应是指主导产业进行生产之后，其生产的产品反过来为其他产业部门提供动力从而产生部门关联反应。旁侧关联反应是指主导产业在其生产的过程中，有一些其他产业为主导产业的发展提供相应的服务而产生的关联反应。将不均衡增长理论中关联反应的概念推及整个沈阳经济区，沈阳作为经济区的中心城市便相当于不均衡增长理论中的主导地区，组成沈阳经济区的其他城市相当于其他区域。沈阳经济区的成立加大了区域之间的联系，协调了城市之间的发展，增强了中心城市的竞争力。沈阳经济区其他五个城市各有经济优势，钢都鞍山、煤都抚顺、钢铁之城本溪都为沈阳的发展提供了原料、燃料、服务、设备等，推动了沈阳的发展。发展的作用是相互的，根据后向以及旁侧关联反应理论，中心城市沈阳在接收其他城市的辅助时，其辐射带动作用将会促进经济区内其他城市的发展。因此，要提高整个区域的发展水平，作为中心城市的沈阳，必须不断提高其各方面的竞争力和辐射力，为沈阳经济区的发展提供长期而有效的动力，沈阳经济区内其他城市因此而获得充足的辐射带动力。

沈阳经济区的组建和发展，将会充分的发挥区域内各城市的资源互补优势，中心城市沈阳是中国的重工业基地，鞍山为钢都、抚顺为煤都、本溪为煤铁之城、辽阳为化纤之城，这些城市雄厚的工业基础与丰富的自然资源为整个东北地区以及我国工业的发展提供了重要的动力。但随着经济发展的转型，原有以资源为主导型的产业处于不断衰退的阶段，传统工业的竞争力不断下降，各产业类型趋同，在企业之间开始了恶性竞争，各个城市的发展乏力、动力不足，均处于发展的"瓶颈"时期。在我国经济发展处于新常态的时期，国家为进一步深化改革，平衡区域之间的发展，从而再次提出进一步振兴东北老工业基地的重大战略决策，这为各城市突破发展瓶颈提供了重要的机遇期。沈阳经济区内五个城市之间进行科学技术交流、资源与信息共享、基础设施共建共享，逐步使产业打破其传统的地域限制，将整个区域的产业发展整合在一起，实现经济增长以及缩小区域发展差距，进而进行产业优化升级改造，成为东北地区经济发展模式转型的先行先试区，为东北地区传统发展模式转型探索出一种切实可行的方案，对于整个东北振兴具有深远的政策和实践意义。

五、沈阳自贸区的发展

随着近年来区域发展环境的内外环境的改变以及创新发展的需要，应对经济全球化的世界发展趋势，沈阳经济区进一步升级和凝聚发展潜力，突破体制和机制问题，在沈阳综合保税区基础之上，建立沈阳自贸区。2017 年 4 月 10 日，沈阳片区进行了揭牌，这标志着人们日益期盼的沈阳自贸区正式成立，沈阳进入了"自贸时间"。沈阳自贸区是辽宁内陆腹地在大范围、宽领域、高层次上的进一步扩大开放，以其独特的功能、作用和政策的优势吸引大量国内外企业、高科技人才来沈投资和集聚，有利于吸引各种生产因素和高科技产业向东北腹地集聚，缩小区域间的发展差距，促进沈阳经济区以及整个东北的振兴与发展。

加工贸易作为一种重要的贸易方式，在我国外向型经济发展的过程中，占有十分重要且特殊的地位。国内外的发展经验显示，在分工明确、全球贸易的新时代，加工贸易的发展需要和一个与国际惯例接轨的自由贸易区相结合，沈阳自贸区的建立正迎合了这一发展大势，既有利于各生产要素向东北腹地聚集与辐射，也有利于整个沈阳加工贸易的发展。以机械、汽车和飞机制造业、冶金、石油、建材等重化工业为主导的产业将会更有利于与世界接轨，进一步推动沈阳经济区的发展。在沈阳经济区经济发展转型的关键期，在原有以资源为主导型的产业处于不断衰退的阶段，在辽宁省的传统工业的竞争力不断下降各产业类型趋同和恶性竞争下，在各个城市发展乏力、动力不足、GDP 增长率出现负数的情况下，沈阳自贸区的建立与发展成为打破这种"瓶颈"的一剂助推剂，提供了发展强有力外部动力，给企业的良性发展搭建了一个广阔的贸易平台，给东北老工业基地的发展注入了新鲜血液（王淑珍，2015）。

总的来说，沈阳经济区整体发展仍然具有较好的优势条件，仍然是未来快速整合发展的空间地域单元，仍然具有区域内土地资源相对稀缺的特征，在城市化的过程中，城市的发展与土地资源之间存在着密切的相互关系。随着沈阳经济区和沈阳自贸区的深入发展，区域内各城市的功能必然更加完善和增强，城市化水平将不断提高，城市化与土地资源之间的相互作用强度仍将处于较高水平。所以，研究沈阳经济区的城市化发展，城市化进程中的土地利用问题，必将具有较好的研究价值。

第二节　沈阳经济区城市化的土地资源效应评估

沈阳经济区属于内陆型城镇密集区，具有城镇之间联系密切、地域空间相互邻近、空间相互作用强的特点。在这种城镇发育特点的主导之下，沈阳经济区不同城市之间的土地空间利用具有典型的城镇密集地区空间增长相互作用和影响的特点，土地资源的开发和利用受自然条件的限制较少，主要是受城市经济发展因素的影响，向着经济要素最为密集和受作用最强的方向发展。沈阳经济区是近现代产业发展体系下发展起来的城镇密集区，受资源条件和产业发展的影响，相互之间构建起比较紧密的职能分工体系。历史发展上的职能分工与各个城市空间位置一同作用，构成了以沈阳为核心的辽宁中部城镇密集地带。沈阳处于空间中的中心位置，同时是以重型装备制造为优势的综合型城市。抚顺、本溪、鞍山、辽阳四个城市从东、南两侧环绕沈阳市，为沈阳提供煤炭、化工、钢铁等产业原料，并且相互之间也提供生产原料。这种密切的职能分工合作的关系对城市土地空间的开发产生了极大的影响。沈阳处于中心位置，其发展空间具有明显的向周边各个城市放射发展的趋势，而周边各个城市向沈阳对接的发展趋势也非常明显，尤其是沈阳—抚顺之间，沈阳—辽阳之间已经基本的完成空间的无缝对接，具有了同城化的雏形。

沈阳经济区在建立之初，本着带动更多城市发展，让更大的区域能够享受到国家发展政策的影响，划定了一个比原本沈阳都市圈更大的范围，将辽西北的铁岭、阜新，辽宁沿海经济带的营口划入了沈阳经济区范围之内，但是实际的沈阳经济区的核心范围仍然为沈阳、鞍山、抚顺、辽阳和本溪，城市空间一体化最为激烈的地区仍然为以沈阳为中心的上述五个城市。所以，在2017年重新确定这五个城市组成的核心区为沈阳经济区范围是有利于沈阳经济区进一步集中优势力量进行发展，同时最大程度发挥出沈阳经济区五个城市分工协作，相互组合的优势。因此，为保证研究的一致性和科学性，本节将一以贯之的采用最新的沈阳经济区的范围，即沈阳、鞍山、抚顺、辽阳和本溪，即使2017年以前的范围从官方来讲是更大的范围，但是从研究上来讲，五个城市构成的核心范围最能突出城市化发展、空间一体化发展和土地利用的相互作用，最适合进行土地资源效应的评估研究。

一、沈阳经济区城市化的土地资源效应评估过程

（一）数据来源和处理

沈阳经济区的具体研究范围仍然是五城市的市区，所以在资料和数据搜集过程中都是以各城市市区为单元进行，在时间尺度的选择上，选取2005～2015年11年的数据来完整体现沈阳经济区从雏形到快速发展，再到整合发展的整个发展过程，各指标数据来源于2006～2016年《中国城市统计年鉴》《辽宁统计年鉴》《中国国土资源年鉴》。

在收集数据的过程中，完全按照城市化的土地资源效应评价指标体系，将城市化发展指数和土地资源效应两个体系分别搜集，组成两个数据单元，在此基础上分别进行数据的处理和计算，部分无法直接搜集数据经过多个指标的相互计算得出。最终，共搜集沈阳经济区五个城市2005～2015年的11年间的50个分指标，共计2750个数据。由于搜集的原始数据都是以绝对数和有量纲的数据为主，所以需要对原始数据进行数据标准化，将五个城市11年的数据组合在一起，采取 min－max 标准化方法和带有指标正负属性的标准化方法，最终将2750个数据进行标准化，使结果全部落到 [0，1]，消除量纲的影响。

（二）沈阳经济区城市化发展指数测度

按照评估指标体系搜集各项数据之后，利用 min－max 标准化方法进行数据标准化之后，进行城市化发展指数的线性加权计算，其计算公式为：

$$UI = \sum_{i=1}^{m} X'_i \lambda_i \ (i=1, 2, 3, \cdots, m) \tag{8-1}$$

式中，UI 为城市化发展指数，X'_i 为第 i 项原始指标的标准化值，λ_i 为第 i 项指标权重。据各类指标的计算，最终得出沈阳经济区各城市的城市化发展指数，具体数值如表8-2所示。

表 8 - 2　2005～2015 年辽宁沈阳经济区城市化发展指数

年份	沈阳	鞍山	抚顺	本溪	辽阳
2005	0.4808	0.4257	0.3727	0.2927	0.2870
2006	0.5136	0.4728	0.3805	0.3057	0.2809
2007	0.5091	0.4687	0.3872	0.3180	0.3012
2008	0.5781	0.4556	0.3959	0.3291	0.3135
2009	0.5752	0.4762	0.4040	0.3451	0.3219
2010	0.6557	0.5271	0.4330	0.3851	0.3509
2011	0.6646	0.4338	0.3993	0.4018	0.3941
2012	0.6847	0.5504	0.4143	0.4215	0.4299
2013	0.7401	0.5617	0.4311	0.4409	0.3948
2014	0.7670	0.5628	0.4437	0.4523	0.3986
2015	0.7824	0.5727	0.4467	0.4625	0.4029

由表 8 - 2 并结合图 8 - 1 可以看出，在 2005～2015 年这段时间之内，辽宁沈阳经济区五个城市的城市化发展指数 UI 在小幅波动的变化下都在逐步的增加，说明沈阳经济区五个城市的城市化水平的发展总趋势是在不断地提高。虽然在2011 年有些城市 UI 都有所回调，但是在 2011 年以后沈阳经济区的主要城市的年城市化发展指数 UI 增长幅度较之前变大，而在这一年沈阳经济区正式获批为国家发展战略，政策效应在这之后显现，城市化发展进入新的加速发展阶段。从增长幅度来看，除沈阳的增长幅度较大外，其他城市的增长幅度都不大，从另一方面证明了沈阳经济区单核心中心极化发展的特征非常明显。

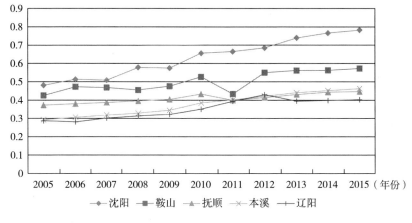

图 8 - 1　辽宁沈阳经济区城市化发展指数变化趋势

从沈阳经济区五个城市的内部分析来看，各城市的城市化发展指数 UI 指数相差较大，但 2010 年五个城市的 UI 排名基本趋于稳定，除抚顺有所下降以外，呈现出沈阳、鞍山、抚顺、本溪、辽阳这样比较稳定的城市位次排名局面，这说明虽然辽宁沈阳经济区的城市化水平在不断提高，但是整体的城市化内部的空间格局比较稳定，城市化的发展出现固化现象，一方面说明这种城市化增长的稳定性，但是另一方面却为区域增长带来障碍，区域发展固化之后不利于各城市之间的整合发展。沈阳作为沈阳经济区的中心城市，是城市化发展水平最高的城市，并远远高于其他城市，这种领先优势随着城市化发展进入加速阶段也在扩大，沈阳中心极化发展的特征明显。鞍山处于沈阳经济区内城市化发展水平的第二层级，同沈阳之间具有较大的差距，但同时领先下一层级的优势也较大。抚顺、本溪和辽阳这三个城市处于沈阳经济区城市化发展水平的第三等级，三个城市之间的差距非常小，尤其是抚顺和本溪之间的差距基本一致，但是随着城市化进入加速阶段，第三层级的城市化水平同前两个层级之间的差距越来越大，证明城市化发展的动力不足，城市化发展的加速度不够。总体来看，沈阳经济区的城市化水平在不断提高，并且在沈阳经济区正式成为国家发展战略之后进入加速发展阶段，在以沈阳为中心的极化效应下，沈阳经济区城市化空间格局一直保持稳定的格局，这种城市化的发展特征有利于对土地资源形成持续和稳定的压力水平，有利于整个沈阳经济区城市之间稳定的相互作用关系的形成，从而有利于土地资源效应的显现，为土地资源效应的准确测度奠定了基础。

（三）沈阳经济区城市化的土地资源效应测度

根据城市化的土地资源效应评估指标体系，构建原始指标体系，之后对原始指标分项进行标准化，最后根据线性加权法对辽宁沈阳经济区各城市 2005 ~ 2015 年的城市化的土地资源正负效应进行测度，其计算公式如下：

$$\text{ULEP} = \sum_{i=1}^{m} X'_i \lambda_i \ (i = 1, 2, 3, \cdots, m) \tag{8-2}$$

$$\text{ULEN} = \sum_{i=1}^{m} X'_i \lambda_i \ (i = 1, 2, 3, \cdots, m) \tag{8-3}$$

$$\text{ULE} = \text{ULEP} - \text{ULEN} \tag{8-4}$$

式中，ULE 为城市化的土地资源总效应，ULEP 为城市化的土地资源正效应，ULEN 为城市化的土地资源负效应，X'_i 为第 i 项原始指标的标准化值，λ_i 为第 i 项指标权重。

根据式 8 - 2 和式 8 - 3 进行指标计算，得出沈阳经济区各城市的城市化的土地资源正负效应（见表8-3），根据式8-4得出城市化的土地资源总效应具体数值（见表8-4）。

表8-3　2005~2015年沈阳经济区城市化的土地资源正负效应值

年份	效应	沈阳	鞍山	抚顺	本溪	辽阳
2005	正	0.5112	0.3288	0.1387	0.1238	0.2462
	负	0.1331	0.0984	0.0253	0.1378	0.1227
2006	正	0.6223	0.3718	0.1703	0.1433	0.2751
	负	0.1403	0.1048	0.0567	0.0953	0.0660
2007	正	0.5641	0.4266	0.1877	0.1678	0.3252
	负	0.1401	0.1042	0.0233	0.0728	0.0841
2008	正	0.9206	0.4727	0.2061	0.2138	0.4056
	负	0.1410	0.1072	0.0225	0.1161	0.0918
2009	正	1.0743	0.5575	0.2352	0.2369	0.4657
	负	0.1396	0.1098	0.0216	0.1170	0.1260
2010	正	1.2273	0.6710	0.2912	0.3039	0.5257
	负	0.1401	0.1111	0.0207	0.1264	0.1241
2011	正	1.4873	0.6279	0.3968	0.4309	0.6419
	负	0.1384	0.1391	0.0207	0.1425	0.1370
2012	正	1.5805	0.7726	0.3466	0.3734	0.6453
	负	0.1369	0.0987	0.0345	0.1412	0.1281
2013	正	1.7364	0.8626	0.4279	0.4290	0.7147
	负	0.1371	0.0869	0.0319	0.1404	0.1106
2014	正	1.7401	0.7778	0.3775	0.4097	0.7249
	负	0.1405	0.1099	0.0478	0.1516	0.1310
2015	正	1.7744	0.7731	0.3684	0.4423	0.7333
	负	0.1499	0.1156	0.0882	0.1184	0.0762

表8-4　2005~2015年沈阳经济区城市化的土地资源总效应值

年份	沈阳	鞍山	抚顺	本溪	辽阳
2005	0.3781	0.2304	0.1134	-0.014	0.1235
2006	0.482	0.267	0.1136	0.048	0.2091
2007	0.424	0.3224	0.1644	0.095	0.2411
2008	0.7796	0.3655	0.1836	0.0977	0.3138

续表

年份	沈阳	鞍山	抚顺	本溪	辽阳
2009	0.9347	0.4477	0.2136	0.1199	0.3397
2010	1.0872	0.5599	0.2705	0.1775	0.4016
2011	1.3489	0.4888	0.3761	0.2884	0.5049
2012	1.4436	0.6739	0.3121	0.2322	0.5172
2013	1.5993	0.7757	0.396	0.2886	0.6041
2014	1.5996	0.6679	0.3297	0.2581	0.5939
2015	1.6245	0.6575	0.2802	0.3239	0.6571

二、沈阳经济区城市化的土地资源效应特征

（一）正效应在沈阳经济区城市化的土地资源效应影响中占主导地位

通过对沈阳经济区城市化的土地资源正负效应及其土地资源总效应变化趋势和特征进行比较分析，沈阳经济区城市化过程中正效应带动了沈阳经济区土地资源总效应的变化和发展，在土地效应中占主导地位。从图8-2至图8-4来看，各城市正效应（ULEP）数值总体呈现出从较低水平向高水平增长的变化趋势，并且随时间推移整体呈现加速上升的趋势。在这个过程中，可以明显地划分成三个阶段的变化过程：2005～2007年，缓慢提升阶段，正效应的增长速度较小；2007～2011年，加速上升阶段，正效应的增长速度提升，正效应上升幅度变大；2011～2015年进入稳定的提升阶段，增长速度降低，但是总体仍然稳定在较高的

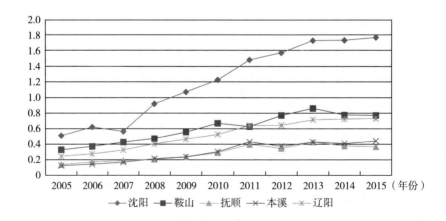

图8-2　2005～2015年沈阳经济区土地资源正效应

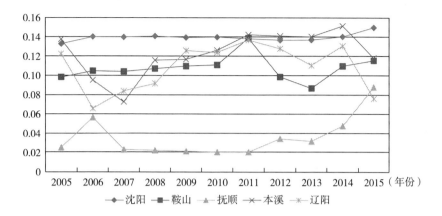

图 8 - 3　2005 ~ 2015 年沈阳经济区土地资源负效应

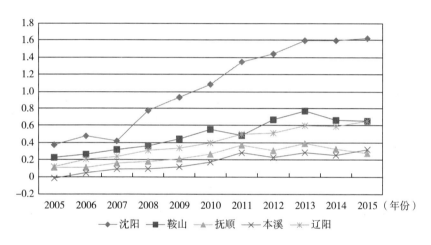

图 8 - 4　2005 ~ 2015 年沈阳经济区土地资源总效应

水平。在这其中，沈阳的正效应一直在较快增长速度下快速提升自身的正效应水平。鞍山在 2011 年正效应数值出现一次幅度较大的降低变化，其他城市则在 2011 年、2012 年处于较小的波动变化中，总体水平都较低。

在沈阳经济区土地资源负效应方面，除沈阳外，其他各城市的负效应变化比较剧烈，总体呈现先降低后平稳，之后又快速降低和增长的阶段变化特征。具体来讲，沈阳负效应一直稳定在较高水平。其他城市在剧烈变化中，鞍山、本溪和辽阳的负效应水平也较高，抚顺负效应水平则较长时间内维持在较低水平，但在后期则快速上升到与其他城市相当的水平，而本溪和辽阳在后期负效应的下降趋势也较为明显。总体来讲，除沈阳外的其他城市在最后阶段，负效应的水平维持在一个相当的水平。由于沈阳经济区城市化的土地资源正效应水平远远高于负效应，所以城市化的土地资源总效应的整体变化趋势与正效应曲线大致相符，是一种正效应主导下的变化趋势。随着时间的推移，土地资源正效应数值上升的幅度远远超过负效应的变化幅度，总效应曲线呈现不断向正效应曲线靠拢，总效应数值随正效应的不断上升而增加的特征。

由于研究所选取的时间阶段处于沈阳经济区快速发展时期，所采取的数据标准化方法为 min – max 法，因此沈阳经济区各市在初期土地资源总效应及正效应数值相对较低，而后期逐步提高。负效应则经历了从高到低再升高再降低波动发展过程。这种变化特征一方面反映出初期城市化和经济发展比较慢，经济总量较低，城市化对土地资源利用的影响较小；而后期则随着经济总量，城市化发展速度的提升，土地资源的效应值快速提升。另一方面也反映出在城市发展过程中过于追求发展速度和经济总量，将经济和城市发展更多地体现在对"纸面数据"不断增加的需求上，忽视了对经济发展和城市建设质量的提高，在城市建设的科学性和经济发展的可持续性水平上较为欠缺，城市化发展方式过于单一和粗犷，城市规划和建设上也缺乏长远的考虑，所以负效应会呈现波动性特征。

随着时间的推移，城市化发展指数和土地资源效应指数均在不断上升，土地资源正效应增长明显，说明随着经济发展方式的转变，人们对于可持续发展更加重视，从依赖高能耗高污染的经济增长向依靠新兴科技的不断发展和优质商业服务，在城市建设和规划的过程中也增加了更多人性化的元素，新型城市化带动了沈阳经济区土地资源正效应的不断上升，逐渐主导了土地资源总效应的变化，优化和改善了沈阳经济区土地资源利用和配置的水平，如沈阳和辽阳土地资源正效应和总效应均有显著的提高。与此同时，沈阳经济区土地资源负效应指数变化不大，下降并不明显，说明当前沈阳经济区原有的一些资源环境问题未得到显著的改善。随着城市化发展方式的转变，技术、资金、高素质劳动力等在生产资料中所占的比例会越来越大，作为物质要素的代表，土地的价值和作用会相对降低，土地资源正效应水平会相应呈下降趋势，如负效应指数未显著降低，会对总效应水平产生影响。

（二）城市化发展导致的正负效应分离趋势显著引导总效应变化

由于总效应指数是由正效应和负效应之间绝对值的差值所决定，所以总效应会体现出两者中比较大的一方的特征。由于在沈阳经济区中正效应相对于负效应绝对值明显比较大，因此正负效应的分离特征越明显则总效应指数的绝对值越高。在研究的时间段内，沈阳经济区的土地资源正负效应随时间变化呈现分离性越发显著的变化特点，在正效应主导之下，城市化对土地资源利用的正向促动作用非常明显，总效应由较低的正效应向较高的正效应发展，带动总效应不断地向高水平发展，较高的总效应表明各个城市在城市化的带动之下土地利用的情况在不断变好。

如表8-5所示，沈阳经济区各市的土地资源正效应呈现出从低到高的变化特征，负效应则呈现出波动性变化特征，总体水平保持稳定。由于正负效应不同的变化特征，导致沈阳经济区各市正负效应曲线之间的差距整体呈现从低到高的变化特征。因各市的具体情况存在差异，在整体变化趋势基本一致的同时，总效应指数的具体数值和变动幅度不尽相同，从另一方面表现出不同城市在城市化发展过程中对土地利用的影响不同。在沈阳经济区五个城市中，沈阳市正效应指数水平和增长速度都是最高的，正效应和负效应之间的差值也高于其他各市，相对应的沈阳市土地资源总效应指数为沈阳经济区各市的最高值。紧随其后的是鞍山和辽阳，其土地资源正效应整体较高，正负效应曲线之间的差值区域面积较大，总效应指数相对较高。抚顺和本溪城市正效应水平和正负效应差值较小，土地资源效应指数水平较低。

表8-5　沈阳经济区各城市正负效应变化特征

效应特征	各城市效应变化图
沈阳：在2005～2015年期间负效应较为平缓，波动较小，有较小幅度的下降。正效应上升显著，正负效应之差为沈阳经济区最高，总效应明显高于其他城市，与其最高的城市化发展指数相吻合，体现出其区域内部首位城市的作用，城市化发展的促动作用非常大	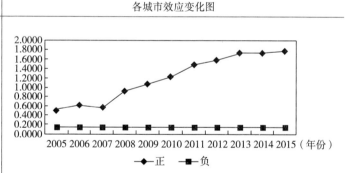
鞍山：在2005～2015年期间，鞍山市土地资源负效应始终处于较低水平且略有下降，正效应曲线在2011年有一次剧烈波动，与其经济发展的指标有密切关系。其他年份基本维持稳定上升的趋势，总效应指数水平较高，是区域内部城市化发展与土地利用促动的结果	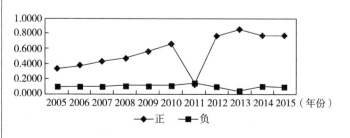

效应特征	各城市效应变化图
抚顺：在2005~2015年间负效应一直处于较低的状态，正效应具有波动变化的特征，但一直呈上升趋势。抚顺的正效应水平较低，对于总效的带动作用较小，所以总效应在沈阳经济区内处于比较低的水平，与其城市化的带动作用不强有关	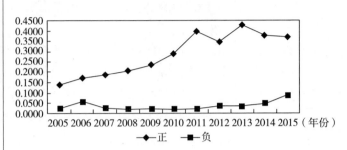
本溪：2005~2015年初期本溪市土地资源负效应指数较高，是区域内部初期负效应最高的城市。由于初期的正效应水平也较低，因此总效应为负数。之后该市正负效应曲线均有较大幅度变动，正负效应转换明显，负效应显著降低，正效应显著上升，总效应从负数增长到较高水平	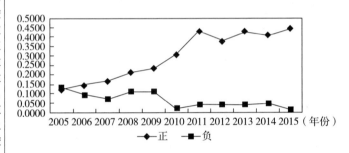
辽阳：辽阳市正负效应曲线分离趋势显著，负效应曲线有波动但基本维持在较低水平，正效应持续上升，在正效应的带动之下，总效应从较低水平持续上升，处于沈阳经济区各城市中等水平	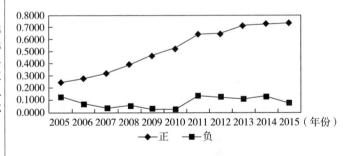

通过比较沈阳经济区各城市的土地资源效应曲线和城市化发展效应曲线，可以发现各城市在土地资源效应指数和城市化发展指数的排名大体一致。沈阳、鞍山的城市化发展指数高于其他城市，相对应的土地资源效应指数整体水平较高。其中，沈阳市作为沈阳经济区内地理位置、经济发展和政治文化方面的绝对核心，其城市化水平远远高于沈阳经济区内的其他城市，相对应的土地资源总效应指数整体水平、正负效应之间的分离趋势和总效应增速和增幅都要超过其他城

市。辽阳、本溪、抚顺等城市的城市化发展指数水平较低，相对应的土地资源总效应指数也低于其他城市，在 2005～2015 年土地资源总效应整体平缓，增幅较小。整体来看，随着城市化发展指数的升高，各城市土地资源正负效应指数差值在不断增加，土地资源总效应随之提高。在沈阳经济区城市化发展水平和土地资源利用水平整体上升的背景下，沈阳经济区各市的城市化发展程度的差异导致了土地资源效应指数的差异。

（三）土地资源效应高低值中心逐渐凸显，空间分布不平衡

沈阳经济区土地资源效应空间分布上呈现出稳定的极化分布特征，高低值之间的差距由小而逐步变大，形成明显的高低值中心，并且稳定性较强。从空间高低值的变化来看，在 2005 年沈阳经济区各市土地资源效应水平差距较小，最高值沈阳市的 ULE 值（0.3781）与最低值本溪市的 ULE 值（-0.014）之间的差距为 0.3921，而其他各市的 ULE 值之间的差距更小，所以总体呈现出 ULE 值分离度较低的状态。从 2007 年开始，沈阳、鞍山、辽阳三个城市进入土地资源效应值进入快速增长阶段，高低值的极化现象更为明显。由于增长的不均衡性，到 2015 年以沈阳市为核心，和辽阳、鞍山共三个城市所构成的沈阳经济区中西部区域 ULE 值远远高于东部区域，形成稳定的中高东低的空间分布特征，与沈阳经济区内沈—大城镇密集发展轴相一致。沈阳经济区始终为区域内部的高值中心，而本溪长期以来为区域内部的低值中心，近年来抚顺则成为低值中心。

在整个研究期内，研究初期沈阳经济区各市 ULE 值普遍偏低，空间相对均衡。后期形成沈阳经济区中部区域土地资源效应值高于东侧的空间格局。前期沈阳经济区土地资源效应值普遍偏低的原因在于沈阳经济区处于筹备建设时期，产业发展仍然以传统的重化工业为主，以资源型产业为主，产业的整体技术水平较低，新兴产业所占比重较低，在国家层面上仍然以追求经济总量增长为目标，对经济发展的质量和整体产业水平不够重视，各市的经济发展水平和发展方式以及城市化水平相差不多，且均以环境污染较为严重的第二产业为主，故沈阳经济区前期 ULE 值普遍偏低且差距较小。后期沈阳经济区作为一个国家级发展战略区，政策效应给区域发展带来巨大的外部效益，尤其是沈阳作为省会城市，利用其巨大的区位优势带动自身和周边城市的城市化发展水平快速提升。另外，高新技术、互联网和商业服务等产业的快速兴起大幅度改变了沈阳经济区的产业结构和水平，产业升级对沈阳经济区的经济发展方式和城市化发展方式产生促动提升作用，较大地提高了沈阳经济区的土地资源正效应水平，推动土地资源总效应指数水平持续升高。同时，沈阳经济区中部南端为鞍山，作为传统的经济强市，在新

兴产业的崛起过程中和产业转型中重新获得动力，鞍山的 ULEP 曲线上升幅度仅次于沈阳市。辽阳作为沈阳的邻接城市，受沈阳的发展影响最大，随着沈阳的快速发展，辽阳也进入到发展的快速期，土地资源效应的增长速度非常快，仅次于沈阳。通过沈阳、辽阳、鞍山形成的发展中轴线的带动，沈阳经济区最终形成中部区域的土地资源效应指数高于东部的空间格局。

第三节　沈阳经济区城市化进程中土地资源利用风险评估及预警

内陆型城市空间发展过程中土地的开发利用会极大地受到城市自身经济发展的影响，是城市产业、人口、资本等要素在空间上的反映，而较少像滨海城市那样受到海陆关系影响而产生土地利用上的分异。进而在发生土地利用风险的过程中，内陆型城市会过多的受到城市自身发展要素的扰动，从而产生不稳定的因素成为风险源。沈阳经济区作为一个典型的内陆型城市区域，在发展中的特点非常鲜明，以重工业为主导的产业特点突出，并且各城市相互之间协作程度较高，导致风险发生中受产业影响和其他城市影响的程度要更加深入。因此，研究沈阳经济区城市化进程中的土地利用风险将会产生有别于辽宁沿海经济带风险的新特点，形成内陆和滨海完整的风险体系研究体系，同时对辽宁省两大重要战略区形成系统的研究。

一、数据来源和处理

以沈阳经济区五个城市市区为单元所进行资料和数据的搜集，在时间尺度上选取 2005～2015 年 11 年的数据来完整体现沈阳经济区从发育到快速发展整个过程，以期能够体现在这个发展过程中土地风险从小变大，从单一风险向多元化风险转变的过程。各指标数据来源于 2006～2016 年《中国城市统计年鉴》《辽宁统计年鉴》《中国国土资源年鉴》。

在收集数据的过程中，完全按照城市化的土地资源利用风险评价指标体系，将风险的评估分为风险源危险度、风险受体易损性和风险损失度三大部分，一共搜集到沈阳经济区五个城市 2005～2015 年 16 个分指标，共计 880 个数据单元。

二、研究过程和结果分析

根据风险评估指标体系搜集到数据之后，仍然采用灰色预测 GM（1，1）模型，将沈阳经济区五城市市区 2005～2015 年的指标数据作为原始数据，对未来10 年（2016～2025 年）的数据进行预测，进而通过风险评估模型计算出一直到2025 年的沈阳经济区城市化进程中的土地资源利用风险值。最终根据原始数据和预测的数据，构成了沈阳经济区五个城市 2005～2025 年 16 个分指标，共计1680 个数据单元。由于无论是搜集到的现状数据，还是预测的数据都是以绝对数和有量纲的数据为主，同时也为使数据具有空间对比性和时间对比性，将沈阳经济区五个城市 11 年的现状数据和 10 年的预测数据的原始指标采取 min - max标准化方法，按归一化公式统一进行标准化处理，将所有的指标值都转化为 0～1，使结果全部落到［0，1］，消除量纲的影响。

将原始数据和利用 GM（1，1）模型预测的数据构成的数据集根据城市化的土地资源利用风险 ULR 计算公式，利用所构建的指标体系和权重，对经过数据处理之后的归一化数据进行计算，分别得出辽宁沿海经济带六个城市的城市化的土地资源利用风险 ULR 值及各分相指标危险度（H）、易损性（V）和损失度（D）。具体 ULR 值及变化趋势如表 8 - 6 和图 8 - 5 所示。

表 8 - 6　沈阳经济区各城市风险值历史变化

年份	沈阳	鞍山	本溪	抚顺	辽阳
2005	0.4674	0.3763	0.4500	0.3564	0.3350
2006	0.5362	0.4511	0.4547	0.3777	0.3374
2007	0.5404	0.4537	0.4570	0.3988	0.3189
2008	0.5180	0.4639	0.5044	0.4054	0.4551
2009	0.5149	0.4439	0.4136	0.3783	0.2733
2010	0.6209	0.5081	0.4364	0.4384	0.3581
2011	0.6446	0.5254	0.5287	0.4374	0.3753
2012	0.6581	0.4596	0.4551	0.4076	0.3631
2013	0.6812	0.5230	0.4842	0.4091	0.3172
2014	0.6443	0.4710	0.4654	0.3701	0.3458
2015	0.6334	0.4916	0.4647	0.3525	0.3818

续表

年份	沈阳	鞍山	本溪	抚顺	辽阳
2016	0.6303	0.5005	0.4747	0.3485	0.3750
2017	0.6451	0.5023	0.4782	0.3546	0.3719
2018	0.6320	0.5070	0.4919	0.3580	0.3642
2019	0.6413	0.5054	0.4897	0.3589	0.3658
2020	0.6514	0.5093	0.4982	0.3649	0.3582
2021	0.6484	0.5182	0.5021	0.3697	0.3647
2022	0.6445	0.5248	0.4963	0.3775	0.3639
2023	0.6350	0.5252	0.4989	0.3831	0.3470
2024	0.6364	0.5286	0.5096	0.3838	0.3507
2025	0.6488	0.5368	0.5043	0.3912	0.3460

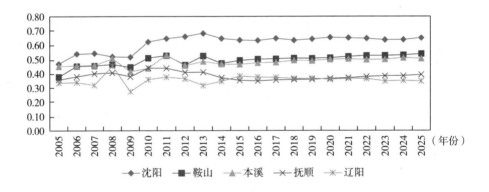

图 8-5　沈阳经济区各城市风险值历史变化

　　从整体的研究结果来看，沈阳经济区各城市的土地资源利用风险的变化呈现波动变化向稳定发展的趋势。可以分为三个显著的变化阶段：第一个阶段为2005~2007年，这个阶段属于风险值缓慢增长的阶段，各城市数值都有略微增长，但是增长幅度较小，说明这一阶段的城市化对于土地资源利用的影响程度较小，风险发生的情况不普遍，强度也较低。第二个阶段为2007~2009年，这个阶段属于风险值剧烈变动阶段，在这一阶段内各城市的风险值的增长和减小的幅度变化剧烈，说明城市化对土地利用处于一种不稳定的状态之中，大起大落的数据体现出不稳定的影响因素在较大的程度上干扰正常的发展状态。而这一阶段不稳定的发展因素就是 2008 年全球金融危机，对各个地区的发展都有较大的影响。第三个阶段为 2009 年以后的发展阶段，主要为较高风险水平下的稳定阶段。这个阶段各城市的风险值与前两个阶段相比都有了较大程度的提升，在 2013 年风险值达到最高之后，都处于稳定的阶段，风险值的变化幅度非常小，并且在沈阳经济区内出现明显的区域空间的分化现象。沈阳为区域内风险值最高的城市，并且一直稳定在较高的水平，远远高于其他城市一个数量级。鞍山与本溪则属于区域内的第二层级水平，两者之间只有微小差别，鞍山的数值只是始终稍微高于本溪的数值，并且第二层级与上一层级的差距和下一层级的优势几乎相当，处于中间的水平。抚顺与辽阳则是区域内的第三层级，属于风险级别最小的等级，主要是由于两者的城市化发展动力不足，对于土地利用的干扰性较小。在这一层级抚顺与辽阳两者之间的差别也较小，但是却呈现出一种交互领先的变化特征，证明两者水平几乎相当。

从图 8 - 6 中具体的 ULR 值的变化来看，2005 ~ 2025 年这 21 年间，沈阳的 ULR 值始终处于最高水平，2010 年之后 ULR 值有较大提升，之后稳定在较高的水平。其 ULR 值在 0.46 ~ 0.68 的变化范围之内。其风险值的构成中，损失度最高，危险度最低，这一特点与其他各个城市都是危险度最高有明显的区别。根据图 8 - 7 和图 8 - 8，鞍山和本溪的 ULR 值处于第二层级，鞍山的变化范围为 0.37 ~ 0.54，其危险度最高，并且在 2008 ~ 2014 年的变化非常剧烈，本溪的变化范围为 0.41 ~ 0.53，其危险度最高，在 2008 ~ 2013 年这一阶段内变化幅度比较剧烈。从图 8 - 9 和图 8 - 10 中可知，ULR 处于第三层级的为抚顺和辽阳两个

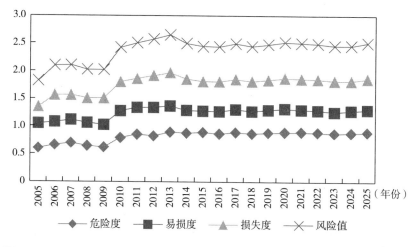

图 8 - 6　2005 ~ 2015 年沈阳市城市化的土地资源利用风险值历史变化与趋势预测

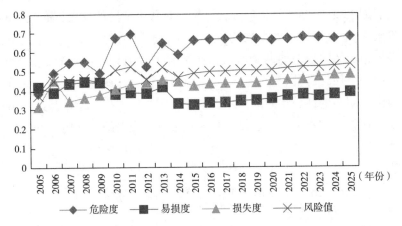

图 8-7 鞍山市城市化的土地资源利用风险值历史变化与趋势预测

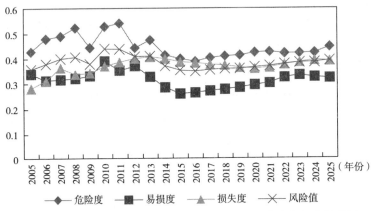

图 8-8 本溪市城市化的土地资源利用风险值历史变化与趋势预测

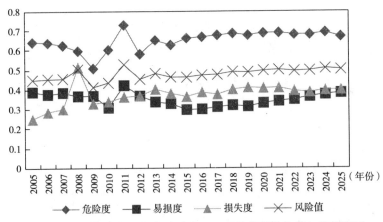

图 8-9 抚顺市城市化的土地资源利用风险值历史变化与趋势预测

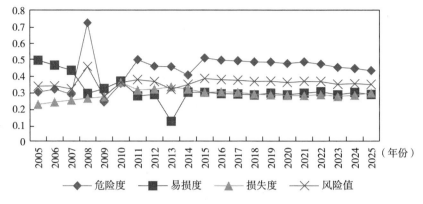

图 8-10　辽阳市城市化的土地资源利用风险值历史变化与趋势预测

城市，其中抚顺的 ULR 的变化范围为 0.35 ~ 0.44，其危险度最高，并且在2008 ~ 2013 年的变化较为剧烈，但总体来看呈现出一种比较低的水平。辽阳与抚顺的 ULR 值水平相当，其变化范围为 0.27 ~ 0.38，在 2007 ~ 2014 年其 ULR 值变化非常剧烈，特别是其危险度值，变化幅度超过 0.4。

三、沈阳经济区城市化的土地资源利用风险空间特征

（一）空间稳定性与转移性并存

土地利用风险由于同区域空间发展和土地开发导向具有紧密的关系，因此受城市空间发展的影响较大。受土地开发的强度和土地开发的热点转化影响，土地资源利用的风险值具有空间稳定性和空间转移性共存的特征。在沈阳经济区内，沈阳作为风险值最高的区域具有很强的空间稳定性，一直是风险值的高值区，同沈阳市的城镇开发建设密度高，土地开发强度大具有密切的关系，较高的土地资源利用风险是大量的城市发展要素过度的集中在同一个区域所致。风险值的次高区域则集中在鞍山和本溪一带的南部区域，与两个地区的产业偏重于资源开采和加工的特点具有密切关系，过于偏向于重工业的产业发展导致土地利用的粗放和效率偏低。沈阳经济区内土地利用风险偏低的区域则是处于一种不断的转换过程之中，体现出风险的空间转移特征，这种特征的存在主要受土地空间开发热点转换和不稳定因素共同的作用，使风险因素不断地变化和消长，从而导致风险值的不断变化。从沈阳经济区来看，风险值空间变化的抚顺和辽阳之间低值的相互转化，经过一段时间的变化之后，风险值的低值区域主要集中在辽阳市，而辽阳市基本处于沈阳经济区的中心位置，体现出沈阳经济区土地利用风险的空心化空间格局。

（二）城市集聚规模与风险高值存在正相关

在沈阳经济区内风险的发生和空间的分布状态同城市空间集聚的能力具有非常密切的关系，存在着风险值分布同城市规模大小正相关的特征。特别是沈阳经济区内风险的高值地区就是沈阳和鞍山两个大城市，风险值次高的区域则为规模稍小的本溪和抚顺，风险值最低的区域则为城市规模最小的辽阳。最终形成风险值的高低值分级同城市规模等级相互契合的关系。这种风险空间格局的形成并不是风险初始的空间格局形态，而是随着城市化的进行，风险值不断演变的结果。这种演变的趋势符合风险发生的机理和风险源的衍生规律。刚开始土地利用的风险受风险源多发和偶发的影响较大，容易产生突发性和较大的风险，所以体现出一种风险值快速变化和剧烈波动的特征，与城市规模之间更是没有必然联系。在城市规模发展之后，城市规模集聚过程中所导致的要素集聚会大量的发生，大量要素的集聚会导致风险源快速产生，风险爆发的概率也会增大，大城市的经济发展所导致的土地开发和利用强度也将会高于中小城市，所以最终形成一种风险值同城市规模相匹配的空间分布格局。

（三）城镇密集地区风险值过高

从沈阳经济区的风险空间分布中可以发现，城镇密集的中南部地区的风险值明显大于东部地区，并且成为土地利用风险过高的地区，为城镇土地的后续开发和建设提出了警示。沈阳经济区的城镇密集地带主要分布在以沈阳为核心的放射状经济发展廊道之上，包括哈大线、沈抚线和沈本线，而这三大发展廊道上的城镇密集区主要集中在沈阳经济区的中部和南部地带，东部地带则为城镇较为稀疏的地带。沈阳经济区中南部地带一直以来就是辽宁省内重要的城镇密集地区，并且是连接辽宁中部和南部的重要枢纽地带，密集的城镇开发导致过高的土地开发强度，从而引起过高的土地利用风险。这一区域在未来的空间发展中要有限度地管控和疏导土地开发，引导城市土地的开发向着较低强度和更友好的方式转变，引导城镇开发向东部地区转移，将风险进一步转移。

四、沈阳经济区城市化的土地资源利用风险管理对策

（一）产业转型升级引导土地利用方式转变

产业的发展最终要落实到土地空间之中，而土地空间要有相应的产业进行布局才赋予土地以性质，才具有社会经济意义。所以，产业结构与土地利用结构之间具有相互影响的密切关系。产业的转型升级必将会对土地的利用方式和利用效率提出新的要求，由于产业转型升级是一种正向的产业演化行为，是对产业发展要素的集约和高效化利用过程，所以其必将迫使土地利用向着更为合理的方向发展，向着更为高效的土地利用方式转变。所以，产业升级对土地利用方式有着较强的引导作用，在引导土地利用向着高效化发展的过程中，其经济和社会发展要素对于土地利用的影响将会从不合理状态向着可持续状态转变，在这个过程中土地利用的风险要素将会大大地降低，避免了土地利用潜在大量风险源的存在和不定时的爆发。

沈阳经济区原有主导产业以重型机械制造、资源开采和加工、化工业为主，并且围绕重化工业建立起一整套产业发展体系和分工系统。在整个沈阳经济区内，沈阳是整个区域内部的产业链集成核心，开展装备制造业。抚顺、辽阳、本溪和鞍山主要是煤炭、化工和钢铁产业，为沈阳提供原材料。虽然整个沈阳经济区成为一个较为完整和合理的产业发展整体，但是由于产业体系偏重于重化工业，导致沈阳经济区产业与土地利用之间的作用一直比较强烈，尤其是产业发展对于土地资源的破坏作用尤为突出。抚顺和阜新由于煤炭开采导致严重的地质问题，本溪、鞍山、辽阳则由于钢铁产业的发展导致土地过度利用和土地污染问题。沈阳则集中了污染性产业发展所带来的较多问题，土地污染、地下水污染等问题突出。从根本上改变产业结构的类型、进行产业升级，将会改变原有沈阳经济区的产业分工体系，并且切断产业对于土地资源的深度干扰作用。通过将低端的资源加工与机械制造产业转变为高端的装备制造业和生产性服务业，能够有效降低产业发展对于土地资源的压力，减少风险因子发生作用。沈阳经济区构建新型的产业发展和分工体系将会对整个区域的产业发展空间进行彻底的优化，从而对整个区域的土地开发空间进行重构。

（二）土地管控与城市化优化双重治理

沈阳经济区属于土地开发强度较高的城市密集地区，容易形成系统性风险，造成广泛性影响。对这种城市密集区的土地利用优化和风险的管理需要从土地利用和城市化发展两个方面进行城市发展的引导和土地的管控，并且两个方面要相互配合，共同作用才能更好地发挥效能。

城市化发展方面要建立新型城镇化发展的理念，不单纯地追求城市空间的扩大，城市人口规模的提升和城市经济增长，而是要以经营城市的方式，提升城市内在的综合能力，以人为本，将城市内部的每一居民都同等对待，提升城市居民的实际幸福感和获得感。在这种发展理念之下，城市之中的人口对资源环境的压力将会大大降低，形成协调一致的关系。产业发展也将会向着高水平的阶段发展，完成自我转型升级，从而进一步引导土地利用向着协调高效方向发展。城市空间由于内涵发展的要求将会得到控制，开始转向内部优化为主，空间协调能力和综合服务功能增强，区域资源环境承载能力提升而对其压力却没有增大，从而避免了风险的产生。

城市土地的管控是在新的城市化发展理念的指导之下，对城市的土地利用规模进行空间划定，对土地的开发强度严格设定，对土地的功能进行科学的设定。在新型城市化的要求下，大城市的建设用地要从增量向存量转变，划定空间增长边界，以存量改造为主，将外部空间增长限制在合理范围之内。通过内部挖潜，提升存量土地的利用效率，减少因为土地规模的增大和粗放利用而导致的土地利用风险产生。沈阳市空间管控要以总量控制为主，将空间范围限定在一定的范围之内，内部提升和改造为辅。其他城市则是以内部改造和有限度的增量为主，在规模提升中优化内部发展。

（三）生态防护与开发相协调

最根本的防止土地利用不规范的方法是在土地未开发利用之前制定严格的国土空间规划。而在制定国土空间规划的过程中首先要遵循的准则就是土地的生态功能，划定国土的生态防护红线。要根据土地的不同自然属性和功能，划定土地的不同分类，并将生态用地增设为土地利用的一级地类，提升生态用地的重要性，同时按照地类划分，规范土地利用向着最佳方向转变。在生态防护红线的范围之内，限制人类的经济和社会活动，形成遏制土地变化的生态屏障。在土地利用的过程中，加强土地的动态监测，对生态功能的发挥进行定时的评估和修复，发现破坏生态功能的人类行为及时遏止，将任何有可能引发土地利用安全和导致土地利用风险的行为防患于未然，最大限度地降低风险发生概率。

沈阳经济区作为城镇密集和土地开发强度较高的地区，其各个城市内部的土地已经丧失了原始的自然生态防护功能，主要是以人工建设的生态用地为主，而这类用地由于功能单一，抵抗外部冲击的能力有限，对复杂的自然变化的适应能力较低，导致脆弱性强，抗风险能力较低。由于以往用地格局已经形成并具有稳定性，所以未来改善的方式只能是将每个城市的用地功能进一步细化，生态用地进一步分散化，分割连片的大范围城市建设用地。沈阳经济区城市与城市之间则仍然存在着大片原始生态防护用地，划定好保护红线，严格限制建设活动的侵蚀。这主要包括沈阳东部山地丘陵地区、抚顺东部的山区和水源地区，本溪南部的山区和水源地区，切实保证水源供给和水质安全，净化空气，维护城市生物多样性，起到在大格局的范围内的区域生态屏障作用，保证沈阳经济区生态安全，防止土地利用风险对于城市发展产生影响。

第四节　沈阳经济区城市化进程中土地资源的优化配置

一、沈阳经济区城市化与土地资源优化配置原则

(一) 城市化水平与土地资源效应协调

城市化的发展水平、速度和方式决定着在城市化过程之中土地资源的利用和产生的效应，土地资源正负效应的表现及最终效果是城市化发展中各类因素综合作用的结果。沈阳经济区城市化发展与土地资源效应存在较为明显的背离现象，土地资源正负效应正在逐步分化。并且从城市自身的发展来看，城市化发展水平快慢不一，土地资源效应大小不一，城市化发展与土地资源利用存在明显的不协调问题。从系统论来看，一个耦合系统要能够良性运转，必须促进和强化其正向的相互作用在一个水平上。因此，制定最优的城市化与土地资源配置方案的前提是城市化发展的水平、速度和方式要与土地资源利用、城市化对土地资源的压力和土地资源自身属性所决定的土地资源效应应相互协调，正向相互作用。只有两者在较高的协调水平，才能够表明系统能够良性的运作，才能够发挥两者的最大的效能，彼此之间才具有最小的制约性。沈阳经济区在城市化发展进程中进行土地资源的优化配置，就需要通过城市化与土地资源利用状态的评估，寻找到两者之间最优的协调状态，形成两者的正向促动。

(二) 空间发展协调

整个沈阳经济区土地资源的优化配置不能从单一城市的角度来进行，需要从空间发展整体协调的角度，对整个沈阳经济区的空间发展进行统筹安排，实现沈阳经济区总体空间发展向着最良好的方向进行调整。每个城市在进行自身土地利用调整时，都需要以沈阳经济区总体空间发展高效和协调为目标，按照职能分工、合作共赢、错位竞争的原则，安排自身的空间发展战略，且每个城市都应将空间调整的方向确定为实现沈阳经济区整体一体化发展，从而在多个城市共同的促动之下，使沈阳经济区向着空间一体化方向发展。沈阳经济区整体的空间协调发展需要以沈阳为核心，构建起沈阳与周边多个城市之间整合发展的空间结构，实现以沈阳为空间纽带，沈抚、沈本、沈辽鞍的空间一体化发展局面。

（三）主要类型用地可调控

土地资源效应同城市化具有密切联系，即使单纯进行土地资源优化配置，也会由于城市土地资源用地规模的变化产生对城市化的影响，而城市化变化之后将对土地资源的外部压力产生改变。因此，为避免由于城市化与土地资源利用效应两者动态变化对寻找某一城市化水平下最优的土地资源效应产生较大影响，需要对外在的条件进行假设和规定，从而能够实现在已知一方条件下，完成一定的城市化水平下对土地资源效应的推导。土地资源效应推导出来之后，实际是对影响土地资源效应的每一项土地利用指标进行调整，但是由于所涉及的因素众多，因素间也存在相互影响的关系，所以从可操作的角度来看，调整土地利用时要首先满足主要类型用地可调控，对其他比较复杂琐碎的方面不做精细要求，对这些因素做趋势性假设限定，从而实现具有实践意义的城市用地调整。

二、沈阳经济区城市化与土地资源优化配置的指标界定

（一）城市化与土地资源利用的最优协调度计算

城市化与土地资源利用两个系统在长期相互作用的过程中将会形成一种相对稳定的状态，在这个状态之下形成两者之间的协调，判断两者之间的协调状况需要对其协调度进行计算。根据所构建的城市化发展指数与土地资源效应的协调度计算模型，将沈阳经济区 2015 年的城市化发展指数（UI）、土地资源效应（ULE）代入公式进行计算，得出沈阳经济区各城市的城市化发展水平－土地资源效应协调度，具体结果如表 8－7 所示。

表 8－7　2015 年沈阳经济区城市化发展指数、土地资源效应及其协调度

城市	沈阳	鞍山	抚顺	本溪	辽阳
土地资源效应	1.62	0.66	0.28	0.32	0.66
城市化发展指数	0.78	0.57	0.45	0.46	0.40
协调度	0.96	0.78	0.57	0.60	0.68

根据协调度的一般研究共识，沈阳经济区各城市的协调度大部分处于一般协调状态之中。只有沈阳市的协调度（0.96）处于 $0.8 \leqslant D \leqslant 1$ 之中，表明两者之间具有良好的协调关系，两个系统处于良性的互动之中，是一种合理状态。其他城市由于协调度较低，表明城市化与土地利用之间肯定存在不合理因素，影响了两者关系的发展，相互之间存在干扰作用，都没有发挥出应有的效应，具有优化改善的必要性。特别是抚顺和本溪都处于小于等于 0.6 的数值范围内，处于非常

不协调的状态中，从沈阳经济区各城市协调度来看，虽然协调度大小不一，具有制约关系，也具有良性关系，但是从协调度的理想值计算来看，包括沈阳市在内，各个城市都未能达到自身所能达到的最大值，若假定其城市化发展水平一定，则各个城市都没有达到土地资源效应的最优值，其都具有优化的余地，都可以从土地利用的优化中寻找到与城市化更为协调的状态。

为寻找到各个城市在现有城市化发展水平下的协调度最大值以及此状态下的土地资源效应值（即土地效应所达到的最优值），需要根据协调度的变换模型进行各个城市在既定城市化发展指数下的最大协调度和土地资源效应最优值求解。以 2015 年各城市的城市化发展水平指数为已知数，求解出各个城市的最大协调度，进而求出适应于城市化发展水平的土地资源效应最优值及下各城市所构成的一元三次方程的函数及图像如表 8 - 8 所示。

表 8 - 8　辽宁沿海经济带六城市协调度变形函数图像

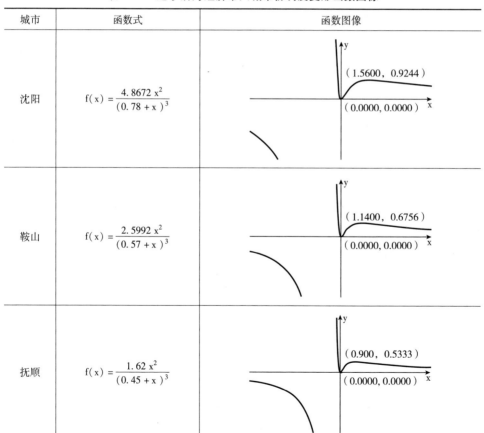

城市	函数式	函数图像
沈阳	$f(x) = \dfrac{4.8672\,x^2}{(0.78+x)^3}$	（1.5600，0.9244）　（0.0000，0.0000）
鞍山	$f(x) = \dfrac{2.5992\,x^2}{(0.57+x)^3}$	（1.1400，0.6756）　（0.0000，0.0000）
抚顺	$f(x) = \dfrac{1.62\,x^2}{(0.45+x)^3}$	（0.900，0.5333）　（0.0000，0.0000）

城市	函数式	函数图像
本溪	$f(x) = \dfrac{1.6928\,x^2}{(0.46 + x)^3}$	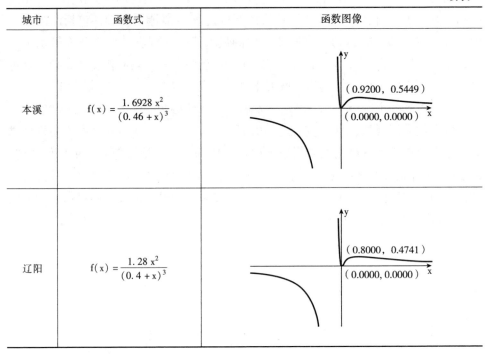
辽阳	$f(x) = \dfrac{1.28\,x^2}{(0.4 + x)^3}$	

对各城市理论上的城市化与土地资源效应的协调度进行计算得出最大协调度下的最优土地效应值，从表 8 - 9 和表 8 - 10 的对比中可以看出，沈阳市已经达到最大协调度，但是在最大协调度下其土地资源效应值应该比现在的值偏低，这说明沈阳的土地资源开发利用在现状的城市化发展水平下需要调整，存在过度开发利用和超前开发的问题，需要根据城市化发展，再决定是否进行土地供给，在现阶段不能实施空间对外扩张。而除沈阳之外的其他城市，其城市化 - 土地资源的协调度均未达到最大值，以追求最大协调度为目标，各城市在提升协调度并达到最大协调度的过程中，其土地资源效应值仍具有一定的提升潜力，各城市都具有优化自身土地利用以提高土地资源效应，并同城市化发展相协调的必要。在这个过程中，为达到相应的土地资源效应最优值，各个城市都需要采取措施强化城市化对土地利用的正向促动作用，即在提升两者协调度的同时，促使土地资源效应由负效应向正效应，或是土地资源负效应高值向负效应低值转变，从而能够提高土地资源正效应，减小土地资源的负效应。从各城市土地资源可调整性来看，沈阳市要对土地资源投入总量和主要的用地类型进行调整，减小土地资源投入过量导致土地资源效应过高，其他城市则要从土地利用效应提升出发，提高土地投

入水平，调整的目标包括主要用地类型的面积，各部分结构占比，从而形成一种新的且适应于当前城市化发展水平的土地资源使用强度和结构合理的使用模式，进而新型的土地利用模式将会提高土地资源效应。

表 8 - 9　2015 年沈阳经济区城市化发展指数、土地资源效应及其协调度

城市	沈阳	鞍山	抚顺	本溪	辽阳
土地资源效应	1.62	0.66	0.28	0.32	0.66
城市化发展指数	0.78	0.57	0.45	0.46	0.40
协调度	0.96	0.78	0.57	0.60	0.68

表 8 - 10　2015 年沈阳经济区城市化的土地资源效应最优值及最大协调度

城市	沈阳	鞍山	抚顺	本溪	辽阳
土地资源效应	1.56	1.14	0.90	0.92	0.80
城市化发展指数	0.78	0.57	0.45	0.46	0.40
协调度	0.96	0.82	0.73	0.74	0.69

（二）沈阳经济区各城市主要类型土地资源最优配置状态值计算

由于在土地资源效应调整时，根据现有的评估指标，能够进行快速调整，并且可以优化土地利用的方式主要是对现有土地资源总量和结构的调整。而在这个过程中，就需要对城市主要类型土地资源最优配置状态进行计算，并需要对相关其他外部条件进行假定和设定，从而消除其他条件的干扰作用，满足只是对用地调整的目的。基于此，进行的假设条件为：①假设在目前的城市经济、技术水平条件下，即外部对土地资源的作用恒定；②假设土地资源效应评估指标体系中的土地的污染水平和治理水平也将按自身权重分担土地资源效应的提高，土地利用强度中地均 GDP 和单位面积粮食产量保持恒定。之后，根据提出的假设前提，并结合土地资源效应的评估方法和指标体系，以 2015 年辽宁沿海经济带各城市土地资源效应值为基础，重新计算最大协调度状态下的各城市主要类型土地资源，包括人均建设用地、人均耕地、人均居住用地、人均公共绿地四个类型。

在调整各主要类型的土地资源的过程中，遵循土地类型调整可操作性和关联性原则，以标准值为参照，以土地资源的利用结构调整为主，以土地资源的总量调整为辅，但必须遵循土地资源正效应增长原则，即若原有土地类型处于产生正效应的状态时，则这类土地类型暂不进行调整，保持不变，首先调整产生负效应的土地类型，若单纯通过调整产生负向效应的土地类型即可达到最优土地总效

应，则调整完毕。若单纯调整负向效应的土地类型不能达到最优值，则从整体上对所有土地类型进行重新调整，以调整幅度最小为原则，最终达到土地资源总效应的最优值。人均建设用地、人均耕地、人均居住用地、人均公共绿地四大类城市用地类型调整目标、方法和过程如下所示：

调整目标：沈阳经济区五城市人均建设用地、人均耕地、人均居住用地、人均公共绿地四种用地指标。

调整过程：

步骤1：判断四类土地目前所产生的土地资源效应正、负属性。沈阳市的人均建设用地、人均公共绿地产生土地资源正效应，人居耕地、人均居住用地不产生效应；鞍山人均建设用地产生土地资源负效应，人均居住用地产生土地资源正效应，人均公共绿地、人均耕地不产生效应；本溪人均建设用地、人均耕地产生土地资源负效应，人均居住用地产生正效应，人均公共绿地不产生效应；抚顺人均建设用地、人均居住用地、人均公共绿地产生土地资源正效应，人均耕地不产生效应；辽阳人均建设用地、人均居住用地产生土地资源负效应，人均耕地、人均公共绿地不产生效应。

步骤2：判断四类土地类型的指标属性，人均公共绿地、人均耕地属性为正，人均建设用地、人均居住用地属性为中。

步骤3：对产生负土地资源效应的土地类型进行调整，在调整过程中优先调整产生负效应且指标属性为正向指标的土地类型，将土地资源效应值调整到0为止。如果无法达到目标值，则转入下一步的调整。

步骤4：调整指标属性为中性的指标，以刻度为1的增长幅度进行调整，时刻关注因调整而产生的土地资源效应的增长，如果达到调整的目标值，则调整完毕。如果中性指标调整到能够产生最大正效应的值时仍无法达到目标值，则转入下一步调整。

步骤5：继续对正向指标的土地类型进行调整，具体来讲对人均耕地与人均公共绿地同步调整，人均耕地以刻度为0.1的增长幅度进行调整，公共绿地以刻度为1的增长幅度进行调整，时刻关注因调整而产生的土地资源效应的增长，直到调整到目标值，调整结束。

最终，根据调整的策略，沈阳各类土地用地均比较合理，其土地资源效应的降低应该是以土地利用强度的调整为主，保持土地利用结构下，适当降低利用强度。鞍山应该降低人均建设用地面积，增加人均公共绿地和人均耕地的面积，适当地降低人均居住用地面积。本溪应该着重增加人均建设用地、人均耕地的面积，保持人均居住面积不变，适当的增加人均公共绿地的面积。抚顺要适当增加人均建设用地、人均耕地、人均居住用地面积，保持人均公共绿地面积不变。辽阳要着重降低人均建设用地和人均居住用地面积，适当的增加人均耕地和人均公共绿地的面积（见表 8 – 11 和表 8 – 12）。

表 8 – 11　2015 年沈阳经济区各城市主要类型土地资源利用的最优状态值

（单位：m²/人）

城市	沈阳	鞍山	本溪	抚顺	辽阳
人均建设用地面积	85	105	100	100	105
人均耕地面积	1.3	1.3	0.75	1.0	1.5
人均居住用地面积	25	35	25	25	38
人均公共绿地面积	12	8	8	15	8

表 8 – 12　2015 年沈阳经济区各城市主要类型土地资源利用的现状值

（单位：m²/人）

城市	沈阳	鞍山	本溪	抚顺	辽阳
人均建设用地面积	85	107	81	96	114
人均耕地面积	1.3	1.1	0.6	0.9	1.4
人均居住用地面积	25	37	25	24	40
人均公共绿地面积	12	5	6	15	5

沈阳经济区各城市主要用地指标的最优状态值和现状值的对比中，各城市的调整状态各不相同，除沈阳保持不变外，其他城市都产生变化，鞍山和辽阳以降低人均建设用地，控制城市用地规模为主，抚顺和本溪以增加人均建设用地，扩大城市规模为主。用地规模得到控制的城市，其土地利用风险肯定会降低。用地规模扩大的城市，其易损性和损失度会有所增加，土地利用风险值会增加，但是由于它们耕地和公共绿地的增加又会降低土地利用风险，加之土地资源效应提升过程中，土地污染水平和土地污染治理能力会相应地降低和提高，也将会降低土地资源利用风险。所以，总体来看，土地资源利用风险在土地资源优化配置过程中不会有大的变化，符合风险可控的原则。

各个城市不同的用地调整方式其本质是代表着不同的用地模式，从用地调整的过程中形成各自最优的土地资源配置模式。沈阳用地模式上较为合理，但结合

城市化的土地资源效应和利用风险评估

其土地利用风险较大的问题，说明其存在用地强度过大的问题，调整用地方式是实现最优的途径。鞍山和辽阳属于用地粗放的城市，最优模式是实现用地集约，走整合发展，共建共享的发展模式。抚顺和本溪属于用地规模太小的城市，与城市化发展水平不协调，应该进一步扩大城市发展空间，释放土地利用效应，在自身用地局促的条件下，寻求与大城市的对接，找到城市空间扩张的方向。当然，由于调整过程为实现最终结果的可计算性，制定了一系列条件假设，而在现实中某些假设是不可能完全实现或与客观实际情况有较大差别，从而最终得出的土地资源最优配置状态值是一种理想状态下的值，在现实中肯定会出现一定量的偏差，一定程度上降低了方法的现实性和可行性。在实际的城市化发展过程中，城市化与土地资源效应相互影响，相互作用强烈，是一个动态变化的过程，在调控土地效应的过程中，城市化发展水平也会变动，两者之间的调控关系并不是投入产出这种线性关系，最终两者最大协调状态的实现是两者不断互动调整的结果，而并不是像测算结果显示的那样一次性调整就可以达到最优配置状态。但总体来讲，最优状态值的寻找，最优方式的建立其总体方向正确，是有价值的城市用地调整策略。

三、沈阳经济区城市化与土地资源最优配置模式

（一）扩散模式

沈阳市其土地用地的指标处于比较合理的状态，但是其土地利用效应值偏高，与城市化水平不协调。土地指标合理但土地利用效应值偏高表明其土地利用的数量合理但强度偏高。在这种状态之下，就需要通过土地上所承载的发展要素的扩散来减少单位土地所承载经济和社会发展要素的数量，使其处于高效又不过大的合理的发展状态。沈阳作为沈阳经济区的核心，其必须要发挥引领和带动的作用，带动其他城市就需要将自身的发展要素向周边城市进行扩散，从而既降低自身发展要素过度集中的压力，同时又解决其他城市发展动力不足的问题。与其他城市合作发展的过程中，沈阳要通过要素的近域扩散，实现与其他城市的空间对接，其他城市通过要素的承接，实现空间规模的提升或实现城市单位土地面积所承载发展要素集聚。所以，土地利用的扩散模式是指土地利用数量合理的情况之下，由于核心城市集聚能力过强，土地承载要素过多而导致土地承载压力过大，土地利用强度过高，需要通过发展要素的扩散来实现要素的疏解，既降低因过度集聚导致的过大压力，也可实现周边城市的带动发展。

（二）整合模式

在沈阳经济区抚顺与本溪本身由于城市发展规模适中，城市化发展水平较

· 210 ·

高，导致其本应该发挥出更大的发展能量，却因为自身有用地的限制而无法拓展。抚顺与本溪作为距离沈阳比较近的城市，其发展空间的取得可以通过同沈阳的空间对接，实现整合发展，在整合发展区内共建共享各类基础设施，实现用地规模和结构的优化，既实现抚顺与本溪的空间扩展，同时也能够使沈阳的发展要素得到有效的扩散。未来抚顺和本溪空间发展的方向应该是以同沈阳对接发展为主方向，打开城市行政区划的限制，最终实现合理的空间布局。所以，整合模式是指地域相互邻近的城市，在发展空间受到限制或是相互合作能够带来更大的发展前途时，可以通过近域城市的整合发展，实现发展空间与发展要素的相互对接，相互融通，达到城市用地与城市化发展相协调的状态。

（三）聚能模式

鞍山和辽阳由于空间扩张过快，城市的发展过程中土地利用较为粗放，需要通过土地利用规模的优化整合，实现土地利用效率的提升。鞍山和辽阳现在的城市化发展水平相对于土地规模来讲偏低，需要继续集聚发展要素，提升城市发展要素总量，通过城市发展来抵消城市用地过快的问题。鞍山与辽阳作为距离沈阳比较近的城市，其发展要素的来源之一就是沈阳发展要素的对外扩散，鞍山和辽阳要通过积极承接沈阳扩散的发展要素，形成城市发展要素的持续流入，从而达到城市化水平提升的目的。在要素流入之后，城市通过合理的要素配置，重新实现用地规模和结构的优化，实现效率的提升。所以，聚能模式是指在发展要素不足导致用地效率低下时，通过承接比自己大的核心城市的发展要素，吸收和集聚发展能量，实现用地效率的提升，实现自己用地规模和结构的优化。在提升城市发展能量的过程中，提升城市化水平，达到土地利用效应与城市化发展的协调。

第五节　沈阳经济区土地资源利用的空间优化

一、沈阳经济区空间整合发展

根据沈阳经济区城市化与土地资源最优配置模式，沈阳经济区目前作为单纯的内陆连片型经济区域，其最为高效的土地空间开发策略是进行城市空间的整合发展，进行空间连片的开发，实现城市之间各类功能的相互连通和互补，实现空间消耗的最小化。在空间上表现为打破实际存在的行政藩篱，实现各类功能的一体化，整体性增强。在沈阳经济区内部，在一体化发展中则表现为近域城市之间为实现一体化发展而采取的各类空间对接措施，包括两两之间的基础设施、交通网络、生态保护和产业分工的统一规划，最终实现近域城市的整合发展。所以，沈阳经济区未来土地空间优化调整的主要策略就是整体空间上的一体化发展和近域空间上的整合发展，从而实现整体空间上的整合发展。

（一）沈阳经济区空间一体化发展

沈阳经济区地处辽河平原的腹地，土地资源充足，用地条件优越，空间一体化发展具有比较充分的地理条件。经济区内部城市的等级结构和空间分布也十分有利于城市之间的空间合作与功能对接，有利于不同城市的功能在空间上的发挥，具有空间一体化发展的经济条件。实现沈阳经济区的空间一体化发展就是要充分利用好这两个条件，从空间发展与功能对接两个方面展开。

沈阳作为区域内部的中心城市，在一体化发展中要充分发挥其龙头带动作用，在进一步增强自身实力和能力的同时，突出空间集聚，加强沈阳对周边城市的辐射功能，发挥区域增长极的极化效应和扩散效应。尤其是在一体化发展的初期，沈阳的中心带动作用起到最为关键的作用。沈阳要通过产业重构和转移，来带动周边地区的发展，实现沈阳经济区极化发展中整体空间凝聚力的提升，形成以沈阳为中心的区域一体化发展格局。其他城市则要在沈阳的辐射带动之下，明确沈阳之外经济区其他城市的主要功能，形成梯度发展的格局，形成中心带动下的各个区域的有机整合。在产业发展布局上，根据各个城市的资源禀赋特征，科学进行产业分工与合作，避免区域内部各城市低层次的同质水平竞争，逐步构建既有竞争又有合作的互补竞争局面。在空间布局和协调上，在发挥沈阳中心和枢纽作用中，加强沈阳与周边各城市连接廊道的建设，根据城市之间的网络关系，对整个沈阳经济区的空间进行重构，统一规划、统一产业分工、统一交通网络、统一环境生态保护，形成内部凝聚力充足，对外开放充满活力的一体化空间（邢铭，2011）。

未来沈阳经济区的空间拓展要通过区域内部的"核心带动＋圈层推进＋轴线延伸"的空间发展模式，充分发挥沈阳中心城市作用，带动其他次级城市发展，最终形成"一核、三轴、两圈层"的空间发展结构。"一核"就是以沈阳中心城区为依托的沈阳都市区，"三轴"是指沈阳核心所放射出的三条城镇密集发展轴，同时也是近域城市对接的空间载体，分别为沈抚发展轴、沈本发展轴、沈辽鞍发展轴。通过对接轴带的建设，形成有效的空间连接，形成空间上的连绵发展态势，之后通过轴带的拓展，达到区域网络化发展的效果。"两圈层"分别指沈阳市区到外围的抚顺市区、本溪市区、辽阳市区、鞍山市区之间构成的一级辐射圈层，在这个圈层内部，重点打造城市之间的对接和连通空间，形成近域整合发展；第二圈层是一级辐射圈层之外，各个城市背向核心城市沈阳方向的外部区域，这个区域由于受核心城市沈阳的辐射作用较小，需要通过各个城市本身的带动发展和一级辐射圈层不断向外推进和挤压式发展。最终，沈阳经济区形成"点轴面"共同推进，相互联系紧密，空间开发均等化的发展局面。

（二）沈阳经济区近域城市整合发展

由于沈阳经济区各城市之间相互临近的地理特征，给空间发展带来另一种发展可能，就是通过近域城市之间的空间整合发展，实现两个城市之间的空间连片发展或同城化，从而实现两个城市之间的一体化发展。由于沈阳在区域中的中心作用和几何上的近似核心位置，沈阳同其他城市之间都具有比较近的空间距离，沈阳同周边其他城市实现同城化发展之后，实质上在空间上沈阳经济区就以沈阳为空间连接枢纽，形成空间上的一体化。从未来的发展来看，沈抚同城化、沈辽鞍一体化将是沈阳经济区近域城市整合发展的重点。

1. 沈抚同城

沈阳与抚顺之间仅仅相距 45 千米，是我国距离最近的两个特大型城市。由于都具有较大的空间拓展能力，两市的空间边缘已经基本相连，为两个城市的同城化发展提供了充足的基础条件，城市空间的对接是未来两城市土地开发的重点。从两个城市空间发展的模式来看，沈抚同城化发展的空间整合模式应该为双城对接的模式，在两者现有空间未完全连通的位置，通过建设沈抚新城，借助沈抚之间的城际快速交通通道轴向扩展，最终实现空间上的对接。从沈抚同城化的模式上来看，未来具体的土地开发应该充分发挥道路的交通导向作用和空间拓展中的先锋作用，通过主要交通线两侧的城市用地增加，首先来形成轴向空间拓展，之后通过交通线路的增多和交通网络的连接，多个轴向空间开发带将会连在一起，从而达到由初期的沈抚空间轴带连接，到后期的空间面域连绵的形态。

在沈抚城市同城化发展的过程中，土地开发调控是有效控制城市空间无节制开发的有力方式。在沈抚空间连绵区域要留有足够的农田、森林等，以便形成自然绿楔，一方面可以改善城市生态环境，另一方面可以为居民就近提供游憩环境和场所；在沈抚空间连绵区域的多个组团空间，应以绿地加以适当分隔，避免城市建设空间不间断连绵开发，以便增强组团发展动力，应结合主体功能区划，划分出优先开发的地区，以保证城市空间在特定的范围内、在有限数量的土地上发展，而不是"遍地开花式"发展，并集约节约利用土地资源；沈抚两市轴向对接发展是以现代化的交通设施为支撑的，交通走廊是城市同城化发展的经济联系轴，而非城市空间蔓延的轴线。在土地供给上，应以供给为导向的模式，转变为以需求为导向的供给模式，便于在制定相关规划前做科学的预测，合理评估未来的土地需求，确保能为将来的经济增长提供足够的土地资源，且要集约节约利用土地，发挥土地使用的最大效益。

2. 沈辽鞍一体化

沈辽鞍一体化是指沈阳、辽阳和鞍山三个地域临近的城市进行城市整合发展。沈阳、辽阳、鞍山依次相距 60 千米和 25 千米，城市空间边缘已经基本完成对接，特别是辽阳和鞍山同城化的特征比较明显。沈辽鞍一体化发展区已经是沈阳经济区南部城镇连片发展的主要空间区域。从未来沈辽鞍一体化发展的模式来看，应该采取"一带三片"组团式的城市布局模式，发挥沈阳集聚和扩散作用，辽阳和鞍山的城市空间向沈阳方向拓展。在沈阳和辽阳之间、辽阳和鞍山之间通过现有城镇的建设，以沈大高速公路、哈大铁路、腾达通海大道为主线，在海鞍城际间规划建设了达道湾新城、汤岗子新城、腾鳌新城、海西新城和牛庄新市镇等"四城一镇"，实现两两城市之间的相互对接。

在区域一体化中，要完善区域分工与协作的格局，实现主导产业、新兴产业的各自发展，避免同质竞争。新型产业基地和新城新市镇要同步开展建设，控制土地开发强度，加强生态环境治理和保护，合理布局城市功能空间，最终形成以交通、产业轴带串联，以绿带和生态分割区镶嵌，以城市空间对接的沈辽鞍一体化发展区，成为沈阳经济区快速发展的增长极。

二、沈阳经济区各城市土地资源合理配置空间导引

沈阳经济区各城市的土地资源配置与空间发展应该在整个沈阳经济区总的空间发展战略下，依据城市化与土地资源效应相互协调目标，按照计算所得出的整个土地资源主要指标和调整方式，按照最优配置模式，将各自的城市空间与土地配置进行调整，将各自的微空间向着整个沈阳经济区的宏观空间发展，形成最终的调控目标。

（一）沈阳市土地资源合理配置空间导引

沈阳作为经济区内的核心城市，其空间发展的总体思路是能提升整个经济区的空间凝聚力，构建大沈阳都市圈，成为沈阳经济区的空间连接枢纽，主导沈阳经济区空间一体化的推进。基于这一目标，在沈阳的空间发展和土地配置中，应该明确其各个方向进行空间拓展的策略，实施与周边城市进行整合发展，空间

对接的策略。在土地资源配置中，由于沈阳市主要用地指标类型比较合理，因此未来拓展中不用顾及不同类型土地资源的大幅度调整，只要在同等的用地比例下实施土地供给即可。但是，由于其土地利用强度过高，所以在城市空间所担负的职能上要进行相应的调控，从而来调控土地利用强度，适当地降低原有中心城区所承载的各项职能，向各个可以与其他城市整合发展的方向进行功能转移，实施"主＋副"的城市空间发展模式。根据沈阳周边空间发展可能性，未来沈阳可以依托区域交通走廊，形成"轴带式发展"的大都市空间形态。按照"东优、西进、南拓、北统"的城市空间发展策略，沈阳要在空间发展的各个方向形成对外部的有效拓展和同其他城市的整合发展。自身空间发展，构建"一主四副"的空间结构。一主：沈阳中心城区，是承担沈阳作为区域中心城市职能的核心地区，重点发展金融、商务、信息等现代服务业和都市型工业；四副：主城外围规划的东西南北四个副城，是协助主城发挥区域中心城市作用的副中心，是主城人口疏解、新型产业发展的主要承载区。东部和南部要通过资源和产业的调整，形成同沈阳经济区内部的抚顺、本溪、辽阳的一体化发展。

（二）鞍山市土地资源合理配置空间导引

鞍山由于建设用地的扩展速度过快，需要通过引进新的发展要素，进行城市空间的填充，让城市功能发挥得更加充分，让城市化提升到与土地资源效应更加协调的水平。因此，未来的鞍山市土地资源配置和空间发展的策略是加快城市各功能的发挥，吸引周边各类发展要素，科学地对各方向城市空间进行全面的优化，把提升主城、把控新城、突出特色、全面发展作为科学规划城市空间布局的发展战略，限制过快的城市建设用地增长，把调控和优化现有主城区和新城的建设用地作为主策略，达道湾新城、汤岗子新城、海西新城、腾鳌新城和牛庄新市镇、黄沙新市镇、雅河新市镇等已经预留出多年的建设用地指标，并且人口和产业要素发展缓慢，所以未来不宜再扩大用地规模。从产业功能空间上来看，要形成西部工业产业带、中部都市生活带、东部生态旅游带的发展格局。构架城市功能分工有序、布局合理、协调发展的城镇体系，支撑沈辽鞍产业带发展。从而在整体空间上，形成以沈西工业走廊通海产业大道和腾达通海产业大道"两带"为支撑，以建国南路、鞍海路、建设大路、高速西路和鞍海城际轨道交通"四路一道"为连接的空间规划。对市区内现状的建设用地以优化为主，以万水河南路、万水河北路和建国东路三条主干道为重点，加速城市老旧空间改造创造，全面建设滨河新区，实现鞍山向北发展，与辽阳一体化的总空间战略。

（三）本溪市土地资源合理配置空间导引

本溪市由于多山的自然因素限制，原有城市空间相对局促，本身较高的城市化发展水平也由于城市土地空间扩张不畅而没有得到完全发挥。所以，未来本溪市要通过城市空间的对外扩张，实现自身城市化水平与土地利用的协调。由于老城区受自然条件的限制较大，所以本溪城市空间的扩张要以跳跃式的组团化对外扩张模式为主，城市原有建成区沿太子河两岸伸展，这种双岸特征形成了"新区—旧区"相对应的特殊城市格局。旧城区为溪湖、彩屯地区，相对南岸而言发展较慢，多为工矿用地。新城区为平山、明山地区，该区地势较平坦，自然景观良好，对城市建设而言仍有一定发展空间，用地以居住、工业、公共设施用地为主。在原有建成区以外，同时科学规划设计多个城市组团，分别承担不同的城市功能。南芬组团是南芬区的政治、经济、文化中心，建成以冶金采选矿为主，区、镇企业相应发展的综合性产业区。歪头山组团将建成以冶金采选矿为主，依托石桥子经济技术开发区发展接续产业。火连寨组团以采矿业和水泥生产为主，集中建设溪湖区乡镇企业，形成独立的产业区与生活组团。下马塘组团主要发展矿业生产和加工业。在本溪自身城市空间组团式扩张的同时，要通过本溪与沈阳之间本溪新城（药谷）的建设，尽快完成与沈阳的空间对接，实现沈本一体化发展的模式。利用本溪新城与沈阳桃仙机场和沈阳新南站距离较近的优势，依托本溪的医药产业、政府迁移而带来的商务办公而快速发展。

（四）抚顺市土地资源合理配置空间导引

根据抚顺目前的土地利用与城市化的协调关系的计算，抚顺的最优土地资源配置模式应该为整合模式，抚顺未来的空间发展应该以向外拓展，同沈阳进行空间整合为主。由于抚顺市区周边多为山地丘陵，自身空间发展受到很大限制，同时由于浑河的存在，也很难通过"跨越式空间发展"的途径来解决空间中的问题。所以，谋求同沈阳整合发展，完全跳出原有市区范围而进行发展成为一种可行性较强的空间突破方式。原有城市空间则以优化为主，围绕浑河南北两岸，进行生态与城市空间的良好结合，形成"西进、北拓、南治、东优"的发展格局。抚顺主要的发展方向是向西挺进，在沈阳、抚顺之间首先建设沈抚新城作为空间拓展的支点，积极发展旅游业、服务业，融入沈阳大都市区，率先实现沈抚经济同城化。未来，沈抚新城将形成"两区一带一核心区"的空间发展布局。即浑河北岸的生态区、浑河南岸的产业区、浑河滨水景观带和位于浑河南岸沈阳、抚顺两个城市所组成核心腹地。

现有的市区以优化为主，"带状组团多中心"，即在现状基础上，沿浑河两岸呈带状南北拓展，形成多个组团，不同功能组团之间由河流水系和生态绿带间隔。北部地区适度拓展，整合现状工业用地，合理利用部分北部山谷用地，适度开发居住用地。南部城区以生态环境整治为主，改变过去重开采轻治理的发展模式；彻底完成棚户区改造，积极迁出地质灾害影响区内的居民与企业，整合南部城区的空间资源，建设新型工业园区。东部地区继续加强生态环境优化，在萨尔浒风景区西侧设置相关旅游服务设施，提升旅游服务功能。

（五）辽阳市土地资源合理配置空间导引

辽阳市的城市用地扩张也存在过快的问题，作为沈阳经济区内城市规模较小的城市，其调整应该是向城市发展要素最容易集聚的方向发展。辽阳市由于地处沈阳和鞍山两大城市之间，所以其未来接受资源要素的方向应该是南部的鞍山与北部的沈阳两个方向。具体来讲，辽阳通过在南北两个方向建设城市发展的副中心，来积极承接大城市的发展要素转移。北部主要以灯塔为空间载体，打通沈阳与辽阳之间的通道，南部以首山和宏伟为载体，完成鞍山与辽阳的完全对接，最终形成沈辽鞍一体化发展的空间结构。在辽阳市的中心区内部，城市用地以优化调整为主，不再进行大规模的对外扩张发展，仍然主要发展太子河以西的空间，保持河东的山地和林地自然生态环境，利用首山、西八里南山、新开河和太子河建设一条生态风光带，给城市提供生态防护功能。中心城区保持组团式发展的格局，形成中心组团、宏伟组团、庆阳组团和首山组团四个组团，中心城区之外大力发展弓长岭副中心和灯塔副中心，形成功能完备的城市用地布局形式。

参考文献

[1] Alig R J, Kline J D, Lichtenstein M. Urbanization on the US landscape: Looking ahead in the 21st century [J]. Landscape and Urban Planning, 2004, 69 (2 – 3): 219 – 234.

[2] Cohen B. Urbanization in developing countries: Current trends, future projections, and key challenges for sustainability [J]. Technology in Society, 2006, 28 (1 – 2): 63 – 80.

[3] Dasgupta P S, Heal G M. Economics Theory and Exhaustible Resources [M]. Oxford University Press, 1979.

[4] Deosthali V. Assessment of impact of urbanization on climate: An application of bio – climatic index [J]. Atmospheric Environment, 1999, 33 (24 – 25): 4125 – 4133.

[5] Harveson P M, Lopezr R, Collier B A, et al. Impacts of urbanization on Florida Key deer behavior and population dynamics [J]. Biological Conservation, 2007, 134 (3): 321 – 331.

[6] Karman C C, Reerink H G. Dynamic eassessment of the ecologieal risk of the diseharge of produced water from oil and gas producing platforms [J]. Journal of Hazardous Materials, 1998 (61): 43 – 51.

[7] Kühn I, Klotz S. Urbanization and homogenization – Comparing the floras of urban and rural areas in Germany [J]. Biological Conservation, 2006, 127 (3): 292 – 300.

[8] Mckinney M L. Urbanization as a major cause of biotic homogenization [J]. Biological Conservation, 2006, 127 (3): 247 – 260.

[9] Slow R M. Intergenerational equity and exhaustible resources [J]. Review of

Economic Studies, 1974, 41 (1): 29 - 45.

[10] Stiglitz J. Growth with exhaustible national resources: Efficient and optimal growth paths [J]. Review of Economics Studies, 1974, 41 (1): 123 - 137.

[11] Sydelko P J, Hlohowskyj I, Majerus K, et al. An object oriented framework for dynamic ecosystem modeling: Application for integrated risk assessment [J]. Science of the Total Environment, 2001 (274): 271 - 281.

[12] Zanette L R S, Martins R P, Ribeiro S P. Effects of urbanization on Geotropically wasp and bee assemblages in a Brazilian metropolis [J]. Landscape and Urban Planning, 2005, 71 (2 - 4): 105 - 121.

[13] 曹英伟, 田广澍. 辽宁沿海经济带发展战略与俄东部开发战略的契合点及其互动合作 [J]. 西伯利亚研究, 2010, 37 (3): 33 - 36.

[14] 陈才. 东北老工业基地新型城市化之路 [M]. 长春: 东北师范大学出版社, 2004.

[15] 陈杰, 陈晶中, 檀满枝. 城市化对周边土壤资源与环境的影响 [J]. 中国人口·资源与环境, 2002, 12 (2): 70 - 74.

[16] 陈琳琳, 杨庆媛, 洪辉等. 重庆市产业发展与土地利用变化互动关系研究 [J]. 资源与产业, 2011, 13 (5): 78 - 84.

[17] 陈桥, 胡克, 王建国等. 矿山土地污染危害及污染源探讨 [J]. 国土资源科技管理, 2004, 21 (8): 50 - 53.

[18] 陈文学. 煤矿重大事故风险监控与应急救援方法体系研究 [D]. 山东科技大学, 2005.

[19] 陈云风, 武永祥, 张园. 中国城市化进程中土地集约利用的系统动力学模型 [J]. 建筑管理现代化, 2008 (5): 13 - 16.

[20] 陈征, 李建平, 郭铁昆. 《资本论》选读 [M]. 北京: 高等教育出版社, 2010.

[21] 程鸿玉, 阎小培, 林耿. 珠江三角洲工业园区发展的问题、成因与对策 [J]. 城市规划汇刊, 2003 (6): 37 - 41.

[22] 程卫帅, 陈进, 刘丹. 洪灾风险评估方法研究综述 [J]. 长江科学院院报, 2010, 27 (9): 17 - 22.

[23] 戴双兴. 土地财政与地方政府土地利用研究 [J]. 福建师范大学学报 (哲学社会科学版), 2009 (4): 21 - 26.

[24] 邓建高, 卞艺杰, 徐绪堪. 基于粗糙集理论的 ERP 系统实施风险控制

指标属性约简 [J]. 控制与决策, 2010, 25 (11): 1742 - 1746.

[25] 邓聚龙. 灰色系统基本方法 [M]. 武汉: 华中理工大学出版社, 1987.

[26] 董家华. 生态城市土地利用规划的理论、方法与实证 [M]. 北京: 科学出版社, 2013.

[27] 杜小飞, 郭建科. 辽宁沿海经济带港口拉动城市发展的脉冲响应分析 [J]. 地理与地理信息科学, 2014, 30 (1): 86 - 90.

[28] 段海燕, 陈英姿. 东北三省资源环境基础的比较分析 [J]. 地理科学, 2009, 29 (2): 161 - 166.

[29] 范方志, 李海海. 城市化进程中的土地财政与房地产价格 [J]. 云南财经大学学报, 2011 (6): 3 - 9.

[30] 范斐. 辽宁沿海经济带城市化水平与资源环境压力的关联分析 [J]. 资源开发与市场, 2010, 26 (8): 698 - 702.

[31] 方创琳. 中国城市化进程及资源环境保障报告 [M]. 北京: 科学出版社, 2009.

[32] 方创琳. 中国快速城市化过程中的资源环境保障问题与对策建议 [J]. 战略与决策研究, 2009, 24 (5): 468 - 474.

[33] 冯章献, 王士君, 张颖. 中心城市极化背景下开发区功能转型与结构优化 [J]. 城市发展研究, 2010, 17 (1): 5 - 8.

[34] 谷树忠, 曹小奇, 张亮等. 中国自然资源政策演进历程与发展方向 [J]. 中国人口·资源与环境, 2011, 21 (10): 96 - 101.

[35] 顾新华, 顾朝林, 陈岩. 简述"新三论"与"老三论" [J]. 经济理论与经济管理, 1987 (2): 71 - 74.

[36] 郭兵, 刘艳. 浅析土地利用的风险 [J]. 企业研究, 2010 (16): 124 - 125.

[37] 郭晓柯, 史利涛. 我国城市污染的现状及防治措施研究 [J]. 科技与企业, 2014, 8 (10): 37 - 51.

[38] 郭志勇, 顾乃华. 土地财政、虚高城市化与土地粗放利用 [J]. 产经评论, 2012 (6): 128 - 137.

[39] 韩旭. 中国环境污染与经济增长的实证研究 [J]. 中国人口·资源与环境, 2010, 20 (4): 85 - 89.

[40] 韩亿楠, 刘小茜, 彭建. 煤炭矿区生态风险识别研究 [J]. 资源与产

业，2013，15（3）：78－85.

［41］何军．智慧城市顶层设计与推进举措研究［J］．城市发展研究，2013，20（7）：72－76.

［42］黄金川，方创琳．城市化与生态环境交互耦合机制与规律性分析［J］.地理研究，2003，22（2）：211－220.

［43］黄群慧．中国城市化与工业化的协调发展问题分析［J］．学习与探索，2006（2）：1102－1123.

［44］黄娅雯，崔显林．中国城市化发展进程中对环境保护问题的思考［J］.经济研究导刊，2011（4）：122－124.

［45］黄治．旧城更新与新区发展互动关系研究［D］．东南大学，2004.

［46］贾文涛，刘昊博，陈正．土地整治监测监管技术体系研究［A］//国土资源部土地整治中心．中国土地整治发展研究报告（No.1）［M］．北京：社会科学文献出版社，2014.

［47］姜丽丽，王士君，朱光明．城市与区域关系演化过程及新时代特征［J］．经济地理，2009，29（8）：1307－1322.

［48］蒋南平，曾伟．土地资源与城市化发展：理论分析与中国实证研究［J］．经济学家，2012（4）：52－62.

［49］蒋晓静，黄金枝．工程项目的风险管理与风险监控研究［J］．建筑技术，2005（7）：537－538.

［50］蒋震，邢军．地方政府“土地财政”是如何产生的［J］.宏观经济研究，2011（1）：20－25.

［51］焦锋．区域生态风险识别系统构建［J］.环境科学，2011，24（2）：49－53.

［52］金磊．城市安全风险评价的理论与实践［J］.城市问题，2008（2）：35－40.

［53］孔可莹，马丽娜．基于层次分析法的风险响应措施选择模型构建［J］.科技和产业，2009，9（5）：108－119.

［54］李鹤，张平宇，程叶青．脆弱性的概念及其评价方法［J］.地理科学进展，2008，27（2）：18－25.

［55］李鹤，张平宇，刘文新.1990年以来辽宁省环境与经济协调度评价［J］.地理科学，2007，27（4）：486－492.

［56］李辉．基于城市化过程的东北地区生态安全研究［D］.吉林大

学，2009.

[57] 李辉霞，蔡永立．太湖流域主要城市洪涝灾害生态风险评价［J］．灾害学，2002，17（3）：91－96.

[58] 李建伟，空间扩张视角的大中城市新区生长机理研究［D］．西北大学，2012.

[59] 李靖宇，刘海楠．论辽宁沿海经济带开发的战略投放体系［J］．东北财经大学学报，2009（5）：47－54.

[60] 李静，李雪铭．大连市城市化与城市生态环境发展协调性评价与分析［J］．现代城市研究，2008（2）：29－35.

[61] 李名升，李治，佟连军．经济－环境协调发展的演变及其地区差异分析［J］．经济地理，2009，29（10）：1634－1639.

[62] 李绍平，王甲山．加强东北区域生态安全的税收政策研究［J］．东北大学学报（社会科学版），2007（6）：129－134.

[63] 李维新，张永春等．太湖流域水环境风险预警系统构建［J］．生态与农村环境学报，2010（26）（增刊）：4－8.

[64] 李谢辉．渭河下游河流沿线区域生态风险评价及管理研究［D］．兰州大学，2008.

[65] 李鑫．资源环境约束强化条件下的工业发展模式研究［D］．河北大学，2011.

[66] 李月辉．沈阳市城市空间扩展的生态安全格局［J］．生态学杂志，2007，26（6）：875－881.

[67] 李云，谭文兵．城市化发展对资源环境影响与未来路径选择［J］．当代经济，2012，7（13）：4－5.

[68] 梁启东．沈阳经济区一体化的战略定位、目标模式与路径选择［J］．社会科学辑刊，2015（6）：120.

[69] 梁星，郭林等．城市增长和城市环境退化的倒 U 形曲线研究——以长江三角洲为例［J］．复旦学报（自然科学版），2004（12）：977－982.

[70] 刘春泉．我国城市化发展进程的回顾与思考［J］．宁夏大学学报（人文社会科学版），2004，3（26）：92－97.

[71] 刘国成，完颜华．中国城市化进程中水资源与水环境问题研究［J］．中国科技信息，2009（10）：26－27.

[72] 刘晓琼，刘彦随．大型能源开发前后区域生态环境脆弱度变化研究

［J］. 干旱区资源与环境，2010，24（1）：46－51.

［73］刘新立. 风险管理［M］. 北京：北京大学出版社，2006.

［74］刘兴云. 新型城镇化顶层设计的思路［N］. 光明日报，2013－02－27（011）.

［75］刘彦随，王介勇，郭丽英. 中国粮食生产与耕地变化的时空动态［J］. 中国农业科学，2009，42（12）：4269－4274.

［76］刘艳军，刘静，何翠等. 中国区域开发强度与资源环境水平的耦合关系演化［J］. 地理研究，2013，32（3）：507－517.

［77］刘耀彬，陈斐，周杰文. 城市化进程中的生态环境响应度模型及其应用［J］. 干旱区地理，2008，31（1）：122－128.

［78］刘耀彬，陈斐. 江西省城市化进程中的环境污染排放效应的实证分析［J］. 社会科学辑刊，2008（1）：83－85.

［79］刘耀彬，李仁东，宋学锋. 城市化与城市生态环境关系研究综述与评价［J］. 中国人口、资源与环境，2005（3）：55－59.

［80］刘耀彬，李仁东，张守忠. 城市化与生态环境协调标准及其评价模型研究［J］. 中国软科学，2005（5）：140－148.

［81］刘耀彬，李仁东. 江苏省未来城市化进程中资源环境效应的多情景模拟［J］. 地理与地理信息科学，2007，23（2）：61－63.

［82］刘耀彬，宋学锋. 城市化与生态环境藕合模式及判别［J］. 地理科学，2005（8）：408－414.

［83］刘耀彬，杨新梅. 基于内生经济增长理论的城市化进程中资源环境"尾效"分析［J］. 中国人口资源与环境，2011，21（2）：24－27.

［84］刘子凤. 城镇化进程中占用土地的生态破坏经济损失评估——以万州区为例［D］. 重庆大学，2003.

［85］陆立军，郑小碧. 产业集群技术创新风险控制机制研究［J］. 科技进步与对策，2009，26（10）：65－68.

［86］牛似虎，王刚，张世辉. 基于港口群的辽宁沿海经济带物流产业集群发展分析［J］. 渤海大学学报，2013（4）：52－55.

［87］潘海啸. 上海城市交通政策的顶层设计思考［J］. 城市规划学刊，2012（1）：102－107.

［88］彭毅. 城市化与城市安全管理［J］. 三峡大学学报（人文社会科学版），2008，30（12）：48－50.

［89］钱学森. 论地理科学［M］. 杭州：浙江教育出版社，1994.

［90］钱越. 城市蔓延的环境影响与对策［D］. 大连理工大学，2009.

［91］钱正英. 东北地区有关水土资源配置、生态与环境保护和可持续发展的若干战略问题研究［M］. 北京：科学出版社，2007.

［92］秦文军，余英，张雪松. 沈阳经济区发展战略研究［J］. 城市规划，2004（1）：42 – 45.

［93］邱爽. 城市化进程中我国土地资源可持续利用的困境与治理［J］. 西华师范大学学报（哲学社会科学版），2017（1）：85 – 91.

［94］曲丽梅，王玉广，丛丕福等. 河北省海岸带生态环境效应评价指标选择研究［J］. 海洋环境科学，2008，27（2）：42 – 44.

［95］冉圣宏，陈吉宁，刘毅. 区域水环境污染预警系统的建立［J］. 上海环境科学，2002，21（9）：541 – 544.

［96］盛光华，葛万达，王丽童. 新一轮东北振兴视角下京津冀产业转移与东北地区产业对接问题研究［J］. 当地经济管理，2017，39（6）：37 – 43.

［97］盛广耀. 中国城市化发展的地区差异及趋势分析［J］. 学习与实践，2011（4）：1004 – 1013.

［98］石铁矛，李绥. 基于空间信息技术的城镇化生态风险预警研究——以南充市为例［J］. 规划研究，2012，36（2）：51 – 57.

［99］石忆邵. 中国城市化发展态势分析与制度创新［J］. 城市规划学刊，2011（5）：31 – 36.

［100］史培军，郭卫平，李保俊等. 减灾与可持续发展模式：从第二次世界减灾大会看中国减灾战略的调整［J］. 自然灾害学报，2005，14（3）：1 – 7.

［101］史培军，王静爱，陈婧等. 当代地理学之人地相互作用研究的趋向［J］. 地理学报，2006，61（2）：115 – 126.

［102］司马文妮. 中国城市化进程中的土地利用问题研究［D］. 西北农林科技大学，2011.

［103］隋映辉. 协调发展论［M］. 青岛：青岛海洋大学出版社，1990.

［104］孙萍，唐莹，Robert J. Mason 等. 国外城市蔓延控制及对我国的启示［J］. 经济地理，2011，31（5）：748 – 753.

［105］谭婷，张秋劲，傅尧信. 污染土壤的生态风险评估标准、方法和模型［J］. 四川环境，2010，29（5）：24 – 29.

［106］谭文兵. 城市化发展的资源环境消耗规律与理性模式思考［J］. 当代

经济，2012（15）：136－137.

［107］唐晋.城市化与产业发展偏差水平及对策研究［D］.广西大学，2008.

［108］王长坤.基于区域经济可持续发展的城镇土地集约利用研究［D］.天津大学，2007.

［109］王丹，杨金保.辽宁沿海经济带建设的思考［J］.东北亚论坛，2009，19（2）：124－129.

［110］王福君，吴欢澄."实力鞍山的内涵"影响因素和提升鞍山经济实力的路径［J］.鞍山师范学院学报，2013（5）：34－39.

［111］王国平.以城市发展方式转变推动经济发展方式转变［J］.现代城市，2012，17（2）：1－6.

［112］王海建.资源约束、环境污染与内生经济增长［J］.复旦学报（社会科学版），2000（1）：76－80.

［113］王宏毅.系统的相互作用模式探讨［J］.系统辩证学学报，1997，5（2）：37－41.

［114］王慧，田萍萍，刘红.西安城市"新经济"发展的空间特征及其机制［J］.地理研究，2006，25（3）：539－549.

［115］王乐，李庆满，戴万亮.辽宁沿海经济带产业集群发展研究［J］.商业经济研究，2017（10）：212－213.

［116］王淑珍.加快建立沈阳自贸区提升沈阳经济发展竞争力［J］.哈尔滨职业技术学院学报，2015（4）：144－145.

［117］王万茂.土地利用规划学［M］.北京：科学出版社，2006.

［118］王巍巍.我国城市化进程中的土地增值研究［D］.中国地质大学，2011.

［119］王亚丰.辽宁沿海经济带空间演变与城市化响应机制研究［J］.地域研究与开发，2011，30（3）：13－18.

［120］王永超，王士君，李强.城市化进程中的资源环境问题分析——以东北地区为例［J］.中国城市研究，2012（5）：118－129.

［121］王子龙，韩增林.大连与辽宁沿海经济带城市互动发展的实证研究［J］.云南地理环境研究，2012，24（1）：34－58.

［122］魏广君.新产业空间与城市空间整合研究——以大连市为例［D］.苏州科技学院，2009.

[123] 魏宏森. 钱学森构建系统论的基本设想 [J]. 系统科学学报, 2013, 21 (1): 1-8.

[124] 魏菁华, 许晖, 邓红蒂等. 基于 PSR 模型的江苏省国家级开发区土地集约利用评价分析 [J]. 安徽农业科学, 2012, 40 (23): 11848-11851.

[125] 吴笛, 苏乙禾. 建立大连自贸区的 SWOT 分析 [J]. 经贸实践, 2016 (3): 30-31.

[126] 吴建楠, 姚士谋, 朱天明等. 中国城市化发展速度界定的初步探索 [J]. 长江流域资源与环境, 2010, 19 (5): 487-492.

[127] 吴跃明, 郎东锋, 张子珩等. 环境-经济系统协调度模型及其指标体系 [J]. 中国人口·资源与环境, 1996 (2): 47-50.

[128] 肖寒, 姜清源. 辽宁沿海经济带与沈阳经济区的区域互动研究 [J]. 资源开发与市场, 2014 (12): 173-178.

[129] 谢书玲, 王铮, 薛俊波. 中国经济发展中水土资源的"增长尾效"分析 [J]. 管理世界, 2005 (7): 22-25.

[130] 邢铭. 大都市区同城化发展研究 [D]. 东北师范大学, 2011.

[131] 徐代云, 季芳. 新型城镇化道路的顶层设计及其实现路劲 [J]. 中国经验研究, 2013 (7): 232-234.

[132] 徐改花. 城市土地利用变化与建成区扩张的动态特征研究——以西安市为例 [D]. 陕西师范大学, 2012.

[133] 徐建华. 现代地理学中的数学方法 [M]. 北京: 高等教育出版社, 2006.

[134] 徐磊, 张峭. 中国农业巨灾风险评估方法研究 [J]. 中国农业科学, 2011, 44 (9): 1945-1952.

[135] 许君燕. 城市化与土地资源利用的耦合协调机制研究 [J]. 资源开发与市场, 2010, 26 (10): 929-933.

[136] 许学工, 林辉平, 付在毅等. 黄河三角洲湿地区域生态风险评价 [J]. 北京大学学报 (自然科学版), 2001, 37 (1): 110-120.

[137] 许学强, 周一星, 宁越敏. 城市地理学 [M]. 北京: 高等教育出版社, 1997.

[138] 许妍, 马明辉, 高俊峰. 流域生态风险评估方法研究——以太湖流域为例 [J]. 中国环境科学, 2012, 32 (9): 1693-1701.

[139] 薛俊波, 王铮, 朱建武等. 中国经济增长的"尾效"分析 [J]. 财经

研究，2004，30（9）：5－14.

[140] 颜明. 城市规划中产业用地适宜性评价研究［D］. 西南财经大学，2011.

[141] 杨洁，毕军，周鲸波等. 长江（江苏段）沿江开发环境风险监控预警系统［J］. 长江流域资源与环境，2006，15（6）：745－750.

[142] 杨迺裕. 区域经济发展与国土资源安全风险防范研究［J］. 经济与社会发展，2011，9（5）：1－5.

[143] 杨世琦，杨正礼，高旺盛. 不同协调函数对生态－经济－社会复合系统协调度影响分析［J］. 中国生态农业学报，2007，15（2）：151－154.

[144] 杨志安. 提升沈阳经济总量的思考［J］. 辽宁大学学报，2006，34（6）：103－107.

[145] 姚志春，安琪. 区域水资源生态经济系统冲突与协调［J］. 南水北调与水利科技，2011，9（4）：77－86.

[146] 叶晓雯，陈逸，张琳等. 我国建设用地开发度及其合理性分析［J］. 经济地理，2011，31（12）：2094－2099.

[147] 于潇. 环境规制政策影响经济增长机理的生成逻辑［J］. 经济问题探索，2018（6）：175－181.

[148] 臧淑英. 资源型城市土地利用/土地覆被变化与景观动态［M］. 北京：科学出版社，2008.

[149] 翟金良，何岩，邓伟. 东北地区城市水资源环境问题及其对策［J］. 城市环境与城市生态，2003，16（3）：8－10.

[150] 张京美，盖美，耿雅冬. 辽宁省沿海经济带经济与环境协调度时空演变研究［J］. 资源开发与市场，2012，28（5）：409－413.

[151] 张菁. 辽宁沿海经济带与沈阳经济区的互动发展［J］. 当代经济研究，2011（5）：43－45.

[152] 张雷，刘慧，陈文言. 国家资源环境安全的要素综合评价［J］. 地球科学进展，2004，19（2）：283－288.

[153] 张明斗，莫冬燕. 城市土地利用效益与城市化的耦合协调性分析［J］. 资源科学，2014，36（1）：8－16.

[154] 张涛. 沈阳经济圈的区位优势和经济结构分析［J］. 城市发展理论，2013（48）：44－45.

[155] 张为杰，郑尚植. 公共选择视角下中国地方政府竞争与环境规制政策

执行机制 [J]. 当代经济管理，2015，37（6）：41 – 47.

[156] 张晓东，池天河. 90 年代中国省级区域经济与环境协调度分析 [J]. 地理研究，2001，20（4）：507 – 514.

[157] 张晓琴，石培基. 基于 PSR 模型的兰州城市生态系统健康评价研究 [J]. 干旱区资源与环境，2010，24（3）：77 – 82.

[158] 张学林，王金达，张博等. 区域农业景观生态风险评价初步构想 [J]. 地球科学进展，2000，15（6）：712 – 716.

[159] 张英杰. 沈阳经济区的形成、演变及发展策略探讨 [J]. 经济论坛，2011（3）：101 – 104.

[160] 张治栋，秦淑悦. 环境规制、产业结构调整对绿色发展的空间效应——基于长江经济带城市的实证研究 [J]. 现代经济探讨，2018（11）：79 – 86.

[161] 赵兴国，潘玉君，赵波等. 区域资源环境与经济发展关系的时空分析 [J]. 地理科学进展，2011，30（6）：706 – 714.

[162] 郑华伟，张锐，杨兴典等. 基于 PSR 模型的土地利用系统健康评价及障碍因子诊断 [J]. 长江流域资源与环境，2012，21（9）：1099 – 1105.

[163] 郑伟元. 中国城镇化过程中的土地利用问题及政策走向 [J]. 城市发展研究，2009，16（3）：16 – 19.

[164] 周毅，李京文. 城市化发展阶段、规律和模式及趋势 [J]. 经济与管理研究，2009（12）：89 – 94.

[165] 周忠轩. 努力开创抚顺发展振兴新局面 [J]. 党政干部学刊，2005（1）：7 – 8.

[166] 朱光明. 长春市土地利用结构变化及优化研究 [D]. 东北师范大学，2012.

[167] 诸大建. 可持续发展研究的 3 个关键课题与中国转型发展 [J]. 中国人口资源与环境，2011，21（10）：35 – 37.

[168] 邹兵，施源. 建立和完善我国城镇密集地区协调发展的调控机制——构建珠江三角洲区域协调机制的设想和建议 [J]. 城市规划汇刊，2004（3）：9 – 15.